深圳大学师范学院学术创新文库

跨越学科边界：
中国体育学知识演化多维研究

李博 著

人民体育出版社

图书在版编目（CIP）数据

跨越学科边界：中国体育学知识演化多维研究 / 李博著. -- 北京：人民体育出版社，2022
 ISBN 978-7-5009-6105-5

Ⅰ.①跨… Ⅱ.①李… Ⅲ.①体育科学－学科发展－研究－中国 Ⅳ.①G812.6

中国版本图书馆CIP数据核字(2021)第226493号

*

人民体育出版社出版发行
北京中献拓方科技发展有限公司印刷
新 华 书 店 经 销

*

880×1230　32开本　10印张　256千字
2022年2月第1版　2022年2月第1次印刷

*

ISBN 978-7-5009-6105-5
定价：56.00元

社址：北京市东城区体育馆路8号（天坛公园东门）
电话：67151482（发行部）　　邮编：100061
传真：67151483　　　　　　　邮购：67118491
网址：www.sportspublish.cn
（购买本社图书，如遇有缺损页可与邮购部联系）

目 录

第一章 绪论 …………………………………………（1）

第一节 研究背景与意义 ……………………………（1）
一、研究背景 …………………………………（1）
二、研究意义 …………………………………（5）

第二节 相关研究述评 ………………………………（6）
一、体育学科研究 ……………………………（6）
二、学科交叉研究 ……………………………（21）
三、体育学学科交叉研究 ……………………（27）

第三节 研究思路与方法 ……………………………（34）
一、研究思路 …………………………………（34）
二、研究方法 …………………………………（35）

第二章 研究起点与分析维度的确立 ………………（39）

第一节 学科的考辨和理解 …………………………（39）
一、学科的起源 ………………………………（39）
二、学科的内涵 ………………………………（41）

第二节 研究起点的确立 ……………………………（44）

第三节 分析维度的确立……………………（48）
　一、宏观层面——历史维度的确认……………（48）
　二、中观层面——知识流动维度的确认………（49）
　三、微观层面——研究内容维度的确认………（50）
　四、三个维度之间的逻辑关系…………………（51）

第三章 历史维度下我国体育学学科交叉知识的演化
………………………………………………（54）

第一节 体育学主要分支学科演化历程…………（55）
　一、主要分支学科的确认………………………（55）
　二、各个分支学科演化的特点…………………（75）
第二节 中国体育学学科演化历程………………（79）
　一、晚清时期（1860—1910）…………………（79）
　二、民国时期（1911—1948）…………………（81）
　三、改革开放前的中华人民共和国（1949—1977）
　　………………………………………………（86）
　四、改革开放之后的中华人民共和国（1978年
　　至今）………………………………………（88）
　五、中国体育学演化的特点……………………（91）
第三节 理论基础与分析框架……………………（94）
　一、学科演进路径模型…………………………（95）
　二、学科交叉的动力机制………………………（100）

第四节　学科交叉视野下体育学演化路径分析……（105）
　　一、问题研究形态（15世纪文艺复兴至18世纪末）
　　　………………………………………………（107）
　　二、研究领域形态（18世纪末至19世纪末）…（109）
　　三、学科范畴形态（19世纪末至今）…………（115）
第五节　本章小结……………………………………（122）

第四章　知识流动维度下我国体育学学科交叉知识的演化……………………………………………（126）

第一节　数据来源与研究方法………………………（126）
第二节　我国体育学知识流动总体特征……………（129）
　　一、我国体育学知识产量增长趋势………………（129）
　　二、我国体育学跨学科知识流量增长趋势……（134）
第三节　基于自引与被自引对我国体育学跨学科知识
　　　　流动的考察………………………………（137）
　　一、我国体育学学科自引分析……………………（138）
　　二、我国体育学学科被自引分析…………………（146）
第四节　基于学科交叉测度指标对我国体育学学科
　　　　交叉发展态势的考察……………………（151）
　　一、学科交叉评价模型的构建和测度指标的选取
　　　………………………………………………（151）

二、1981—1985年我国体育学学科交叉发展态势
……………………………………………（158）

三、1986—1990年我国体育学学科交叉发展态势
……………………………………………（161）

四、1991—1995年我国体育学学科交叉发展态势
……………………………………………（163）

五、1996—2000年我国体育学学科交叉发展态势
……………………………………………（166）

六、2001—2005年我国体育学学科交叉发展态势
……………………………………………（169）

七、2006—2010年我国体育学学科交叉发展态势
……………………………………………（171）

八、2011—2015年我国体育学学科交叉发展态势
……………………………………………（174）

第五节 基于知识流动网络对我国体育学学科交叉结构演化的考察……………………………（177）

一、研究方法和数据的获取………………………（177）

二、知识流入视角下我国学科交叉结构演化
……………………………………………（178）

三、知识流出视角下我国学科交叉结构演化
……………………………………………（192）

四、对于我国体育学学科体系的探讨…………（202）

第六节　基于学科分类对我国体育学亲缘学科演化
　　　　的考察…………………………………………（205）
　　一、研究方法和数据的获取……………………………（205）
　　二、知识流入视角下我国体育学亲缘学科演化
　　　　………………………………………………………（207）
　　三、知识流出视角下我国体育学亲缘学科演化
　　　　………………………………………………………（223）
　　四、对体育学学科性质的探讨…………………………（238）
第七节　本章小结……………………………………………（240）

第五章　研究内容维度下我国体育学学科交叉知识
　　　　的演化………………………………………………（247）
第一节　数据来源与研究方法………………………………（247）
　　一、文献检索策略………………………………………（247）
　　二、学科交叉知识的挖掘………………………………（251）
　　三、学科交叉知识的展示………………………………（253）
第二节　体育学与医学、生物学学科群交叉研究
　　　　热点演化……………………………………………（255）
　　一、身体素质训练………………………………………（256）
　　二、运动对身体机能、身体素质的影响………………（258）
　　三、运动损伤……………………………………………（258）
　　四、老年人体育…………………………………………（259）
　　五、运动性疲劳…………………………………………（259）

六、肥胖…………………………………………（260）
第三节　体育学与教育学、心理学学科群交叉研究
　　　　热点演化………………………………（261）
　一、竞技运动心理学（#0）……………………（264）
　二、体育教学……………………………………（265）
　三、体育教育心理学……………………………（266）
　四、基础教育阶段体育教育……………………（266）
　五、农村学校体育………………………………（266）
　六、体育专业研究生教育………………………（267）
第四节　体育学与经济学学科群交叉研究热点演化
　　　　……………………………………………（268）
　一、体育产业与体育市场化……………………（271）
　二、体育营销……………………………………（272）
　三、各分支产业的相关研究……………………（272）
　四、体育旅游……………………………………（273）
第五节　体育学和信息科技学科群交叉研究热点演化
　　　　……………………………………………（274）
　一、体育计算机辅助教学………………………（277）
　二、体育传播……………………………………（278）
　三、体育媒介事件………………………………（278）
　四、体育新闻……………………………………（279）
　五、训练、比赛信息化…………………………（279）
　六、体育文献计量………………………………（280）

第六节　体育学与人文类学科群交叉研究热点演化
　　　　　……………………………………………（281）
　　一、奥林匹克文化………………………………（284）
　　二、体育史………………………………………（285）
　　三、体育文化产业………………………………（286）
　　四、民族传统体育文化…………………………（286）
　　五、体育翻译与体育英语教学…………………（287）
　　六、体育与艺术…………………………………（288）

第七节　体育学与法学、政治学、管理学学科群交叉
　　　　研究热点演化……………………………（288）
　　一、警察体育、体育犯罪、赛事安保…………（292）
　　二、体育志愿者服务……………………………（292）
　　三、体育赛事管理………………………………（293）
　　四、体育法学……………………………………（294）
　　五、公共体育服务………………………………（295）

第八节　本章小结……………………………………（296）

第六章　结论与展望……………………………（301）
　　一、研究的主要结论……………………………（301）
　　二、对体育学基本理论研究的展望……………（303）

第一章 绪论

第一节 研究背景与意义

一、研究背景

（一）学科交叉是推进科学技术发展的重要力量

学科分化与学科综合都是科学发展的内在规律，从文艺复兴开始到19世纪现代科学诞生，学科分化得到广泛深入的发展。科学的发展主要是依靠分门别类的研究，人们对于自然的认识也是基于知识分科而形成的。学科分化在科学发展的早期能够帮助人们更加深入地了解未知事物，有利于学科向着纵深化发展。早在现代科学诞生之初，人们就认识到过度分化的结果容易导致学科之间存在许多鸿沟，因此在现代科学诞生的早期学科交叉进程就已经开始了。这种在分化的基础上进行交叉综合成为知识创新、新学科创立的主要途径。自第二次世界大战结束以来，科学技术迅猛发展。现代科学技术发展的一个显著特征就是作为科学知识载体的学科体现出分化和综合并行发展的趋势，并且近年来综合化的发展趋势越来越明显。学科交叉、知识融合、技术集成逐渐变成知识创新的主要途径，科学技术上的许多重大发现和社会发展中的重大问题的解决，都是通过跨学科的方法来解决的。有学者统计了近一百年诺贝尔自然科学奖发现，现代科学越来越向着整体化的趋势发展，门类众多的各门学科相互渗透，紧密地联系在一起，形成了一个完整的科学体系，而具有学科交叉性质的课题往往都是科研选题的宠儿[1]。在学科高度分化的基础上及高度综合的发展趋势下，科技创新和经济社会发展的复杂问题的解决都要依靠多学科知识的整合来得以实现，学科交叉已经成为了推进科学技术发展的重要力量。

（二）学科交叉是知识生产模式转变的必然选择

1810年柏林洪堡大学的成立，标志着"科学研究"作为大学的核心任务得到认可[2]。这一时期的知识生产是以学科为边界，学科制度也逐渐完善，研究者在各自的学科范围内展开研究。19世纪末期实用主义的盛行使得功利性逐渐渗透至大学知识生产的过程，科学研究不再是"价值无涉"的，大学也不再是纯粹的学术殿堂[3]。到了20世纪中后期，知识性质发生了根本性的转变。由于社会经济因素渗透到知识生产过程中，知识创新也逐渐和社会、政治、经济的发展相融合，知识生产逐渐以问题为导向，呈现出应用性、异质性、跨学科性的发展趋势。大学已经无法完全垄断知识生产的过程，越来越多的主体参与到知识生产的过程中来。迈克尔·吉本斯在《知识生产的新模式：当代社会科

---

[1] 张春美, 郝凤霞, 闫宏秀. 学科交叉研究的神韵——百年诺贝尔自然科学奖探析 [J]. 科学技术与辩证法, 2001 (6): 63-67.
[2] 胡丽莎. 知识生产的新模式与创业型大学的兴起 [J]. 教育学术月刊, 2012 (3): 49-51.
[3] 蒋逸民. 新的知识生产模式及其对我国高等教育改革的启示 [J]. 外国教育研究, 2009, 36 (6): 73-78.

学与研究的动力学》中,将这种新的知识生产模式称为模式2,传统的知识生产模式称为模式1[①]。知识生产模式的转变成为了知识经济为基础的后工业社会最为普遍也是最为凸显的特征。在模式1中,知识生产是单学科的,主要在认知的语境中进行。而在模式2中,知识生产则在一个更加广阔的、跨学科的社会和经济情景中被创造出来。模式1的知识生产是基于学科的,以知识同质性为特征。模式2的知识生产则是跨学科的,以知识异质性为特征。在知识生产的组织形式上,模式1是等级制的,模式2则是非等级多变的。知识生产模式2的出现宣告了一个新的科研模式的到来,研究者不再是在一个领域内进行工作,模式1所形成的知识的边界逐渐被淡化,学科交叉成为了现代科学研究的"规则",成为了知识生产新模式下标准的研究范式[②]。而迈克尔·吉本斯本人也指出:"在模式2中,最终解决办法的形成通常会超过任何单一的学科,它将是跨学科性的。"[③]这种新的知识生产"模式2"和D.普莱斯所说的"大科学"(D. Price, 1962)环境下进行科学研究在本质上是一致的,在知识生产方面都具有跨学科的特性。在跨学科的情境下,知识的生产和传播是动态的,学科之间的边界被不断打破,科学研究也主要以问题为导向,基础研究与应用研究之间的差异越来越小,划分也变得越来越相对化。在新的知识生产模式下,学科交叉成为了新时代科学技术发展的必然选择。

[①] 迈克尔·吉本斯, 等. 知识生产的新模式:当代社会科学研究的动力学[M]. 陈洪捷, 沈文钦, 等, 译. 北京:北京大学出版社, 2011:1.
[②] 刘仲林, 赵晓春, 程研, 等. 国外交叉科学(跨学科)研究新进展[J]. 河池学院学报, 2009(1).
[③] 迈克尔·吉本斯. 知识生产的新模式:当代社会科学研究的动力学[M]. 陈洪捷, 沈文钦, 等, 译. 北京:北京大学出版社, 2011:4.

（三）学科交叉是体育学知识创新的首要途径

党的十八大以来，习近平总书记对创新发展提出了一系列重要思想和论断，把创新发展提高到事关国家和民族前途命运的高度，摆到了国家发展全局的核心位置。党的十八届五中全会提出"五大发展理念"，排在首位的就是"创新发展"。《国家中长期科学和技术发展规划纲要（2006—2020年）》把学科发展列为基础研究发展的首要问题。在知识经济的时代背景下，持续创新是保障学科可持续发展的唯一途径。自20世纪中期以来，学科交叉已经成为科学研究中的普遍现象，在"大科学"的大背景下，学科边界被不断打破，新学科的诞生和高科技成果的取得无不是多学科交叉融合的结果。要实现高质量、快速度的科学创新，学科交叉已经成为了一个重要的途径，单一学科的研究已经很难满足社会进步的需求，也很难取得创新性的研究成果，自然学科和人文学科内部交叉甚至是自然学科和人文学科之间的交叉已经成为当前科学发展的一个重要趋势。正如路甬祥院士所言，"学科交叉点往往就是科学新的生长点新的科学前沿，这里最有可能产生重大的科学突破，使科学发生革命性的变化"[1]。体育学是一门具有学科交叉性质的综合学科，对于体育学而言，从其发轫之初就和其他学科有着千丝万缕的联系，学科的发展壮大也是通过和其他学科不断交叉融合实现的，可以说学科交叉既是体育学知识创新的主要手段也是学科体系得以演化成型的主要途径。研究体育学学科交叉问题对促进我国体育学基本理论创新、增强学科整体实力以及提升学科地

---

[1]路甬祥.学科交叉与交叉科学的意义[J].中国科学院院刊，2005（1）：58-60.

位都具有非常重要的现实意义和深远的战略意义。

二、研究意义

（一）理论意义

首先，从学科交叉的视角出发研究体育学知识演化问题，实质上是对体育学学科"内史"进行梳理，从这点来看，本研究能够为体育学学科史研究提供一个新的视角，进而丰富、完善体育学基本理论研究的论域，深化体育学基本理论研究的内涵。其次，体育学本身是一门综合学科，综合学科所具有的复杂性特征使得对于体育学基本理论问题的探讨尚存争议。从新的视角出发对体育学学科交叉知识进行审视，有助于了解体育学的"实然状态"，能够为学科性质、体系、特征等体育学基本理论问题的完善和创新提供新的实证依据，深化体育学学科理论内涵。最后，在知识生产模式转变的大背景下，对体育学学科交叉知识生产模式进行研究，不仅有助于解决体育学自身的基本理论问题，还能够为知识生产理论和学科交叉理论的融合提供理论参考。

（二）实践意义

对我国体育学知识演化历程进行考察，有利于进一步深化对我国体育学学科发展历程的理解，有助于掌握体育学科发展的规律，有助于提高学科地位、加强学科认同、优化学科建设，为新时期我国体育学科学发展提供依据。此外，本研究中建构的学科交叉测度评价模型能够广泛用于不同学科，进一步完善学科交叉评价体系，为学科交叉研究提供有力的工具。

第二节 相关研究述评

一、体育学科研究

中国的体育学发轫于晚清体操学堂的日式课程，历经民国时期的分化、中华人民共和国成立后的苏式改造、改革开放后的争鸣讨论，以及20世纪末的快速发展，已形成了相对独立的学科体系[1]。1997年首次设立国家社科基金项目体育学类，标志着体育学作为一门学科，其学科地位得到了前所未有的提升。在《国家中长期科学课技术发展规划纲要（2006—2020年）》中，学科发展被列为基础研究中首要的课题。和社会学、经济学等传统学科相比，体育学还属于一门非常年轻的学科，有必要对其基本理论问题进行系统的、全面的研究。体育学是围绕着体育这一特定研究对象，综合运用多学科的知识解决体育实践问题过程中构建起来的知识体系，又是一个多学科知识体系和研究方法交叉、融合的知识创造和人才培养的系统[2]。学界最早提出体育学是一门学科这一观点的是美国学者弗兰克林·亨利（Franklin M. Henry），他在 *The Academic Discipline of Physical Education* 一文中首次论述了体育学作为一门学科的可能性和可

---

[1] 方千华，王润斌，徐建华，等.体育学基本理论与学科体系建构：逻辑进路、研究进展与视域前瞻［J］.体育科学，2017，37（6）：3-23.
[2] 杨雪芹.学科交叉视野下我国大学体育学学科建设研究［D］.北京：北京体育大学，2010.

行性[1]。在之后的30余年时间里，国内外学者对于体育学学科性探讨的热度持续不减，随着学界对于Kinesiology一词意义的明朗，体育学作为一门综合学科得到学者们的普遍认可[2]。作为一门新兴的综合学科，从20世纪80年代初以来，体育学已有了长足的发展，已经建立了许多新学科，体育学已经由一个"单数学科"变成"复数学科"，形成了一个具有一定规模的学科群[3]。"任何一门学科，发展到一定程度，都必然要在两个方面取得成绩，一是对它的研究对象研究的深入，二是对学科自身研究的深入，并且后者的发展水平，标志着该学科成熟的程度。要取得对本学科自身深入研究的成果，就必须不断对学科自身进行本体论的反省和认识，并把这种反省和认识逐步发展成为一门系统的知识体系，为该学科的进一步发展提供自觉的理论指导[4]。"对此，一些体育科研工作者把体育学学科作为研究对象，对学科的发展进行反思和研究。研究主要集中在以下几个方面。

（一）体育学的概念

在世界各国，日本是体育学研究起步较早的国家，于20世纪中叶就出现了体育学会和有关刊物及一批论著，但日本学界对于体育学概念也未形成一致的意见。如川村英男认为，"体育是综合的学问，大致可以分为人文科学、社会科学、自然科学，这些系列的知识，已经构成体育学独立的体系。"阿部忍认为，"体

---

[1] Franklin M. Henry. The Academic Discipline of Physical Education [J]. Quest, 1978, 28: 13–29.
[2] 于涛，周建东. 美国体育"学科革命"对体育学知识体系构建的影响 [J]. 上海体育学院学报，2017（2）：75-82.
[3] 张岩，刘雪松. 元体育学初探 [J]. 北京体育大学学报，2004（9）：1159-1161.
[4] 李振宏. 历史学的理论与方法 [M]. 开封：河南大学出版社，1999：1.

育学是这样一门学问,当有人提出什么是体育时,这能回答体育是怎么一回事,也就是能把体育方面的问题和它存在的意义理解清楚的就是体育学。"前川峰雄认为,"体育学研究的目的是使进行身体活动的练习者能够朝着所期望的方向发展和变化,而体育学就是对实施这样一种教育方法的全过程进行研究的科学。"此外,德国学者舍格尔也对体育学的概念进行了界定:"所谓体育学,就是与身体文化有关的科学,这里的身体文化包含了从保健养生的身体现象到竞技的运动现象,同时,为此服务的社会制度和政府机构,甚或个人生活都在其中了"①。

在国内,早在20世纪20年代,学者罗一东就对体育学概念进行了思考,认为"体育学之研究乃以生理学、解剖学、卫生学为三大规范,复摄取生物学、进化论、遗传学,以人体形态学为基础,以医学之知识为化通,包括体育之意义、体育为人生要素之一、体育与精神之关系、体育与人生观、体育之划分、发育论、卫生论、实施方法论等内容"②。中华人民共和国成立后,随着体育学学科在我国不断的发展和壮大,学界开始对体育学学科的发展进行反思,对体育学这一概念提出了许多新的观点。比较有代表性的观点有:"体育是一种与寓教育于运动之中的社会现象,是通过运动促进人的全面发展并丰富人们文化生活的一种社会现象,研究这种社会现象客观规律的学科就是体育学"③;"正如体育概念有大小之分一样,体育学也有他的小概念,是从整体上研究体育的本质特征和探索体育发展规律的一门学问"④;"体育学是从宏观上研究体育的一门学问,他从整体上认识体育

---

① 周西宽. 体育学 [M]. 成都:四川教育出版社,1988.
② 罗一东. 体育学 [M]. 上海:中华书局,1924:1-11.
③ 胡晓风. 体育的整体观——再谈关于体育科学体系的若干问题 [J]. 成都体院学报,1981(2):1-12.
④ 熊斗寅. 体育科学体系初探 [J]. 江苏体育科技,1981(2):22-26.

的全过程的一般规律，抽象地反映出体育的主要特征，准确揭示其本质，以便使体育这种社会实践活动朝着更有利于人类的方向发展"[①]；"体育是对人类社会中的体育现象进行整体上的综合研究的学问。它将从宏观上探讨什么是体育、怎样实施体育、如何发展体育等重大课题"[②]；"体育学就是以体育运动为研究对象的体育学科群的总称，是研究体育运动现象的本质和规律的科学，是《学科分类与代码》国家标准设立的一个一级学科"[③]。除此之外，也有不少学者从体育学、体育科学、体育学科之间的关系来把握体育学的内涵，如鲁长芬等《体育学、体育科学与体育学科辨析》[④]、柴王军等《论现代体育科学概念》[⑤]。

从我国学者对体育学的认识来看，都是从知识的角度来论述体育学是怎样一门知识，德国的学者舍格尔则跳出了知识论层面的学科定位，指出了体育学学科内涵中的社会建制属性，凸显了作为一门学科体育学所应有的制度内涵。此外，学界对体育学的定位尚未形成一致的意见，对体育学概念的认同主要有两种观点，一种是认为体育学是体育学科群的总称，如熊斗寅、张岩；另一种是把体育学定位为体育学科体系中的一门学科，类似于体育概论、体育原理。笔者认为，随着体育学的不断成熟和分化，狭义的体育学已经消亡，其论域早已分化至体育哲学、体育原理、体育概论，现在的体育学应该和体育科学一样，是体育学科群的总称。

[①]周西宽.体育学[M].成都：四川教育出版社，1988.
[②]胡小明.体育学概述[J].体育科学，1989（1）：85-88，97.
[③]张岩.什么是体育学——兼与《体育学》和《体育方法论的思考》等作者的商榷[J].体育与科学，2004（5）：25-28.
[④]鲁长芬，罗勤鹏.体育学、体育科学与体育学科辨析[J].天津体育学院学报，2009（4）：285-288.
[⑤]柴王军，邢鸿，吉满红，等.论现代体育科学概念[J].北京体育大学学报，2007（S1）：64-66，68.

（二）体育学的研究对象

学科的研究对象是决定学科性质、学科体系、研究领域等问题的关键。在对学科对象的探讨中较多的学者都认同体育学的研究对象是"体育现象"。如胡晓风认为体育学的研究对象是"体育现象"，"体育是人类社会中比较复杂的一种社会现象，体育学或者体育科学就是以这种现象为研究对象的科学"[1]。周西宽认为，体育学的研究对象就是整体综合化的体育现象，是全部的体育过程[2]。汪康乐认为，体育科学是一门综合性科学，是以体育诸学科为研究对象，是研究体育诸学科系统知识的科学，也是研究人类活动中各种体育现象或社会体育现象或其各种复杂现象与综合现象及其发展规律的一门科学[3]。黄力生认为，体育科学是以各种体育现象为研究对象的。这些现象包括历史的和现存的、人体的和非人体的、生物的和社会的、实践的和思维的[4]。王涌涛认为，体育科学是一门主要研究各种体育现象和最大效度发挥人体运动能力和通过体育手段有效地提高人类健康水平的规律的综合性科学[5]。体育科学是研究体育现象，解释体育内部和外部规律的一个系统的学科群[6]。仔细推敲，这些学者都把"体育现象"这一概念作为体育学的研究对象，但是对这一概念内涵的把握还是存在差异，因为"现象"这一概念具有较强的包容

---

[1] 胡晓风.体育学属于人的科学[J].体育科学，1987（1）：86-87，97.
[2] 周西宽.体育学[M].成都：四川教育出版社，1988.
[3] 汪康乐.体育科学新学科创建学[M].北京：北京体育大学出版社，2006：4.
[4] 黄力生，陈海啸.论体育科学的性质、特征及体育科学体系的分类[J].体育科学研究，2001（4）：5-7.
[5] 王涌涛，杨长馨.浅述体育科学体系[J].徐州师范学院学报：自然科学版，1995（1）：66-70.
[6] 中国体育科学学会.体育科学词典[M].北京：高等教育出版社，2000：291.

性，是一个较为模糊的概念。对此有学者提出了不同的看法，张岩认为"体育学研究的对象就是体育运动，体育学就是研究体育运动现象的本质和规律的科学"[1]。唐炎则认为，体育学的研究对象就是存在于现实世界中的各种体育事实，如体育锻炼、体育娱乐、体育教学、业余训练、专业训练、专业比赛等[2]。张光忠认为，体育科学是研究体育事业的发展规律、体育与社会活动的关系及其作用的科学，是以体育活动、体育事业为研究对象的各门学科的总称[3]。高谊认为，体育科学是以体育运动的应用为前提，研究包括运动参加者和非参加者在内的全人类的身体运动的科学。体育科学即是研究人体科学的一部分，也是研究人体行动科学的一个组成部分[4]。从学界对于体育学研究对象的界定来看，主要存在混淆体育学和元体育学研究对象、混淆研究目的和研究对象、研究对象的界定抽象不足或者抽象过限的问题。在对体育学研究对象的界定中，必须考虑体育学的逻辑起点问题，因为体育学研究对象和逻辑起点的互为规定性会影响整个体育学理论体系的构建，进而影响体育学学科性质、学科体系、学科特征。

（三）体育学学科体系

德国体育学学科地位较高，在德国的学科目录中，体育学单独设为一个学科[5]。德国也是较早对体育学的学科体系进行研究的国家，如辛格勒将体育学科分为结构科学、自然科学、技

---

[1] 张岩. 什么是体育学——兼与《体育学》和《体育方法论的思考》等作者的商榷[J]. 体育与科学，2004（5）：25-28.
[2] 唐炎. 体育学学科体系现状考察及构建研究[D]. 重庆：西南师范大学，2002：35.
[3] 张光忠. 社会科学学科词典[M]. 北京：中国青年出版社，1990：718.
[4] 高谊. 关于体育概念与体育科学的辨析[J]. 体育学刊，2001（1）：18-20.
[5] 王雷. 论体育学的学科特征[D]. 福州：福建师范大学，2017：104.

术科学、社会科学、医学类[1]。比较有代表性的是德国学者哈格（Hagg H）在1992年提出了体育学学科体系构建的5种模式，指出可以根据母学科知识结构来考虑构建体育学学科体系[2]。2004年哈格提出以学科组群的方式来构建体育学的学科体系，将体育学分为4个学科基础群组，分别是医学和自然学科基础群，政治、经济、法律和管理类基础群，哲学、信息科学、历史学基础群，行为科学、社会科学、教育学基础群[3]。除了德国以外，其他国家学者也对体育学学科体系进行过探讨，如日本的阿部忍、成田十次郎，美国的W.H.Freeman、S.J.Hoffman，都对体育学的学科体系提出过自己的见解。

我国对于体育学学科体系的探讨始于20世纪70年代末80年代初，在关于体育概念大探讨的基础上，结合体育学的特征，学界对体育学的学科体系进行了初步研究。胡晓风将体育学的学科分为体育社会科学、基础科学和运动学学科，并在此基础上构建了体育学的学科体系[4]。周西宽按照体育观念形态反映体育过程的范围和程度将体育学科分为3个层次[5]。张岩将体育学科体系分为大类理论体育学、体育史学、运动人体科学、应用体育学。同时在应用体育学下设大亚类体育管理学科、体育计量学科、专门体育学科、运动竞技学科和体育工程技术学科[6]。卢元镇将体

---

[1] 方千华, 王润斌, 徐建华, 等. 体育学基本理论与学科体系建构：逻辑进路、研究进展与视域前瞻[J]. 体育科学, 2017, 37(6): 3-23.
[2] Hagg H, Grupe O, Kirsch A. Sports Science in Germany[M]. Berlin: Spinger-Verlag, 1992: 1-2.
[3] Hagg H. Research Methodology for Sports and Exercise Science: A Comprehensive Introduction for Study and Research[M]. Berlin: Verlag Karl Hofmann, 2004: 14-18.
[4] 胡晓风. 关于体育科学体系的若干问题——在成都体院一次学术报告会上的发言[J]. 成都体育学院学报, 1980(1): 1-6.
[5] 周西宽. 体育学[M]. 成都：四川教育出版社, 1988.
[6] 张岩. 体育科学体系的学科分类[J]. 哈尔滨体育学院学报, 1992(2): 12-17.

育学科体系分为体育的社会学科群、体育的管理学科群、体育的自然学科群、运动学科群、体育数学学科群、体育信息学科群6大学科群,构建了体育学学科体系[①]。徐忠等将体育学科体系分为哲学方法学科群、人文社会学科群、自然生物学科群、运动科学学科群、管理信息学科群、交叉边缘学科群[②]。黄力生等把体育学科体系划分为5个学科群组,体育一般基础学科群组、体育科学对象分类学科群组、运动技术学科群组、体育自然学科群组、体育人文社会学科群组[③]。王续琨按照现代科学体系结构的理论,将体育学科的分支学科含边缘分支学科区分为体育基础学科、体育人文学科、体育对象学科、体育运动学科、体育自然学科群组,列在组之外的体育学,是体育学科的核心基础学科[④]。近年来,不少学者从不同的角度对体育学学科体系建设进行了探讨。如富学新等[⑤]、龚建林等[⑥]、鲁长芬等[⑦]通过研究发达国家学科体系的特点,为我国学科体系的优化提供了宝贵的意见。杨文轩[⑧]参考了英国、德国体育学学科体系的设置,结合我国国情,对我国体育学学科体系提出了优化意见。刘一民等[⑨]从体育学逻

---

① 卢元镇.体育科学[J].体育文史,1995(1):48-50.
② 徐忠,屈世琼.再论体育的科学体系[J].成都体育学院学报,2000(5):19-26.
③ 黄力生,陈海啸.论体育科学的性质、特征及体育科学体系的分类[J].体育科学研究,2001(4):5-7.
④ 王续琨.交叉科学结构论[M].大连:大连理工大学出版社,2003:424-428.
⑤ 富学新,杨文轩,邓星华,等.美、英、俄、德高校学科专业设置对我国体育学科体系建设的启示[J].体育学刊,2007(6):7-11.
⑥ 龚建林,杨文轩,陈琦,等.德国体育学科体系的发展现状及启示[J].体育学刊,2007(7):121-125.
⑦ 鲁长芬,罗小兵,龚建林.发达国家体育学科体系研究的特点与启示[J].上海体育学院学报,2008(4):47-51,59.
⑧ 杨文轩.体育学科体系重新构建刍议[J].天津体育学院学报,2009(4):277-280.
⑨ 刘一民,房蕊.体育学的逻辑起点及其学科体系重建:体育行为观视角[J].天津体育学院学报,2012(5):404-407.

辑起点的构建出发，梳理了体育学的学科体系。杨小永等[1]分析了体育学科体系分类三大实践领域存在的问题与不足，并试图从宏观、中观、微观的层次对体育学科体系的构建进行探索，提出了"一化四式"的发展趋势。熊文通过解析体育学的学科体系，创造性地提出了构建多维学科体系的看法[2]。周建东在对体育知识范式进行考察的基础上，也对体育学学科结构进行了审视[3]。此外，在前人研究的基础上，鲁长芬[4]、韩春利[5]还出版了针对体育学学科体系研究的专著。

从国内对体育学学科体系的研究发展趋势来看，存在着理论与实际脱节、类别划分不科学、概念理解不透彻等问题。造成这种现象的主要原因是学者们多以思辨的方式，自上而下地构建出体育学的学科体系。也有学者提出"多一些问题，少一些体系构建"的批评。但是，有关体育学学科体系的构建研究还会继续，因为体育学是一门新兴学科，只有通过不断的自我反思，学科才能获得发展。对学科体系的梳理不仅仅关系到现实中学科结构的合理性，更多的是通过学科体系的梳理能够帮助学者厘清思路，从宏观层面更好地把握体育学的本质结构。体育学本身就是一门具有交叉特征的综合学科，不同的理论体系意味着不同的学科划分方式，有利于学者从多元视角审视体育学，在学科边界处发现新的知识增长点。

---

[1] 杨小永，王健.体育学科体系的分类：宏观、中观与微观[J].武汉体育学院学报，2009（7）：19-23.
[2] 熊文.体育科学学科体系的解析与多维构建[J].上海体育学院学报，2015（1）：1-6.
[3] 周建东.体育知识范式论[D].济南：山东师范大学，2017.
[4] 鲁长芬.体育学科体系研究[M].武汉：华中师范大学出版社，2012.
[5] 韩春利.体育学学科体系的重构研究[M].北京：科学出版社，2014.

（四）体育学学科性质

学科性质，是指一门学科在科学分类体系中属于哪种学科门类，具有哪门学科的基本特征。明确学科性质，有利于该学科创立完善的理论体系，有利于学科拓展研究方向、研究视野，也有利于学科依据所属学科门类制定可续的发展策略[1]。总之，学科性质是一门学科创新、发展、完善的基础，是建立一个学科体系的前提[2]。

早在1982年体育科学理论学会学术专题讨论会上，许多专家表达自己对体育学学科性质的看法。谢琼桓提出体育是一门自然科学，属于生产力范畴。而谷世权、过家兴则提出体育是自然科学和社会科学的综合，是一门综合科学。胡小明则认为体育是一门社会科学，认为体育要研究的中心问题不是"人是什么"和"人干什么"，而是"怎样从身体方面培育全面发展的人"。郑振坤同志则坚持体育是自然科学，认为人体运动规律和人通过运动增强体质提高运动技术水平的规律，是体育科学特定的研究内容，这些规律是客观存在的规律，反映了体育的本质特征。吴志超则认为，体育是一门边缘科学。

此外，不少学者也对体育学学科性质这一问题进行了研究，主要观点包括"体育作为一门科学，最根本的任务就是研究如何通过身体运动增强人的体质。人的身体是一个自然物，通过体育锻炼增强体质是一个自然现象，它存在的规律是自然规律。因此，体育科学属于自然科学是毫无疑问的"[3]。"体育学是人

---

[1] 宋显彪. 论音乐文献学的学科性质 [J]. 黄钟（中国.武汉音乐学院学报），2010（1）：129-132.
[2] 韩春利. 体育学学科体系的重构研究 [M]. 北京：科学出版社，2014.
[3] 鲁长芬. 体育学科体系研究 [M]. 武汉：华中师范大学出版社，2012.

体学的一个组成部分，应在研究人体科学中研究体育科学，从而丰富和促进体育科学体系的发展和完善"[1]。"体育学属于社会科学，它的产生与发展遵循的是社会发展的规律并受社会自身发展的制约，体育现象的这一发生发展机制决定了他的属性是一种社会现象，并由此决定了以它为研究对象的体育学的学科属性是社会科学"[2]。张洪潭指出，认清体育学科属社会学科，这对于体育研究尤为重要，因为这种认识有助于我们避免简单套用自然科学的研究方法而误入歧途[3]。"体育是属于教育的内容之一，体育科学研究的中心是怎样从身体方面培养全面发展的人，因此，体育科学应当属于教育科学之下的分支学科"[4]。徐忠等在《再论体育的科学体系》中认为，体育是属于一门综合性科学，是与自然科学、人文、管理科学、交叉科学综合融合而构成了体育科学学科群[5]。张岩认为，体育科学具有不同的性质，从科学体系的横向分类来看，体育科学总体上属于人文社会科学。从科学体系的纵向结构来看，体育科学属于应用科学。从学科包容的理论和方法来看，体育科学具有交叉科学、综合科学性质[6]。

学界的对于体育学科性质的观点归纳起来主要有"人文社会科学说""应用科学说""自然科学说""人学说""综合科学说""教育科学说"。造成分歧的主要原因是不同的学者由于研究背景差异导致了看问题的视角不同，而体育学学科性质的复杂性也

---

[1] 胡晓风. 体育学属于人的科学 [J]. 体育科学, 1987（1）：86-87, 97.
[2] 唐炎. 体育学学科体系现状考察及构建研究 [D]. 重庆：西南师范大学, 2002.
[3] 张洪潭. 体育基本理论 [M]. 桂林：广西师范大学出版社, 2004：265.
[4] 卢元镇. 关于体育科学体系与科学属性探讨情况简介 [J]. 体育科学, 1982（4）：39-41.
[5] 徐忠, 屈世琼. 再论体育的科学体系 [J]. 成都体育学院学报, 2000（5）：19-21, 76.
[6] 张岩. 体育学的性质论 [J]. 体育与科学, 2005（6）：11-15.

加深了这种分歧，体育学本身包含了4个一级学科，而4个一级学科之间学科性质也存在很大的差异，甚至一级学科内部的学科性质也有不同。体育科学应该有多重属性，不能片面强调体育的意识形态作用和体育科学的自然属性，而忽视了体育的教育属性、社会属性、人文属性等[1]。总体来看，我们比较赞同韩春利的观点，认为把体育学归入综合学科比较合理，因为体育学的研究对象是体育活动，而体育活动的载体是人，作为生物的人可以用自然科学的范式来研究，而作为社会的人可以用社会科学的范式来研究，不同研究范式在体育问题域中的整合致使体育学具有综合学科的特点。

（五）体育学学科史研究

学术史研究在西方由来已久，早在1830年法国哲学家奥古斯特孔德在《实证主义教程》一书中，首次提出"综合科学史"的概念，他指出"随着科学变得越来越专门化，就更需要一个专门的领域，即关于科学的共性、科学各部分之间的关系以及它的整体性的研究。这种新的专家必然是科学史家，因为没有关于科学之树发生和发育的知识，就几乎不可能得到关于科学之树本身的知识。"[2]由于体育学的形成时间较短，西方对于体育学学科史的考察也较晚。20世纪90年代，西方有几位著名学者对体育科学整体发展历程做了总结，如1990年，美国学者科尔宾就体育科学的形成和发展提出了比较经典的论述："如果以每一个十年作为标志来概括体育学科的发展历程，那么（20世纪）50年代可称为专业化时代，（20世纪）60年代就是变化的开端，（20世

---

[1] 杨文轩，陈琦. 体育原理 [M]. 北京：高等教育出版社，2004.
[2] 刘兵. 克丽奥眼中的科学 [M]. 上海：上海科技教育出版社，2009.

纪）70年代是走向学科推进的年代，（20世纪）80年代是寻求统一性时代，根据这个标准，他预测（20世纪）90年代是一个日益形成的学科领域的年代"[1]。1992年，德国学者拜亚（Erich Beyer）主编的《体育科学词典》中将体育科学的发展分成3个阶段，即体育科学的各分支学科的形成主要是从各母学科中派生出来，然后叠加形成了体育科学的各个学科，这些学科综合成为一门体育科学，而体育科学又汇入整个科学体系中去。德国学者认为，体育学科的发展最多处于第二个阶段。1997年，美国学者马瑟加尔和斯旺森组织编写了专著《锻炼与运动科学的历史》，他们主要论述了20世纪的体育科学的历史以及体育科学领域中的体育教育学、适应性体育活动与教育、体育社会学、体育史、体育哲学、运动行为、体育和锻炼生理学、生物力学以及锻炼心理学九门具体分支学科的历史发展情况，他们为每一门分支学科提供了大量的学术文献及经典的论文和教材[2]。放眼国内，不少学者也对西方的学术史进行了考察。如龚建林等[3]以德国体育界概念争论为主线，梳理了德国体育学科的发展历程，杨波等[4]对美国体育学科发展历程进行了梳理，指出多理论基础是美国体育研究中多种概念混淆的原因。王琪[5]在其博士论文中采用知识图谱的从知识生产的角度对西方体育科学学术史进行了实证研究，为我们了解西方体育学科发展的历程提供了一个新的视角。此

---

[1] 黄汉升. 论现代体育科学研究的方法学特征 [D]. 北京：北京体育大学，1999：22.
[2] John D.Massengale, Richard A.Swanson. The History of Exercise and Sport Science [M]. ChampaignⅢ: Human Kinetics Puh, 1997.
[3] 龚建林，杨文轩，陈琦，等. 德国体育学科体系的发展现状及启示 [J]. 体育学刊，2007（7）：121-125.
[4] 杨波，杨文轩，龚建林. 美国体育学科发展历程及现状 [J]. 体育学刊，2007（7）：116-120.
[5] 王琪. 西方现代体育科学发展史论 [D]. 福州：福建师范大学，2011.

外，不少学者如杨文轩[1]、王志强等[2]、韩春利[3]、王雷[4]在相关研究中也涉及了西方体育学学科史的研究。

相对于西方体育学学科史，学者对于我国体育学学科史的研究数量较多，但大部分集中在分支学科学术史，体育学综合学科史研究相对较少。具有代表性的有，许红峰等[5]的《建国初期我国体育科技发展的历史回眸》、黄汉升[6]的专著《中华人民共和国体育科技发展史》、田野等[7]的《中国体育学学学科发展综合报告（2006—2007）》。这些专家站在战略发展的高度对中华人民共和国成立以后的中国体育科学发展的历程进行了梳理，肯定了我国体育学多年来取得了丰硕的研究成果，同时指出了我国体育学发展过程中存在的诸多问题，具有很高的学术价值。除此之外，李树怡总结了1979—1992年我国体育科学理论热点的演化，梳理了我国对于这些理论问题的探讨情况。鲁长芬等[8]在对体育科学的发展历程进行了回顾，认为我国真正意义上的体育学是伴随着西方体育的传入而开展起来的，其发展轨迹与世界体育科学的发展轨迹基本相同。王学敏[9]分析了中国体育科学发展的历程，

---

[1]杨文轩.体育学科体系重新构建刍议［J］.天津体育学院学报，2009（4）：277-280.
[2]志强，胡曦.从Physical Education到Kinesiology：美国体育学科的变革与重塑［J］.体育成人教育学刊，2013（5）：1-6，103.
[3]韩春利.体育学学科体系的重构研究［M］.北京：科学出版社，2014.
[4]王雷.论体育学的学科特征［D］.福州：福建师范大学，2017.
[5]许红峰，陈作松，黄汉升，等.建国初期我国体育科技发展的历史回眸［J］.中国体育科技，2000（10）：3-7.
[6]黄汉升.中华人民共和国体育科技发展史［M］.北京：科学出版社，2002.
[7]田野，王清，李国平，等.中国体育科学学科发展综合报告（2006—2007）［J］.体育科学，2007（4）：3-14.
[8]鲁长芬，罗勤鹏.体育学、体育科学与体育学科辨析［J］.天津体育学院学报，2009（4）：285-288.
[9]王学敏.中国体育学学科认识的困境与出路［J］.成都体育学院学报，2009（6）：16-19.

认为当前的中国体育学学科呈现的是一种综合的、整体性的学科失范，走出困境的根本出路就在于正确的认识"体育学与体育实践"的关系。陈磊[①]从学科规训的视角探讨了我国体育学发展的历程。可以看出，这些研究都集中在中华人民共和国成立以后对中国体育科学发展历程进行考察，对于近代学术史的考察却很少。具有代表性的是王灏霖[②]在其博士论文中对晚清、民国的体育学术史进行考察，结合新中国体育学术史发展历程，详细描述了体育学从西方走进中国的演变脉络，勾画出近代体育学在中国交叉与分化的历史图景，加深了我们对体育科学演变过程的认识和理解。此外，李凤梅[③]则通过考察中国近代体育思想史的更迭，以体育图书的内容变化为参照依据，为我国现代体育学术发展提供了有益的思想资源与重要启示。

从我国的体育学学术史研究来看，对于西方学术史的研究太少，研究得也不够深入，体育学毕竟是舶来物，对其本源的考察是体育学基本理论中非常重要的一部分。而近代体育学术史是体育学科发展史中缺失的一环，尽管学界形成共识，近年来也有不少的研究成果，但在这方面的研究还是较为薄弱。此外，目前学术史研究中大部分学者的研究范式都是基于文本的内容分析，未见到有口述史的研究。历史是人类活动，人是历史的主体。文本研究看起来似乎价值无涉、脉络清晰，但是离开人这一主体，孤立的历史事件会有多大意义呢？回顾西方的科学史著作无论是罗伯特默顿的《17世纪英国的科学、技术与社会》还是托马斯库恩的《科学革命的结构》，其研究主线都是和科学家的实践活动交织在一起。作为历史研究的新范式，口述史研究也许能作为实证

---

①陈磊，宋燕. 近代中国体育学科的发展——基于学科规训理论视野的考察[J]. 浙江体育科学，2014（2）：80-85，91.
②王颢霖. 中国体育学百年嬗变[D]. 福州：福建师范大学，2014.
③李凤梅. 中国近代体育学术史论[D]. 福州：福建师范大学，2015.

研究的有益补充，应当引起学界重视。此外，大部分学者对于学术史的梳理都将研究视角置于学科"外史"，以社会、政治、经济、文化变迁以及整个科学史变迁为背景对体育学学术史进行考察，过多地考虑社会因素对于学科发展的影响，忽略了体育学学科发展的内部知识演化的逻辑。在学科内史研究层面还有深入拓展的空间。

二、学科交叉研究

在中世纪以前，科学呈现简单综合的状态，自然科学被包容在哲学中。从文艺复兴到世纪末现代科学诞生以前的几百年间，科学从教会的神权和经院哲学的桎梏中解放出来，自然科学从哲学中分化出来，学科的分化得到了广泛深入的发展。与此同时，学科也开始了在分化基础上的综合进程，学科交叉也在这一阶段初露端倪[1]。可见，学科交叉的思想和跨越不同学科界限的活动由来已久。形成真正意义上的、独立的理论体系的现代学科交叉运动开始于19世纪中上叶。此后的近一百年，关于学科交叉和交叉学科的研究与实践活动经历了"早期自发孕育阶段、自我成长阶段以及社会化的长足发展阶段"[2]。根据通常的理解，"跨学科"至少可以包括或者引申出三个层面的含义：第一，表示一种超越单一学科范围的研究活动或者教育活动；第二，表示一个超越单一学科范围的学术领域或知识领域；第三，表示一门以跨学科活动、跨学科领域作为研究对象的学科，即所谓跨学科学。本研究中的学科交叉则和第一种含义上的跨学科相似，即把学科交叉定义为超出学科边界进行科

---

[1]吴维民.科学的整体化趋势[M].成都：四川大学出版社，1989：175.
[2]程妍.跨学科研究与研究型大学建设[D].合肥：中国科学技术大学，2009.

研的一种实践活动。

"跨学科（interdisciplinary）"一词最早由美国哥伦比亚大学的伍德沃斯（Woodworth）于1926年提出，是指超越一个已知学科的边界而进行的涉及两个或两个以上学科的实践活动[1]。1930年，美国社会科学研究理事会在一份有关理事会的目标声明中，正式使用了"跨学科科学活动"的说法。1937年，《新韦氏大辞典》和《牛津英语辞典补本》首次收入"跨学科"一词。到20世纪50年代，这一用语开始在科学界、教育界扩展、普及，第一篇在题目中出现"跨学科"一词的论文是1951年一位人类学家和精神病学家合作发表的论文《跨学科研究的组织陷阱》。到了20世纪60年代这个词风靡学术界，此后又相继出现专门术语"跨学科研究者""跨学科关系""跨学科性""跨学科论"等，还出现了副词"跨学科地"和动词"进行跨学科研究"[2]。1970年9月在法国尼斯大学召开的首届国际交叉科学学术讨论会，表明以跨学科为研究客体的新的研究领域已经形成，会后出版的文集《跨学科——大学中的教学和研究问题》也成为交叉科学发展史上的经典之作[3]。至此之后，一些跨学科学术期刊开始发行，如1974年，美国纽约城市大学创办了《跨学科研究杂志》（*Journal of Interdisciplinary Studies*），1976年在英国创刊了《跨学科科学评论》（*Interdisciplinary Science Review*）。1979年，国际上首个跨学科研究的专业学术组织——国际跨学科研究会（The International Association for the Judy of Interdisciplinary Research）在德国成立，研究会主要对高科技中的跨学科问题展开研究。这些刊物和学术组织的成立为跨学科研究提供了一

---

[1] 刘仲林. 交叉科学时代的交叉研究［J］. 科学学研究，1993，11（2）：9-16.
[2] 刘仲林. 现代交叉学科［M］. 杭州：浙江教育出版社，1998：57.
[3] 史建斌. 交叉性新学科孵化器问题研究［D］. 合肥：中国科学技术大学，2013.

个平台，极大地促进了跨学科研究的发展。1986年，美国洛蒙德（Lomond）出版公司出版了第一部以交叉学科为研究对象的专著《交叉学科分析和研究》（*Interdisciplinary Analysis and Research*）。1990年，美国的克莱恩（J. T. Klein）出版专著《交叉科学：历史、理论和实践》（*Interdisciplinarity: History. Theory, and Practice*），这本著作从历史学、社会学、经济学、政治学、哲学等多学科的角度透视分析交叉科学现象，它的出版标志着国际交叉科学的研究发展到一个新的水平[1]。进入21世纪，学术界对跨学科问题的关注随着跨学科实践的增加而与日俱增。相关讨论的主题和内容不仅有以往不断重复的问题，更有越来越多的学者把跨学科论述的关注点转向对跨学科的量化考察和评价[2]。甚至有学者明确地把跨学科定义为关注概念、方法或数据整合的研究过程。对跨学科的定量研究绝大部分是以Web of Science、Science Direct、Wiley InterScience. Springer、EBSCO、Blackwell、Ingenta、Scopus、Inspec等科学文献数据库为基础的。随着科学研究方法的逐渐成熟，计算机科学技术和网络信息科学技术的迅速推进，对跨学科的研究从定性讨论不断向定量研究深入，从总体论述逐渐向案例研究展开。

我国学术界对交叉学科开展系统而专门的研究自20世纪80年代开始。1985年4月，全国首届交叉科学学术讨论会在北京召开，包括著名科学家"钱氏三杰"在内的众多学者汇聚一堂，就交叉科学的形成、界定、发展历史、当前形势和发展前景等问题进行了广泛深入的讨论，对我国交叉科学的发展起到了积极的推动作用。这次会议的部分讲话、发言由光明日报出版社于同年出

---

[1] 史建斌. 交叉性新学科孵化器问题研究［D］. 合肥：中国科学技术大学，2013.
[2] 刘小宝. 论"跨学科"的谱系［D］. 合肥：中国科学技术大学，2013.

版了《迎接交叉科学的时代》一书。同年，刘仲林在《未来与发展》杂志第一期发表论文，首次在国内较为系统地阐释和探讨了交叉学科的概念和建设问题。极大地推动了跨学科研究的发展[1]。在之后的十余年内，国内跨学科研究进入了一个黄金时期，多本有关跨学科研究的专著问世。比较有代表性的有李光的《交叉科学导论》、吴维民的《学科的整体化趋势》、刘仲林的《跨学科学导论》和《现代交叉科学》、解恩泽的《交叉科学概论》、金吾伦的《跨学科研究引论》。从研究内容来看，这些专著多采用思辨的方式对跨学科现象进行分析，提出了自己对这一现象的观点，并形成了诸多理论。如刘仲林的交叉科学的划分方式，将交叉学科划分为比较学科、边缘学科、软学科、综合学科、横断学科、超学科等几种类型[2]。金吾伦结合现代科学研究中的跨学科特征，提出学科知识增长的"蚕—茧"模型[3]。和国外跨学科研究注重在大量科研和教学实践的基础上构建理论不同，我国早期跨学科研究理论和实践结合并不紧密，缺乏实践的总结，不少的内容有泛论和思辨倾向。进入21世纪以后，随着跨学科研究的深入和受国外研究范式的转变，我国跨学科研究不再局限于宏观的、定性的、思辨的探讨，研究逐渐转向微观的、定量的、实证的分析。特别是在文献计量学领域，许多研究者采用科学计量学的方式来对学科之间的交叉关系、研究热点进行分析。不少学者研制或者从国外引借学科交叉测度的方法和指标，为学科间跨学科的量化研究提供了理论基础。如刘学毅[4]对德尔菲法一些规则进行修正，对其应用于交叉学科研究评价的可行性

---

[1] 史建斌.交叉性新学科孵化器问题研究［D］.合肥：中国科学技术大学，2013.
[2] 刘仲林.现代交叉科学［M］.杭州：浙江教育出版社，1998：85.
[3] 金吾伦.跨学科研究引论［M］.北京：中央编译出版社，1997：5-14.
[4] 刘学毅.德尔菲法在交叉学科研究评价中的运用［J］.西南交通大学学报：社会科学版，2007（2）：21-25.

进行了探讨。李长玲等[①]采用网络分析的E-I指数计算方法来计算学科交叉的程度，并进行了实证研究。杨良斌等采用理论研究、数学论证和对前人研究成果的借鉴等方法，深度分析了多学科度、专业度、学科交叉度和合作度四种计量指标，继而构建了以学科交叉度为核心的包含十个测度公式的跨学科测度指标体系[②]。魏建香以"学科交叉知识"为研究对象，从文本挖掘的理论与关键技术分析入手，在文档聚类算法的研究与改进、学科交叉知识发现与可视化等方面展开研究工作[③]。邱均平等[④]从组织生态学角度，利用Lotka-Volterra模型呈现交叉学科成长中某学科发展演化过程，提出一种衡量学科在学科融合领域贡献能力的评价指标，并以情报学在社会网络研究领域为例进行实证分析。刘学毅对德尔菲法一些规则进行修正，对其应用于交叉学科研究评价的可行性进行了探讨[⑤]。

在新的测度指标和研究技术的支持下，使学科之间的交叉态势和研究热点的量化研究得以可能。如邱均平等[⑥]从跨学科发文的视角研究了图书情报领域的跨学科研究态势，用论文专业度指标定量测度了学者的跨学科研究程度。社会网络分析、知识图谱的普及也促进性跨学科研究的进展。如王旻霞等[⑦]以中国引文数

[①] 李长玲，纪雪梅，支岭. 基于E-I指数的学科交叉程度分析——以情报学等5个学科为例[J]. 图书情报工作，2011（16）：33-36.
[②] 杨良斌，金碧辉. 跨学科研究中学科交叉度的定量分析探讨[J]. 情报杂志，2009（4）：39-43，92.
[③] 魏建香. 学科交叉知识发现及其可视化研究[D]. 南京：南京大学，2010.
[④] 邱均平，何文静. 基于Lotka-Volterra模型的跨学科评价研究[J]. 大学图书馆学报，2015（5）：20-25.
[⑤] 刘学毅. 德尔菲法在交叉学科研究评价中的运用[J]. 西南交通大学学报：社会科学版，2007（2）：21-25.
[⑥] 邱均平，余厚强. 跨学科发文视角下我国图书情报学跨学科研究态势分析[J]. 情报理论与实践，2013（5）：5-10.
[⑦] 王旻霞，赵丙军. 跨学科知识交流网络结构特征研究[J]. 情报科学，2016，（5）：46-50，104.

据库（CCD）为数据源，采用数理统计、社会网络分析等方法，从知识输入的视角对35年来国内跨学科知识交流网络的结构特征进行了分析。徐浩等[1]借助知识图谱可视化软件CiteSpace绘制关键词共现知识图谱、文献共被引知识图谱及作者共被引知识图谱，揭示2004—2012年中国中医学学科交叉研究领域研究重点、知识源流及高影响力作者群。侯海燕等[2]利用信息可视化工具CiteSpace进行学科领域共现分析和关键词共现分析，绘制了学科领域共现图谱和关键词共现图谱。从跨学科的计量学研究态势来看，最初大部分都是在科学计量学、情报学领域进行实证研究，随着测度指标的成熟，研究领域逐渐扩大到其他学科。如陈悦[3]借助于科学计量学中的科学知识图谱理论和方法、社会网络分析理论和方法，论析管理学的学科结构和管理学与相关学科的关系，从管理学学科内在结构的变化和管理学与外部相关学科的相互作用两个方面，来探讨管理学的发展动因，揭示管理学学科知识结构演进的规律性。王志楠等[4]通过高被引学者所发表论文的学科集成化指数、学科专业化指数和学科扩散化指数，系统评估了经济学领域高被引学者论文的学科分布及其集成和扩散特征。

综上所述，研究者采用科学计量学对学科交叉进行研究主要集中在三个层面：一是从引文分析角度出发，研究不同学科之间的交叉结构；二是从学者角度出发，研究学者跨学科发文的情况；三是从共词分析的角度出发，分析跨学科文献中的研究热点和前沿。科学计量学帮助研究者从微观层面对学科之间的交叉态

---

[1] 徐浩，濮文渊，钱爱兵，等.中国中医学学科交叉领域知识图谱研究［J］.中国医学科学院学报，2015（1）：93-100.
[2] 侯海燕，陈超美，刘则渊，等.知识计量学的交叉学科属性研究［J］.科学学研究，2010（3）：328-332，350.
[3] 陈悦.管理学学科演进的科学计量研究［D］.大连：大连理工大学，2006.
[4] 王志楠，汪雪锋，黄颖，等.高被引学者论文跨学科特征分析——以经济与商业领域为例［J］.科学学研究，2016（6）：807-813.

势进行研究，为跨学科研究提供了一个新的视角，研究成果也颇为丰硕。但是，仅从微观的知识流动层面把握学科之间的交叉态势，论据似乎过于单薄。有必要和宏观层面的研究结合起来探索学科的交叉情况，如对学科史的考察、学科制度、学科社会背景的考察。只有这样才能弄清楚某一门学科跨学科现象的缘起、变迁、特点，才能为学科的发展提供更好的理论依据。

三、体育学学科交叉研究

为了弄清国外对体育学跨学科问题研究的现状，笔者采用"interdisciplinary""transdisciplinary""crossdisciplinary""multidisciplinary"与"sport science""physical education""kinesiology"相互组合，进行外文文献的检索，检索文献共计133篇（"interdisciplinary"和"kinesiology"检索出文献7篇；"interdisciplinary"和"sport science"检索出文献27篇；"interdisciplinary"和"physical education"检索出文献87篇；"transdisciplinary"和"physical education"检索出文献6篇；"multidisciplinary"和"physical education"检索出文献6篇）。通过对文献进行分析，发现大部分国外学者都是从实证的角度出发，以跨学科为视角，研究体育学中的具体问题。如De Marees 等对体育学自然科学基金项目的跨学科研究现象进行分析，发现1977—1982年，立项项目中有28%是跨学科合作项目[1]。R.Piegay和F.Dejardin以足球运动研究为例，探讨了如何建立跨学科研究的框架[2]。D.Schary等从心理学的视角出发，研究

---

[1] De Marees, Bartmus U. Problems of interdisciplinary research in sports from the perspective of the natural sciences [J]. Sportwissenschaft, 1985, 1: 56-68.
[2] Piegay R, Dejardin F. Interdisciplinary: biology, geography and P.E. and sport [J]. EPS Education Physique and Sport, 2001, 291: 58-62.

体育学者对跨学科知识在体育学研究中的应用的看法,研究认为跨学科知识应当在体育科研中保持适当的张力[1]。也有学者采用文献综述、理论思辨的方式对体育学跨学科问题进行反思,如L.Burwitz等从跨学科的视角出发,采用文献述评的方式对体育科学未来发展的方向进行了探析,认为跨学科研究的缺乏是制约未来体育学发展的瓶颈[2]。D.P.Schary和B.J.Cardinal等探讨了跨学科方法在体育学研究中的重要性,并构建了体育学跨学科研究的框架,为体育科研工作者提供了一个方法论层面的参考[3]。P. Freedson则探讨了如何和其他学科合作,采用跨学科的方式来促进体育科学研究发展等问题[4]。G.Pace指出,体育科学作为一门综合学科,在演化过程中吸收了许多母学科领域的知识,形成了许多体育学中的二级学科,体育学中的许多问题都要采用跨学科的方式来解决[5]。此外,德国体育学理论研究较为突出,部分学者站在理论的高度,对体育学跨学科问题进行了思考。具有代表性的是学者H.Haag在其专著《德国体育学:一个跨学科的集合》中从跨学科的视角出发,对体育学各分支学科的发展历程和研究现状进行研究,并对体育学的一些基本理

---

[1] Schary, Cardinal. Starting to Uncover the Mystery of Interdisciplinary Research in Kinesiology [J]. Physical Educator, 2016, 2.

[2] Burwitz L, Moore PM, Wilkinson DM. Future directions for performance-related sports science research: an interdisciplinary approach [J]. Journal of Sports Sciences, 1994, 1: 93-109.

[3] Schary, David P, Bradley J. Interdisciplinary and Intradisciplinary Research and Teaching in Kinesiology: Continuing the Conversation [J]. Quest, 2015, 2: 173-184.

[4] Patty Freedson. Interdisciplinary Research Funding: Reaching Outside the Boundaries of Kinesiology [J]. Quest, 2009, 1: 19-24.

[5] Gill Pace. Integration: The key to sustaining kinesiology in higher education [J]. Quest, 2007, 59 (3): 269-286.

论问题进行了探讨[①]。从国外体育学跨学科的研究现状来看，学者主要从心理学、社会学等视角对体育学跨学科现象进行探讨，关注体育学跨学科现象中的方法论、研究主体、学科制度等方面问题，而从学科知识层面对体育学跨学科问题进行反思的研究还未见到。

国内最早对体育学跨学科问题进行研究的是刘一民等[②]，他在《略论体育跨学科研究》中论述了跨学科研究在现代科学研究中的地位和作用，以及体育跨学科研究人员应具备的素质，并提出了组织实施体育跨学科研究的途径。之后跨学科研究逐步引起了学者们的重视，研究成果也日益增多，主要集中在以下几个方面。

（1）从方法论层面对学科交叉的探讨。汪康乐等[③]认为，跨学科研究法是拓展创新思维的引擎、架起知识创新的桥梁、创建新学科的主体方法、加速体育科学学科拓展的动力。马卫平等[④]认为体育跨学科研究是以多学科理论和方法为背景，立足于体育问题，综合地、系统地、多维地、联系地运用交叉学科的研究工具、观点、原则、方法、范式等来探索体育现象而形成的自身独特的研究方法，具有合作性、整体性、开放性、包容性的特点。黄璐[⑤]认为在今后较长一段时间内，多学科交叉综合研究范

[①] H.Haag.Sport Science in Germany: An Interdisciplinary Anthology [J]. Springer-Verlag Berlin Heidelberg, 1992.
[②] 刘一民，王武斌.略论体育跨学科研究 [J].武汉体育学院学报，1994（8）：15-18.
[③] 汪康乐，邱崇禧，陈瑞琴.跨学科研究法在体育科学创新中的作用 [J].上海体育学院学报，2009（4）：35-38.
[④] 马卫平，游波，李可兴.体育研究中的跨学科取向——内涵、意义与方法 [J].体育科学，2009（8）：90-96.
[⑤] 黄璐.体育学多学科交叉综合研究概述与展望 [J].成都体育学院学报，2012（2）：28-32.

式将保持在国际体育学术层面上的高吸引力状态。

（2）跨学科人才培养的研究。如于菲菲认为应鼓励招收跨学科体育专业硕士研究生[1]。张鹏对华北地区师范院校跨专业体育学硕士研究生招生现状、背景特征、培养现状、导师指导情况以及就业方向选择进行研究分析，并从课程设置、人力资源、录取方式等方面提出了优化建议[2]。宋平也对跨学科研究生培养进行了思考，从制订科学培养方案、课程设置和导师队伍建设3个方面提出了跨学科体育研究生培养的建议[3]。

（3）跨学科与体育学学科建设。杨雪芹[4]在分析体育学科交叉性和对大学平台中的体育学科交叉建设的具体实践进行调查的基础上，系统研究体育学科交叉发展的机制，构建体育学科交叉发展的模式，提出我国体育学科在大学平台上的建设和发展策略。王乐[5]对不同学科交叉情况进行审视的同时反思我国体育教育训练学学科发展的历史和现状，结合体育教育训练学的学科特点和发展规律，从科研合作、资源配置、组织结构等方面提出了优化建议。韩新君等[6]从学科交叉建设理论的角度出发，提出了普通高校建设体育交叉学科的5种模式。黄睿[7]研

---

[1] 于菲菲. 新媒体对北京体育大学学生社团建设的影响及其对策研究 [D]. 北京：北京体育大学，2013.
[2] 张鹏. 华北地区师范院校跨专业体育学硕士研究生培养现状调查研究 [D]. 石家庄：河北师范大学，2015.
[3] 宋平. 关于培养跨学科体育类研究生的思考 [J]. 山东体育科技，2009（4）：64-65.
[4] 杨雪芹. 学科交叉视野下我国大学体育学学科建设研究 [D]. 北京：北京体育大学，2010.
[5] 王乐. 基于学科交叉的我国体育教育训练学学科优化研究 [D]. 长沙：湖南师范大学，2012.
[6] 韩新君，张泳. 高校体育交叉学科的设置——基于非传统体育院系的探讨 [J]. 北京工业大学学报：社会科学版，2008（5）：73-76.
[7] 黄睿. 跨学科视野下我国高校体育科研创新能力研究 [D]. 福州：福建师范大学，2013.

究了跨学科研究对体育科研创新能力的作用，构建了体育科研的创新体系，并对7所高校的体育科研能力进行了实证研究。但是该论文只是将体育学跨学科这一现象作为研究的视角或者切入点，其研究的着力点主要是在于高校科研创新，并未对体育学跨学科知识生产的内在逻辑和模式等基本问题进行深入的探讨。

（4）对体育学跨学科现象的思考。曹玉冰[1]站在元科学的角度，探讨了体育学跨学科和学科边界的辩证关系，认为在增强体育学者学科归属感和强化学科立场的同时，培养研究者打破学科束缚的创新精神，以寻求学科发展的内在动力。唐东辉等[2]认为阐述了体育科学跨学科的含义与必要性，分析了当前体育科学跨学科研究的现状，认为当前对学科性质的认识不够深刻、传统体制的弊端、对既得利益的保护、急功近利的思想等因素的干预是阻碍体育科学跨学科发展的主要因素。

（5）从学科交叉的角度来考察学科史。范广贵等[3]认为体育学科的演进方式呈现"整体—分化—综合"的演进主线，其内容和特点体现在以下四点：一是体育学科理论知识；二是学科中的体育思想；三是体育学科制度；四是体育实践。王颢霖[4]通过文本研究，从文本内容变迁的角度来解释学科交叉，并将体育学科分化演进历程划分为三个时期：体育学科分化的初现期（20世纪20年代）、体育学科分化的扩张期（20世纪30年代）、体育学科分化的成熟期（20世纪40年代），以阐释近代

---

[1] 曹玉冰. 体育科学学科边界问题的跨学科认识［J］. 武汉体育学院学报，2013（10）：10-13，62.
[2] 唐东辉，覃立. 体育科学跨学科研究简论［J］. 西安体育学院学报，2010（1）：19-22.
[3] 范广贵，孙久喜，阿英嘎. 探析中国体育学科的演进方式及其跨学科研究的指向［J］. 南京体育学院学报：自然科学版，2010（4）：17-20.
[4] 王颢霖. 从学科交叉与分化管窥近代中国体育学演进发展［J］. 体育科学，2015（6）：3-12，24.

中国体育学演进发展过程。

（6）采用文献计量学的方法研究体育学跨学科的知识流动。随着文献计量指标的成熟和文献分析软件的完善，学者们也开始注重从微观层面研究体育学跨学科现象。王琪等[1]采用知识图谱的方法，对Web of Science数据库收录的《锻炼与运动研究季刊》1930—2009年发表的4219篇论文进行分析，总结出西方体育科学与各主要相关学科间关系及其演变特征、体育科学的学科性质、体育科学的发展特征。赵丙军等[2]对2001—2010年我国体育学科与其他学科间的跨学科知识流动特征进行了探索性分析，认为体育学总体上属于知识输入型学科，且知识来源学科与知识输出目标学科具有较高的重叠性。近年来，也有学者从文献计量学角度来探讨体育学的学科结构和知识演进等问题，虽然这一议题没有直接指向学科交叉，但是其中的研究内容已经涉及相关领域，如王子朴[3]对体育人文社会学研究的特征、热点和趋势进行分析、李元[4]基于Web of Science对体育学学科结构与理论演进进行研究。

体育学以运动着的人作为研究对象，研究对象的自然属性与社会属性的双重复杂性决定了体育科学研究必然同时涉及自然科学、社会科学两大科学门类，也决定了在体育科学的研究过程中必须从其他自然科学学科和社会科学学科移植借鉴并综合运用

---

[1] 王琪，黄汉升.体育科学与相关学科关系演变的实证研究——基于《研究季刊》期刊共被引知识图谱的视角［J］.南京体育学院学报：社会科学版，2011（4）：21-26.

[2] 赵丙军，司虎克.体育跨学科知识流动特征研究——基于中国引文数据库（CCD）的分析［J］.西安体育学院学报，2015（1）：60-64，70.

[3] 王子朴.中国体育人文社会学研究十年发展报告［M］.北京：中国社会科学出版社，2014.

[4] 李元.知识的轨迹——体育科学学科机构与理论演进的科学计量研究［M］.北京：北京体育大学出版社，2016.

多种研究方法[1]。体育学是典型的交叉学科，跨学科性是体育学主要特征之一。从知识生产的角度来看，体育学研究成果涉及自然、人文、社会科学三大门类，研究对象决定了体育学知识生产模式具有跨学科性，在知识生产模式转变的大背景下，这种跨学科性尤为凸显。表现在研究内容逐步融合、研究边界日渐模糊、跨学科科研合作明显增多等诸多方面。从体育学学科交叉研究来看，相关研究起步较晚，20世纪90年代才开始关注学科交叉问题。研究成果数量也较少，大部分研究者都是从宏观层面来研究体育学的学科交叉问题，研究方法也多以思辨、定性研究为主。实证研究往往是把学科交叉作为一个研究的切入视角，来研究诸如人才培养、学科建设等问题。虽然也有相关研究涉及了微观知识层面的体育学学科交叉研究，如王琪[2]、李元[3]、王子朴[4]等，但是这些研究者都没有将学科交叉作为一种独立的研究对象进行分析，只是在学科史、学科知识结构、学科知识演化等问题上涉及了学科交叉的相关内容，而且大部分研究都是基于WOS数据库进行研究，主要分析国外体育科学的发展态势。仅有赵丙军等[5]从微观层面针对我国体育学学科交叉问题进行过研究，但是相关研究也只是在单一维度下进行共时性的分析，对体育学学科交叉问题进行系统研究还处于空白状态。此外，在研究方法层面，近年来国内外对于学科交叉评价指标的研究逐渐成熟，还未

---

[1] 李春景, 刘仲林. 跨学科研究规律的实证分析 [J]. 科学技术与辩证法, 2004（2）: 75-78.
[2] 王琪. 西方现代体育科学发展史论 [D]. 福州: 福建师范大学, 2011: 63.
[3] 李元. 知识的轨迹——体育科学学科机构与理论演进的科学计量研究 [M]. 北京: 北京体育大学出版社, 2016.
[4] 王子朴. 中国体育人文社会学研究十年发展报告 [M]. 北京: 中国社会科学出版社, 2014.
[5] 赵丙军, 司虎克. 体育跨学科知识流动特征研究——基于中国引文数据库（CCD）的分析 [J]. 西安体育学院学报, 2015, 32（1）: 60-64, 70.

见到有学者利用已开发的学科交叉测度指标来对体育学跨学科问题进行研究。我们认为，体育学的元研究既要有理论探讨也要有实证分析。理论研究可以厘清学科的应然状态，实证研究可以帮助我们把握学科发展的实然状态，二者不可偏废，只有将两种研究进路结合起来才能够更好地把握体育学学科交叉研究的特征、影响因素、发生模式等基本理论问题，为系统、深入地探讨体育学学科交叉问题提供理论指导。在这些方面，还留有深入研究的空间。

第三节 研究思路与方法

一、研究思路

以我国体育学学科交叉知识为研究对象，沿着"历史分析—知识流动分析—研究内容分析"这一进路展开，从宏观、中观、微观三个层面逐步深入研究体育学学科交叉问题，通过对体育学学科交叉知识进行历时性和共时性比较，力图呈现我国体育学学科交叉演化的轨迹以及学科交叉研究热点和前沿，在此基础上对我国体育学基本理论问题进行探讨。第一，通过查阅文献资料和咨询专家确立研究的目标和解决的问题，在此基础上进行理论研究，构建研究的理论框架。第二，在文献资料分析的基础上对体育学主要分支学科发展史和我国体育学学术史进行考察，探讨学科交叉与体育学学科演化的关系。第三，基于学科之间的引用关系，利用引文分析、社会网络分析等方式，梳理知识流动维度下体育学和其他学科之间的关系及演化轨迹，研究体育学学科交叉态势，并对体育学学科体系、学科性质等理论问题进行探讨。第四，利用知识图谱软件对具有学科交叉性质的体育学类期刊论文进行共词分析，探讨体育学学科交叉研究的热点。

二、研究方法

（一）文献资料调研

通过查阅中国知网、万方、中国国家数字图书馆、学校图书馆等平台，获取国内外与科学学、学科、体育学、跨学科、学科交叉、知识创新等与本研究有关的专著、文献、政策性文件，形成本研究所要探讨的中西方体育学学科史的基本认识，建立研究的理论基础。此外，在第五章中结合CitespaceⅢ对研究热点分析的结果，采用文献综述的方式对筛选出来的期刊论文进行二次探查，深入分析我国体育学和不同学科交叉研究的热点及演化趋势。

（二）历史分析

获取中国和西方体育学学科史的相关资料，在前人研究的基础上，结合社会政治经济环境的变迁以及学科知识的演进，结合学科建构路径理论，对体育学知识演化历程进行梳理。

（三）社会网络分析

通过中国引文数据库获取体育学各时段亲缘学科的引用与被引用关系，建立引文矩阵，利用社会网络分析软件Ucinet和内置的Netdraw软件绘制不同时间段引文网络图并进行社会网络分析，获取相关的学科交叉评价指标，分析体育学学科交叉结构演化趋势，并为交叉学科群的确定提供依据。

（四）文献计量分析

1. 分析数据的获取与选择

本研究的分析数据主要源于中国知网（CNKI）下属的中国引文数据库（Chinese Citation Database，CCD）以及中国学术期刊网络出版总库（Chinese Academic Journal Database，CAJD）。

第二章对于体育学知识流动分析数据主要是从CCD中获取。检索并下载1981—2015年体育学的发文量、引文量、被引量等数据，用于分析体育学知识流动的总体特征。检索并下载同样具有交叉学科性质的8个学科专题的引文数据，用于和体育学进行比较研究。检索并下载体育学不同时期引用次数较多的学科以及这些学科和外部学科的引用情况，提取相关数据，计算出不同时期体育学学科交叉各项指标，并构建不同时期的引文与被引矩阵，用于分析体育学学科交叉的发展态势。

第三章对于体育学和不同学科交叉研究热点分析数据主要从CAJD中获取。中国知网为数据库中收录的所有文章都依据中图分类号进行了归类，并且对于具有学科交叉性质的论文设定了2个或者更多的学科分类号，这为本研究确定学科交叉文献提供一个便捷有效的方案。具体的检索策略为：在中国知网高级检索首页中选取"期刊"，在检索条件中设置"中分类号为G8且不含G89"，检索范围设置为"全部期刊"。由于中国知网对于学科专题最早标注时间为1990年，虽然我们没有设置时间起始年限，但实际检索的文献都是1990年以后发表的。检索结束后，在分组浏览中选择学科，依次点击各个学科，下载学科的题录信息（Refworks格式），共计下载14254篇论文的题录信息。将筛选出来的文献题录信息录入CitespaceⅢ进行共词分析和聚类分析，用于分析体育学和不同学科交叉的研究热点。

2. 发文量统计

统计分析改革开放以来我国体育学期刊论文发文量以及变化趋势，为知识流动研究以及学科交叉分析建立研究基础。

3. 自引分析与被自引分析

在学科引用与被引用两个视角下分别考察体育学引用本学科文章的数量，分析体育学的自引率和被自引率，并进行纵向、横向比较，纵向比较主要是将体育学35年的发展历程以5年为单位划分为7个阶段进行对比，横向比较主要是计算168个学科在知识流入视角下的自引率，并进行排名，和其他典型的交叉学科进行对比。

4. 引文分析与被引分析

通过中国引文数据库获取体育学和其他学科引文量和被引用量，结合学科交叉测度模型，从学科层面分析体育学和其他学科的文献引用和被引用关系，并进行横向、纵向比较，以此考察体育学学科交叉的态势。

5. 共词分析

在中国知网中筛选出体育学跨学科性质的文献，对所选文献进行关键词分析，在词频分析的基础上，利用知识图谱软件

Citespace Ⅲ 进行共词分析、聚类分析,探索体育学科其他学科交叉领域的研究热点和前沿。

(五)逻辑分析

对体育学学科交叉的发展历程和现状进行剖析、归纳、总结,结合相关理论,对我国体育学学科交叉知识演化历程进行梳理,并对体育学基本理论问题进行探讨。

第二章 研究起点与分析维度的确立

第一节 学科的考辨和理解

一、学科的起源

古希腊时期，哲学是"牵涉一切"的知识体系，科学也以"自然哲学"的形式存在于当时人类的知识体系中。从科学史来看，在文艺复兴之前就有学科和科学这两个概念存在，但是由于科学还未分化到一定的程度，学科和科学之间的界限并不是很明显[①]。早期人类知识的形成和累计并不是发生在大学，也不以学科为表现形态，知识生产以整体性、思辨性、个体性为主要特征。中世纪的大学虽然开设有医学、法学、哲学、神学，但是这一时期的学科并没有完全分化，学科的结构也比较混乱。整个人类的知识并不成体系，依然是作为一个整体而存在，只是传播方式和生产方式发生改变。文艺复兴之后，近代科学得以诞生。随着生产力的发展，人类认识、改造自然的能力进一步提高，科学也逐渐从自然哲学中分化出来。进入19世纪后，科学得到了全面的发展，从而形成了现代意义上的科学。在这一时期，人们认识

---

① 史建斌. 交叉性新学科孵化器问题研究［D］. 合肥：中国科学技术大学，2013.

自然的方式也由整体转变为分解，建立起了许多独立的理论体系，许多经典学科如力学、天文学、数学也在这一时期得以成型[1]。之后人们对自然认识的深化，使得科学从综合开始分化，催生了众多学科。然而，学科的形成和发展，不能仅仅以学科的理智发展逻辑作为参考。学科合法性在科学共同体中的构建过程，还有赖于一系列制度的支撑，即学科制度的建立和完善[2]。作为"制度、规训"意义上的学科是伴随着18、19世纪工业化和劳动分工以及现代大学的诞生而出现的。

随着自然科学强大和人文社会科学的兴起，18世纪后叶开始现代意义上的学科体系得到确立，特别是在高等教育中出现了研讨班（seminar，1737年始于德国大学）、实验室（1780年始于法国高等学府）、课室（classroom，1760年始于苏格兰的格拉斯哥大学）这三种教育形式，学科制度开始走上历史舞台[3]。这三种教育实践形式的出现，使得在制度层面上学科开始分化，促成了一些新的自然学科、人文学科以及社会学科诞生，相应的研究范式也逐一确立，并且还形成了培养知识生产新人的制度[4]。到了19世纪，人类科学体系专业化和学科化得以实现，一种以生产新知识、培养知识创造者为宗旨的永久性的制度结构确立起来了[5]。知识的学科化也是将19世纪视为"科学世纪"的重要标志之一，这一时期建立起了以培养知识新人、生产知识为主要目的的永久性的学科制度。在这一过程中，学科和大学建立起了紧密的联系，大学是学科存在的前提，学科是大学进行知识生产和知

---

[1] 庞青山.大学学科论［M］.广州：广东教育出版社，2006：18.
[2] 方文.学科制度和社会认同［M］.北京：中国人民大学出版社，2008.
[3] 鲍嵘.学科制度的源起及走向初探［J］.高等教育研究，2002（4）：102-106.
[4] 华勒斯坦，等.学科·知识·权力［M］.刘健芝，等，编译.北京：生活·读书·新知三联书店，1999：5，58，73.
[5] 华勒斯坦，等.开放社会科学—重建社会科学报告［M］.刘锋，译.北京：生活·读书·新知三联书店，1997：9.

识传承的基础。学科作为一种社会建制，不仅能够深化对大学的理解，还能够进一步丰富大学的内涵。历史上通过学科制度化促进知识积累是19世纪大学复兴的结果，现代意义上的"学科"也正是在这一时期得以成型[1]。

二、学科的内涵

《辞海》中对学科的定义包括了两个方面的含义：首先是作为一种学术的分类，指一定的科学领域或者是一门科学的分支，其次指教学的科目，指的是学校教学内容的基本单位。但是从学科的起源和演化历程来看，学科的复杂性超出了我们的想象，其含义远不像字典释义的那么简单[2]。

首先，学科的概念是一个历史的范畴，它不是僵化的，总是处于动态变化的状态中，人类对于学科的认识是一个不断深化的过程[3]。从词源学的角度来看，学科这一概念的出现最早与学习有着密切的联系。"学科"一词译自英文的Discipline，该词源于希腊文的"Didasko（教）"和拉丁文"Didisco（学）"。英文的Discipline指各门知识，尤其是医学、法律和神学这些新兴大学中的"高等部门"。此外，Discipline也指寺院的规矩，还有军队和学校的训练方法的蕴意。国外一些著名的辞书，如萨美尔的《英语词典》（第一卷）关于Discipline有6条含义，在1981年出版的《世界辞书》有9条解释，1989年出版的《牛津大词典》（第一卷）、1972年出版的《苏联大百科全书》等都对Discipline进行了多种注解，一般都包括科学门类、研究领

---

[1] 王建华. 试论学科制度与大学制度的相关性［J］. 青岛科技大学学报：社会科学版，2006（4）：87-89.
[2] 刘仲林. 现代交叉科学［M］. 杭州：浙江教育出版社，1998：18.
[3] 杨天平. 学科概念的沿演与指谓［J］. 大学教育科学，2004（1）：13-15.

域、一定单位的教学内容、规范惩罚等含义[①]。因此，从基本内涵来看，学科一方面是指知识分类或者是学术分科，另一方面也指一定的教学科目，尤其是指具有强制约束力的规范和要求，即学科规训。如古拉丁文中Disciplina本身已兼有知识以及权力之义。从这些原始的要义来看，学科不仅是指一门知识，它同时还有规训、方法的蕴意。表明在一门知识中受教，即受规训而最终具备纪律的素质。对此，David R.Shumway和Ellen Messer-Davidow在1989年还提出了一个生造词——"Disciplinarity"以综合地表达Discipline所包含的"学科、规训、建制"等多元内涵[②]。

今天展现在我们面前的学科有成千上万种，它们是在探索实践的过程中不断涌现出来的，很难对学科做一个统一公认的定义，分析学科的角度不同，学科定义和标准也不一样。如华勒斯坦认为学科主要由三个基本部分组成：研究领域及相应的研究方法、组织结构、学科文化[③]。米歇尔·福柯则强调了Discipline所兼有的"学科"和"规范"的双重含义。他认为任何学科都是一种社会的规范，比如"精神病理学""社会学""犯罪学"等就是在社会监控、规训大众、惩罚罪犯的实践中产生的专门研究领域，同时这些学科的研究结果又会成为强化和改进社会规训和控制的手段[④]。德国学者黑克豪森（H.Heckhausen）运用经验和事实分析的方法来考察学科，认为它是对同类问题所进行的专门的科学研究，以便实现知识的新旧更替、知识的一体化以及理论的系统化与再系统化。法国学者布瓦索（M.Boisot）从结构和形式出发考察学科，认为它是一个结构，是一个由可观察或已形式化

[①] 汉斯·波塞尔.科学：什么是科学 [M].上海：上海三联书店，2002：7-11.
[②] 庞青山.大学学科论 [M].广州：广东教育出版社，2006：34.
[③] 沃勒斯坦.知识的不确定性 [M].济南：山东大学出版社，2006：104-107.
[④] 米歇尔·福柯.性经验史 [M].上海：上海人民出版社，2000：10.

并且受方法和程序制约的客体与作为客体间相互作用具体化的现象以及按照一组原理表述或阐释并预测现象作用方式的定律等三种成份组合成的集合体。法国另一学者莫兰（Morin.Edgar）运用科学学的方法来考察学科，认为它是科学知识领域内的一个组成部分。比利时学者阿波斯特尔（L.Apostel）运用科学社会学的方法来考察学科，认为它是以建立模式为目的（基础学科）和以改变客体为目的（应用学科）的活动。

在国内，由于观察的角度和标准不同，对于学科的定义也不同。2009年11月正式实施的《中华人民共和国国家标准学科分类与代码》（GB/T 13745—2009）中，把学科定义为"相对独立的知识体系"，而对学科确立应该具备的基本要求为："有关科学家群体的出现；有关研究机构和教学单位以及学术团体的建立并开展有效的活动；应具备其理论体系和专门方法的形成；有关专著和出版物的问世等条件"。王续琨从知识结构的角度分析，认为学科是科学知识体系的基元结构层次，是具有特定研究对象的科学知识分支体系[1]。陈燮君从发生学的角度考察学科，认为它是一种创造活动，是一个集学科价值、学科精神、学科风格、学科方法、学科内容、学科素质、学科模式、学科优势等多重要素于一身的统一体。概括起来，学科概念有4个要义：其一，一定科学领域或一门科学的分支；其二，按照学问的性质而划分的门类；其三，学校考试或教学的科目；其四，相对独立的知识体系。费孝通先生认为一门学科机构大体上要包括5个部门："一是学会，二是专业研究机关，三是各大学的学系，四是图书资料中心，五是学科的专门出版机构"[2]。孔寒冰等认为，

---

[1] 王续琨. 交叉学科、交叉科学及其在科学体系中的地位 [J]. 自然辩证法研究，2000，16（1）：43-47.
[2] 费孝通. 略谈中国的社会学 [J]. 高等教育研究，1993（4）：3-9.

尽管学科的原始的含义很多，最为基本的是两方面："一方面是指知识的分类和学习科目，另一方面，又指对人进行的培育，尤其侧重于指带有强力性质的规范和塑造，即学科规训。"[1]鲍嵘则认为"教学科目""学问分支""学术的组织"是学科最基本的3层含义。其中"教学科目"可以被学校教育完全涵盖，而"学问分支"和"学术的组织"则与科学的社会建制相交叠，不能完全被高等学校包容[2]。

综上所述，学科最初是由于科学知识的不断增长，为了满足人们认知的需要而构建的一种知识体系的划分方式。随着现代大学制度的建立，学科逐步演化演变成传授知识的教学科目，为了满足知识行动者在知识传承和知识创新中规范化操作的需要，学科又具有规训、制度的蕴意。因此，学科的概念有3个要义：首先是一种为了方便人类认知而规划的知识分类体系；其次是指为了知识传承而设立的教学科目；最后则是指一种制度、规训，是秉承着一定的职业伦理体系的知识生产者和知识传授者，在特定学科领域的知识生产、知识传承过程中所建立的制度体系。

第二节 研究起点的确立

从学科的演进历史和内涵来看，知识体系是学科的内在逻辑的体现，学科制度则是学科的外在逻辑的表现形式。尽管对学科可以抽象出制度、权力、教学科目等多种衍生意义，但知识体系仍然是学科最为核心的内涵。首先，从基本含义来看，知识是学科的基本细胞。其次，从其历史源流来看，学科最早是以科

---

[1] 孔寒冰，邹碧金，王沛民. 高等学校学术结构重建的动因探析 [J]. 清华大学教育研究，2001（2）：78-82.
[2] 鲍嵘. 学科制度的源起及走向初探 [J]. 高等教育研究，2002（4）：102-106.

学知识的形态出现的，知识的不断分化和综合产生了不同的学科。最后，从学科的层次和结构来看，学科体系化的结构正是由于知识之间的天然联系而形成的。正如有学者所言："知识形态是学科的第一性，体现了学科的内在逻辑，是其自然属性的存在，制度形态是学科的第二性，体现了学科的外在逻辑，是其社会属性的存在"[①]。对学科进行考察，首先要着眼于学科知识，在立足于学科内在逻辑的基础上，才能更加清晰地梳理学科发展态势。既然学科的本质是某一特定领域的知识体系，那么对于学科的研究必然是围绕着特定领域知识体系这一对象而展开。

然而，以"知识"作为学科研究的起点似乎过于笼统，还必须弄清什么样的"知识"才能作为学科研究的起点。对于这一问题的解答，必须从对知识的界定着手。在西方知识论研究中，对于知识的经典定义是柏拉图的"三元定义"。在这一定义中，知识被看作是一种确证了的真的信念。也就是说知识是由真（true）、确证（justified）、信念（belief）三个要素组成的[②]。其中，真的概念具有形而上学的性质，属于知识的认识论范畴，而确证的概念则属于方法论的范畴，信念相对于知识来说则属于本体论的范畴。而这种包含3要素的知识定义涵盖范围非常广，包括了常识、科学知识、伦理道德知识、技术知识等"全范围"的知识，是一种处于散态的、普泛的知识，甚至是浅显的、原生状态的知识。而作为学科研究起点的知识，必须是一种专门（专业）知识，在我们的研究中就是体育学知识。这种知识是在体育科学研究中所形成的，并且已经"科学化"的知识，而不是在体育活动中所获得的知识。克拉克就把这种学科知识称为

---

① 龚怡祖.学科的内在建构路径与知识运行机制[J].教育研究，2013（9）：12-24.
② 胡军.关于知识定义的分析[J].华中科技大学学报：社会科学版，2008（4）：13-23.

专门化的"高深知识"[①]。在体育活动中所获得的知识是体育知识，这种知识是关于经验事实的知识，既包括"显性知识"也包括"默会知识"。

此外，作为学科知识体系构建的基石的"知识"必须是一种脱离主观意识状态或者是精神状态的知识，是一种客观存在的知识。这一点可以通过波普尔的"3个世界"理论来予以把握。波普尔"3个世界"理论思想萌芽于20世纪40年代，其理论形成标志是它在1967发表的《没有认识主体的认识论》的演讲，之后又在《客观知识》及《自我及其脑》等著作中作了系统的阐述。"我们可以区分下列三个世界，第一，物理客体或者物理状态的世界；第二，意识状态或精神状态的世界，或者关于活动的行为意向的世界；第三，思想的客观内容的世界，尤其是科学思想，诗的思想以及艺术作品的世界。"[②]世界3是指由人类创造的，又独立于人类精神世界的知识或者思想，包括问题、理论和论据等，是以文字等形式表达的思想的客观内容。正如物理对象及其关系的世界是客观的一样，科学理论等的知识对象及其关系的世界（世界3）也是客观的。客观意义上的知识或思想的真理性不以人的主观意志为转移。在这个意义上波普尔说："客观意义上的知识是没有认识者的知识，它是没有认识主体的知识。"波普尔认为，客观知识是人类精神活动的产品，不是自然界与生俱来的东西，因此得以独立于世界1。作为人类精神活动的副产品，客观知识并不等同于人类精神活动。客观知识一旦生产出来就脱离了原有主体，储存于主体之外的客观世界之中，成为了其他人可以共享的客观存在。与主观知识不同，世界3中的客观知识与知识生产主体一样是相对独立而存在的，当一个人的主观知识通

[①] 伯顿·克拉克.高等教育系统［M］.王承绪，徐辉，段企平，等，译.王承绪，校.杭州：杭州大学出版社，1994.
[②] 张庆熊.社会科学的哲学［M］.上海：复旦大学出版社，2010.

过各种方式或者是载体存在于客观世界之后,就与主体脱离成为了相对独立的客观存在。波普尔"3个世界"理论的核心是思想就是认为客观知识世界既独立于自然的物质世界,又独立于人类的精神世界。它一方面通过人们运用科学知识指导自己的活动,另一方面又通过影响人的互动而作用于客观物质世界,并对客观物质世界产生影响[①]。

按照波普尔的理论,作为学科研究起点的"知识"必须是在世界3中的"客观知识",是一种能够脱离世界1、世界2而独立存在的具有自主性的"知识"。首先,这一规定能够将那些处于精神或者思想形态的隐性知识排除在研究对象之外。虽然隐性知识是显性知识的基础,但是隐性知识是人们通过经验产生的感性认识,尚未用社会逻辑工具语义明确表达和文献化的知识[②]。此外,学科知识必须是能够明确地用语义表达的知识,这就要求研究对象必须聚焦于显性知识而非波兰尼所说的默会知识(隐性知识)。其次,这一规定能够将研究圈定在知识论(theory of knowledge)而不是认识论(epistemology)的范畴之内。因为认识论层面的知识是主观活动的一部分,是主观意义上的知识,包括精神或者意识的状态,这种认识属于世界2的知识,是与认识主体不可分离的知识,只能是精神世界中的知识,即"主观知识"。学科知识是客观意义上的知识,这种知识并不关心认识主体,而只是高度抽象为无认识主体的客观知识或知识本体论[③]。最后,从科学社会学的角度来看,处于世界3的客观知识是一种得到"同行承认"的知识,是一种质量得到认可的知识,

---

[①] 李后卿. 图书情报学领域中的知识问题研究 [M]. 长沙:湖南科学技术出版社,2008:2.
[②] 张亦学. 论隐性知识转化为显性知识的运行机制 [J]. 聊城大学学报:哲学社会科学版,2002(4):124-126.
[③] 李喜先,等. 知识系统论 [M]. 北京:科学出版社,2011.

而不是潜科学或者是伪科学知识。因为世界3中的"知识"往往是通过论文、专著、图书等文献载体来表达，这在某种程度上相当于得到同行的承认，这种获得"承认"的知识虽然有可能被证伪，但在常规科学阶段却是质量得到认可的标志。而作为理解学科发展脉络的立足点，正需要这种"认可"来确保知识的稳定性。

文献作为知识载体的一种基本形式，不仅能够帮助我们表达、寄存、认识知识，还能够起到信息储存和情报交流的作用。各种文献资源表达了人们对客观世界认识的深度和广度，反映了一定历史条件下人们的认知能力和科学研究能力，也预示着某一领域未来可能的发展趋势。不同学科领域文献中的客观知识不仅能够反映作为学科知识生产者的研究主体的精神世界，作为存在于客观世界的主观精神产物，它所具有的客观性、合理性、稳定性、科学性，也能为准确地反映学科发展的态势提供保障。波普尔的客观知识理论为我们提供了一个研究的落脚点，使我们研究聚焦于体育科学研究相关的图书、专著、论文等文本资料，以存在于这些文献载体中的"客观知识"为研究起点，在此基础上从学科交叉的视角出发探讨对体育学知识演化进行多维研究，为体育学基本理论问题的探讨提供参考及实证依据。

第三节 分析维度的确立

一、宏观层面——历史维度的确认

任何一门学科都是从零散的知识形态开始，逐渐发展为具有一定结构层次的知识体系。学科是一个历史范畴，是知识在历史长河中不断动态演进的结果[①]。对于学科进行考察，学科史是一个不能忽视的研究维度。从历史维度对学科进行考察，不仅能够对已经形成一定结构层次的学科知识体系进行研究，还能够对"前学科"时期的知识状态进行研究。某一学科的基本理论研究也必须以学科史为基础，通过描述学术进程的连续性，能够了解某一门学科发展的脉络和走向。体育学是一门综合性学科，在学科演进的过程中，体育学不断和外部学科交叉融合，作为一门课程的体育理论逐渐分化为一门门二级学科，再加上自然、人文、社会学科对体育学的渗透以及国外体育理论的吸收，使得体育学科得以迅猛发展，形成了庞大的学科群。鉴于体育学的这种跨学科性和综合性，从历史维度对体育学进行考察能够帮助我们从宏观层面对学科进行"俯瞰全局"式的考察。通过对体育学进行全局式、整体性的研究，能考察分支学科出现的时间以及原因等一系列问题，通过对各个分支学科史以及中国体育学发展史进行梳理，能够呈现体育学学科交叉演化的大致脉络，为体育学学科交叉问题的探讨提供依据。

二、中观层面——知识流动维度的确认

体育学是典型的交叉学科，在其发展过程中不仅融合了大量的其他学科的知识，而且体育学作为知识供体也将其知识广泛地输入至其他学科，形成了一个开放的、持续演进的知识体系[②]。在科学聚合化发展趋势下，体育学已经发展成为横跨自然科学、人文社会科学，包含了众多边缘学科的综合学

[①] 王雷.论体育学的学科特征［D］.福州：福建师范大学，2017.
[②] 王续琨，宋刚，等.交叉科学结构论［M］.北京：人民出版社，2015：370.

科。然而，学科在演化进程中，体育学究竟和哪些学科关系更为密切？其学科交叉结构的演化过程又是如何变化？和其他学科相比体育学的学科交叉各项测度指标处于何种水平？对于这些问题的解答往往都必须将研究的关注点置于学科与学科之间的"关系"上，而学科之间的"关系"则能够进一步具象化为学科之间的知识流动。此外，从信息流动的角度来看，学科交叉是学科间知识转移和互相融合的过程，在这一过程中，参与知识转移的学科通过知识整合不仅使得学科知识体量得到增长，知识结构也得到进一步的完善。对学科的知识流动进行研究，着眼于学科与学科之间的关系，能够帮助我们进一步厘清体育学学科交叉的结构、特征等问题，为体育学基本理论问题的探讨提供依据。和宏观层面的历史分析相比，知识流动维度的研究则处于中观层面，是宏观研究的进一步深化。从历史维度出发能够帮助我们了解学科交叉演进轨迹和发展趋势，从知识流动着手则能够有助于把握学科交叉的结构及特征。而学科之间的知识流动可以用学科之间的引用量和被引用量来表征，这使得知识流动维度的研究有了坚实的落脚点。对此，中观层面的研究选择从流动维度入手对体育学学科交叉知识演化展开分析，在研究层面来看是宏观层面历史研究的深化，同时现有的引文分析理论和方法又能使这一维度的研究具有一定的可操作性。

三、微观层面——研究内容维度的确认

和引文分析相同，内容分析也属于文献计量学的方法，两者都是运用统计方法以内容的相关分析和特定主体的聚类为中心，解释深层的、非直观的信息。而内容分析采用词频统计等反映内容的特征，引文分析则是采用引用关系来反映内容相关性和科

学知识的结构[①]。相比之下，引文分析不能够充分反映文献的质量和文献的利用程度，在揭示文献研究内容上不如内容分析法深刻、客观。内容分析能够直接指向文献，通过共词分析、聚类分析，能够深入揭示某一学科领域的研究热点与前沿。因此，相对于宏观层面的历史分析和中观层面的知识流动分析，对学科研究内容维度的考察则处于微观层面。现有的知识图谱软件CitespaceⅢ已经能够实现对中国知网题录数据的兼容，使我们能够采用知识图谱的方式从微观的知识层面呈现并分析我国体育学和不同的领域交叉研究的热点。综合考虑研究框架的完整性与研究开展的可行性，在微观层面选择从研究内容维度对体育学学科交叉知识演化进行分析。主要采用关键词共词分析、聚类分析、知识图谱分析的方式，对具有学科交叉性质的体育学类科研文献进行实证分析，从微观的文本研究内容维度对体育学知识演化特征进行考察。

四、三个维度之间的逻辑关系

从学科的内涵和发展历程来看，学科本身就是一个非常复杂的概念，而体育学作为一门综合性的学科情况就更为复杂，必须从多个维度对体育学进行综合性的考察才能够明晰其知识演化的脉络。在上一节中，我们通过"学科→知识→客观知识→文献载体"这一分析思路，确定了研究的起点，在这一节对本研究分析维度之间的逻辑关系进行阐述。如图1所示，从横向来看，研究维度是介于研究层面和研究实践之间的桥梁，研究维度可以将表征研究理念或者是研究视域的抽象性的研究层面的含义指向具体

[①]张寒生.当代图书情报学方法论研究[M].合肥：合肥工业大学出版社，2006：128.

的、具有可操作性的研究实践过程，由研究层面、研究维度、研究实践构成的横向研究路径是一个由抽象到具体的过程。从纵向来看，位于最顶端的研究层面则可以分为宏观、中观、微观三个层面，研究维度的选取必须能够指向相应的研究层次，同时也必须具有可操作性研究实践来支撑。对此，本文在宏观、中观、微观层面分别选取历史演变维度、知识流动维度、研究内容维度来对体育学学科交叉知识演化进行研究。宏观层面对应的研究维度是历史演变，确定了研究围绕着学科史的演化开展，由学科内史出发，结合学科制度、社会变迁、科学史等外部因素，从学科交叉视角对体育学学科内史进行梳理；中观层面对应的研究维度是信息流动，和历史分析相比，这一维度主要关注体育学和外部学科交叉关系及其演化趋势，从时间上来看是历史分析的进一步推进，而从研究内容来看是历史分析的进一步深化；微观层面则从研究内容维度着手，主要关注体育学和不同学科交叉研究热点演化趋势，和知识流动维度相比，这一个维度的研究更加微观，从具体的文本角度来考察体育学学科交叉问题。在整个研究框架中，选取的三个研究维度起到了承上启下的作用，使研究涵盖了宏观、中观、微观三个层面。从研究的推进路线来看，历史维度的分析能够厘清近代中国以及中华人民共和国成立之初的体育学知识演化脉络，知识流动维度和研究内容维度的分析能够对改革开放之后我国体育学知识演化进行考察，从横向上来看勾勒出了一条完整的研究路径。三个维度的选取还能够进一步将抽象的研究层面具象化。确立了学科史演化、学科交叉态势演化，学科交叉热点演化三个部分的研究内容，使宏观、中观、微观三个层面的研究都具有可操作性，提高了研究的系统性、科学性。

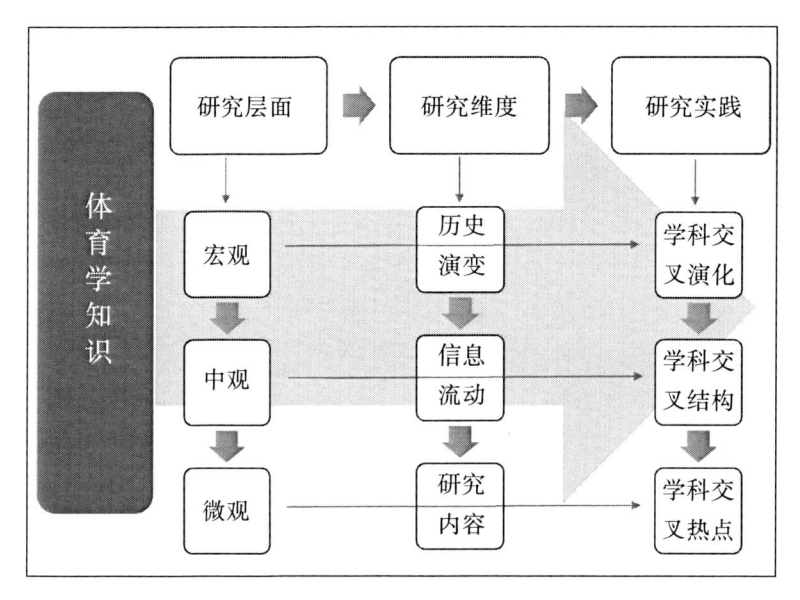

图1 研究框架示意图

第三章 历史维度下我国体育学学科交叉知识的演化

从科学史学角度来看,任何一门学科的"历史"都可以分为三个层次。第一个层次是"自然的历史"。"自然的历史"是指学科发展演化的客观过程,它属于客观社会历史系统的一个组成部分,是指能动的科学实践活动、必要的科学环境以及实在科学认识对象的统一。第二个层次是"描述的历史"。"描述的历史"是指人们对科学发展的历史事件或者历史现象的描述,是人类对过去自然历史认识的一部分,既包括了以不同方式或者途径对自然自理的直接叙述,也包括了学者们对于自然历史的推断、假设与选择。第三个层次则是"理论的历史"。是指学者对"描述的历史"进行研究的理论成果,既包括对学科发展历史的理性重建,也包括在此基础上给出的各种历史意义。"理论的历史"是对"描述的历史"的本质反映,试图在"描述的历史"的基础上给出对"自然的历史"更为客观、科学的意义解释[①]。本章试图从历史维度对体育学学科交叉知识进行考察,对体育学主要分支学科史以及中国体育学发展历程进行梳理,在把握"自然的历史"以及"描述的历史"的基础上,勾勒出体育学"理论的历史"。受客观条件的限制,我们无法直接考察相关的原始资料。对于体育学学术史的梳理我们只能从第二层次的"描述的历史"着手,利用现有的二手文献勾画出体育学学术史发展的脉络。在

---

① 高策,杨小明,等.科学史应用教程[M].太原:山西科技出版社,2003:4.

此基础上，结合学科建构路径理论、学科交叉理论、生态边缘效应理论，从学科交叉的视角出发勾勒体育学知识演化的轨迹，对体育学学科内史进行理性重建。

第一节　体育学主要分支学科演化历程

一、主要分支学科的确认

体育学具有交叉学科的特征，能够和许多学科交叉融合，其分支学科数量也较多，学界对于体育学主要的分支学科的认定存在差异。如德国学者H.Haag认为体育学的主要分支学科有运动生理学、运动医学、体育教育学、运动训练学、运动生物力学、体育心理学、体育社会学、体育史、体育哲学[①]。美国学者Angela Lumpkin则认为体育学的主要分支学科有运动生理学、运动心理学、生物力学、体育机能学、体育史、体育社会学、体育哲学、体育教育学、体育人类学。我国学者王琪通过知识图谱分析确定了体育学主要的分支学科为运动生理学、运动训练学、运动生物力学、运动心理学、人体测量学、运动机能学、运动医学、流行病学、体育社会学[②]。王雷在综合前人研究的基础上，认为体育学的主要分支学科为体育教育学、运动训练学、运动医学、体育社会学[③]。可以看出，不同的学者虽然对体育学的分支

[①] H.Haag O. Grupe A. Kirsch. Sport Science in Germany: An Interdisciplinary Anthology [M]. Berlin: Springer-Verlag, 1992.
[②] 王琪. 西方现代体育科学发展史论 [D]. 福州：福建师范大学，2011.
[③] 王雷. 论体育学的学科特征 [D]. 福州：福建师范大学，2017.

学科的理解具有一定的差异，但是总体上来看可以分为三类，一是体育教育与运动训练类；二是人体科学类；三是人文社会科学类。结合体育学学科发展史来看，在这三大类型中，较早出现的分支学科为体育教育学、运动生理学、体育社会学、体育心理学。此外，从学科演化的逻辑来看，体育学大部分分支学科都依靠相应母学科的研究方法和理论体系进行构建。而运动训练学被认为是体育学中仅有的通过体育实践的自身演化而形成的分支学科，因而具有很强的代表性[1]。因此，在本节主要是对体育教育学、运动生理学、体育社会学、运动心理学、运动训练学这5门学科发展史进行梳理。

（一）体育教育学

研究发端于古希腊的西方体育思想发展史，是了解体育理论的性质及其发展逻辑的基本出发点，因为西方的体育理论家第一次把体育这个研究理论化、体系化，用意义明晰的范畴和概念来表征与探索体育现象及其发展规律[2]。体育是人类文明的产物，可以说人类对于体育的认识和人类历史一样久远。早在古希腊，人们就已经注意到身体全面发展的重要意义，探讨了体育在教育中的作用。雅典城邦著名的改革家、政治家梭伦就把体育和智育放在同等重要的位置，柏拉图曾在《理想国》中，将"体操"视为身体训练理论以及训练方法的核心内容。亚里士多德继承并发展了柏拉图的教育理念，认为体育应高于智育，并提出了"以体操锻炼身体，以音乐陶冶心灵"的教育思想[3]。

---

[1] 王雷,陈亮,方千华.运动训练学的学科起源新探：一种知识谱系视角的考察[J].北京体育大学学报,2017,40(5)：100-107,113.
[2] 黄汉升.论现代体育科学研究的方法学特征[D].北京：北京体育大学,1999：20.
[3] 谭华.体育科学的形成和发展[J].体育文史,1989(1)：4-10.

自公元325年基督教成为罗马帝国的国教以后直至中世纪，体育几乎完全退出了学校教育的舞台，其身影只能在"骑士教育"中闪现。文艺复兴时期，人文主义教育观的流行促进了体育重新回归教育。捷克著名的教育家夸美纽斯（J.A.Gomenius，1592—1670）继承和发扬了人文主义精神，出版了著名的《大教学论》，这本书被认为是世界上第一部专门对教学理论进行探讨的著作。夸美纽斯认为体育是教育的重要组成部分，提出了"适应自然"的教育思想，确立了资产阶级教育原则并奠定了学校体育的基础。在同一时期，意大利医生梅尔库里亚利斯（H.Mercurialis，1530—1606）1569年发表了近代体育史上第一部里程碑式的重要著作《论体操》。该书不仅向全欧洲介绍了古希腊体育，而且对体操运动进行了分类[1]。

17世纪与18世纪许多著名教育家的教育思想里面都蕴含了丰富的学校体育思想。如英国资产阶级教育家洛克（J.Locke，1632—1704）在《教育漫谈》中提到强健体魄是教育的主要任务之一，并强调身体教育是一切教育的基础。法国著名教育家卢梭（J.J.Rousseau，1712—1778）继承了洛克的教育思想，重视利用自然条件来对儿童进行体育教育，并注重培养学生的意志品质，使之学会各种生活技能。受夸美纽斯和卢梭的影响，18世纪末，在德国涌现出一大批"博爱主义"教育家（philanthropists），他们发展并且系统化了卢梭等人的理论，并通过建立博爱学校进行推广[2]。如普鲁士教育家巴泽多（J.B.Basedow，1712—1790）于1774年在德绍开设了博爱学校，把体育列为正式的课程，并设计了著名的体育课程"德绍五项"，体育课程被纳入教育课程，博爱学校也成为了最早出现体

---

[1] 郝勤. 体育史［M］. 北京：人民体育出版社，2006：53.
[2] 刘波. 德国体育政策的演进及启示［J］. 上海体育学院学报，2014（1）：1-7, 30.

育教师的地方。之后博爱学校很快遍布了德国，并影响到整个欧洲[①]。另一位博爱派教育家古茨穆茨（J.F. Guts Muths，1759—1839）在施涅芬塔尔博爱学校也取得了巨大的成功，在古茨穆茨的众多著作中，《青年体操》和《游戏》影响最大，他提出了完善的体操理论体系和完整的体育课程体系，并试图将体育教学理论同生理学解剖学理论结合起来。古茨穆茨还对近代体育教师的素质和知识结构进行了研究，认为医学、生理学和教育理论等方面知识在体育教学过程中是必不可少的[②]。古茨穆茨还创建了第一所体育师资培训学校，并主张全民体育，使学校体育不在只为贵族服务，古茨穆茨也被誉为"德国近代体育之父"。除了巴泽多和古茨穆茨，德国还涌现出一批著名的体操家，如F.L.杨（F. L. Jahn，1778—1852）不仅创立了著名的杨氏体操，还对体育术语进行了深入研究。还有另一位著名的体操家施皮斯（A.Spiess，1810—1858），他继承和发扬了古茨穆茨的体育教育思想，将多年体育教育实践进行了理论加工，编写了一套体育教师必备的著作——《体育论》，他还把身体运动动作规格化和系统化，施皮斯的这套体育教育理论在西方应用了近一个世纪。

19世纪初，与博爱派致力于学校体育工作的同时，欧洲各国也开始发展自己的学校体育并出现了一批体操体育理论与实践的探索者。受卢梭自然教育思想的影响，瑞士人裴斯塔洛齐（J.H.Pestalozzi，1746—1827）设计了独具风格的体操，他的体操都由简单的关节动作组成，并且和劳动生产过程有着紧密的联系。裴斯塔洛齐的体操与古茨穆茨的体操被认为是当时欧洲最成熟的体操体系。总体来说，19世纪的学校体育体现出较强的军事

[①] 樊临虎.体育教学论［M］.北京：人民体育出版社，2002：13.
[②] 郝勤.体育史［M］.北京：人民体育出版社，2006：63.

色彩。19世纪在欧洲热衷于体操的同时,英国户外运动也蓬勃发展起来。英国的托马斯·阿诺德(T.Arnold,1795—1842)将竞技运动引入学校教育,创造了近代独特的学校体育组织模式——"竞技运动自治"制度。学术研究方面,早期英国最有影响力的体育科学研究者是A.麦克拉伦(A.Maclaren,1820—1884),他在《体育教育体系》(1869)一书中提出了建立体育科学的初步构想[①]。1871年普法战争结束,德国进行了教育学改革,成为了欧洲大陆最早引进英国户外运动的国家,而在此之后户外运动陆续在欧洲其他国家流行起来。美国在19世纪也引入了德国、瑞典体操,但是由于北美是英国的殖民地,早期的殖民者带来的游戏活动对其影响较大,北美因而成为户外活动的另一个摇篮。由于人体测量学、解剖学、生理学等生物学科的高速发展,这些学科的理论知识和研究方法对体育教学理论发展起到了巨大的推动作用。在美国体育教育科学化进程中,最有影响力的学者是爱德华·希区柯克(Edward Hitchcock,1828—1911),此外,还有萨金特(D.A.Sargent,1849—1924)、乔治、菲茨(G.W.Fitz,1869—1939)等学者都对体育教育中人体测量学的运用有着深入的研究。随着体育教育学的发展,19世纪末体育教育学在学科建制方面也得到了社会的承认。1868年,德国成立了第一个体育学术机构——国家体育教育联合会。1896年,美国出版了第一本专门体育教育学术期刊《美国体育教育评论》。这些事件标志着体育教育作为一种职业得到了社会的认可,这也为体育学科发展指明了方向,在之后很长一段时间里,体育学都被视为一门职业性的学科。

[①] 王琪.西方体育科学起源与形成问题新探[J].西安体育学院学报,2014(1):36-40.

进入20世纪，尤其是在第一次世界大战以后，体育教育学经历了重要的转折。一方面，英国户外运动和奥运会得到了大多数国家的接受，而作为体育课程主流的欧洲体操逐渐被英国户外运动所取代。另一方面，杜威实用主义教育哲学和自然体育学说对体育教育理论与实践产生了重大影响，加快了体育的社会化和科学化进程，也进一步促进了体育教学以及儿童身心发展的研究。由于人类生产力水平提高，科学技术与文化教育也获得长足发展，这都对传统教育思想提出了挑战，促使研究者探索新的教育理论。在此背景下，欧洲的"新教育运动"和美国的"新体育"几乎同时孕育而生。在这一时期最具代表性的人物是瑞典的斯卡斯特罗姆，他在1914年出版了《体育教学法》，这被认为是最早提出体育教学方法并对其进行研究的著作。美国哥伦比亚大学的J.F威廉姆斯博士的《体育原理》则是这一时期美国体育教学理论的代表，标志着自然体育的思想形成了系统理论。这一时期体育教育理论纵向发展，理论水平有了较大的提高。研究者注重从生理科学、社会科学、心理科学等学科中吸取有益的研究成果，促进体育教育理论的完善。随着社会学、心理学、伦理学等学科的逐渐兴起，这些学科知识和研究方法逐渐渗透至体育教育研究领域，对体育教学理论发展起到了巨大的推动作用。代表性的人物有奥地利的高尔霍费尔（K.Gaulhofer, 1885—1941），他根据运动对身体的作用来安排教材，改变了施皮斯按动作形式编排分类的教材结构[①]。并将当时瑞典、德国、法国和丹麦的各种体育教育流派融会贯通，形成了著名的"奥地利和魏玛德国体系"，这一体育教育体系成为了当时最完善的体育教育体系。高氏的体育教育思想及实践是西方近代以来学校体育发展史上一次重要的变革，对体育教育的发展产生了深远的

---

①林笑峰.自然体育和现代体育科学化[J].武汉体育学院学报，1983（1）：54-60.

影响[1]。

"二战"以后，世界科技、工业、经济高速发展，人民物质文化水平不断提高，引发了大众体育和竞技体育的热潮，体育活动的形式变得更加多样化。与此同时，在学科交叉、综合的大趋势下，体育学科知识的综合性、整体性不断增强。各国学者已经意识到体育教育这一概念过于狭窄，无法涵盖体育这一宽泛的社会文化现象，学者们开始在体育教育学的基础上探讨体育学是否能成为一个相对独立的科学领域。德国20世纪50年代对于"身体运动""体育教育""运动科学"等概念的争论，最后演变成为比较集中的使用"Sports"来表述体育。1964年美国学者亨利（F.M.Henry）发表了《体育教育：一门学术性科目》的演讲，首次对体育教育学的学科性问题进行了探讨，批判了体育学中的实用主义倾向，提出了体育教育学学科内容应当是学术性和理论性的，而不是职业性和技术性的[2]。在此后的30年，各国学者展开了体育教育学学科性质、概念以及学科知识体系等问题的讨论，对这一议题的研究逐渐演化为对体育学的讨论，引发了美国体育的"学科革命"[3]。进入21世纪后，随着理论上对"Kinesiology"一词的涵义和意义日趋明朗，在实践中美国体育学科联合会（AKA）的正式成立，体育学作为一门综合性、学术性的学科基本得到了学界和社会的认可。

（二）运动生理学

在15世纪以前，已经有学者从医学角度出发，对运动的健

---

[1] 周登嵩. 学校体育学［M］. 北京：人民体育出版社，2004：9.
[2] Henry F M. Physical education—An academic discipline［J］. 1964 Journal of Health, Physical Education&Recreation, 1964, 35：32-33.
[3] 于涛，周建东. 美国体育"学科革命"对体育学知识体系构建的影响［J］. 上海体育学院学报，2017（2）：75-82.

身、娱乐和教育作用展开了初步探讨，对一些运动方式也有较深入的认识①。如古希腊时期的"医学之父"希波克拉底早在公元前6世纪就观察到了运动和疲劳的关系，古罗马医生盖伦将自己的医学知识和运动经验结合起来，就运动和营养对健康的影响作了深入研究，并从医学的角度研究人体不同部位的运动。在《小球锻炼法》（On Exercise With Small Ball）中，对身体运动的机制进行了分析②。但由于人类对体育的认识受制于当时人类的认识能力，再加之早期的体育附属于教育、军事，并未发展成为一项独立的社会实践活动，对体育的认识只能是一种经验性、思辨性的分析。从科学形成和发展的角度来看，人们对体育的认识还处于"前科学"阶段，并不是严格意义上的科学研究。

　　文艺复兴不仅是欧洲文化和思想的复兴，也是科学发展史上的一个转折点。在这一时期，观察"自然"是人文主义对文艺复兴时期科学发展的主要影响，它广泛应用于解剖学、生理学及化学的研究工作上，这时候的科学由经验研究向着实验研究转变，医学得到了长足的发展。16世纪，为近代医学奠定基础的伟大先驱有达芬奇、比利时解剖学家维萨里、意大利解剖学家法比奥等人公开向宗教神权发起挑战，发对盖伦的医学理论的批判。达芬奇通过尸体解剖绘制了详细的人体解剖图，而维萨里也在人体解剖的基础上发表了《人体结构》，创立了解剖学，宣告了近代医学的兴起。

　　17、18世纪，弗朗西斯培根《新工具》和他的归纳法、笛卡尔的《方法论》以及他的演绎法、伽利略的数学和实验相结合的研究方法都为人类探索自然界提供了方法论基础③。在这些认识论思潮的推动下，形成了形而上学唯物主义，这种哲学的代表

---

①谭华.体育科学的形成和发展［J］.体育文史，1989（1）：4-10.
②Synthias S, Karlmn. The philology of kinesiology［J］. Quest, 1990, 42（1）：283.
③王琪.西方现代体育科学发展史论［D］.福州：福建师范大学，2011：52.

人物坚持物质第一性意识第二性的原则，反对神学提倡科学，反对空谈重视实验。在实证哲学的影响下，产生了大量与人体科学相关的研究成果。英国的学者威廉·哈维用实验的方式发现和确立了血液循环理论，哈维在《血液循环论》（1628）中，完整地提出了血液循环的理论，开创了生理学研究的新纪元。波雷利（G.Borelli，1608—1657）于1670年发表肌肉运动机制的论文，哈勒（A.V.Haller，1708—1777）的《人体生理学纲要》的出版则奠定了运动医学和运动生理学的学科基础[1]。进入18世纪，英国人哈尔斯在《动物静力学》（1727）中把力学实验引入了生理学研究[2]，英国解剖学家亨特详细描述了肌肉的功能和工作机制，伽伐尼在1791年描述了神经和肌肉的电势，这些研究成果对运动生理学的萌芽和发展有着非常重要的意义[3]。17、18世纪的医学已经从盖伦的教条主义思想中解放出来，特别是18世纪，是医学的黄金世纪。在吸收了生物学、植物学、化学、物理学等学科重要发现的基础上，医学确立了解剖学、生理学和病理学作为整个医学的基础学科，而这些基础学科的确立也为运动医学、运动生理学的形成和发展提供了理论养料。

19世纪是"科学世纪"，从方法论层面来看，在这一时期许多学科都由经验描述逐步发展到理论概括的阶段，物理化学、热力学、地质学、电磁学、生理学、胚胎学等学科相继成立，自然科学知识体系初见雏形。在这一时期，随着科学研究不断深入，学科内部分化加剧，医学、生理学才开始有涉及锻炼生理学或者是运动医学的内容。最早在这方面的尝试的是德国人G.A.菲特，他所著的《体育辞典》以生理学和解剖学为基础，对身体运动进行了分类。1836年德国的韦伯兄弟出版了

---

[1] 郝勤. 体育史［M］. 北京：人民体育出版社，2006：76.
[2] 谭华. 体育科学的形成和发展［J］. 体育文史，1989（1）：4-10.
[3] 王琪. 西方现代体育科学发展史论［D］. 福州：福建师范大学，2011：63.

《人走步器官的运动力学》,首次对运动生物力学的议题进行了探讨[1]。而第一本被认为是涉及运动生理学学科议题的著作是《应用生理学保护健康、改善身体和心理教育的原理》(A.Combe,1836)[2]。在此之后,德国人D.施贝莱1852年出版了《运动医治法》。被称为"电疗之父"的生理学家杜切尼在1865出版了《运动生理学》,在这本书中第一次描述了电刺激对肌肉运动的作用。此外,德国生理学家D.雷蒙德和法国生理学家E.J.马雷分析了肌肉纤维中的电荷、收缩、产热等问题,对运动生理学的发展产生了重要影响。19世纪中期,体育教育研究的兴起也促进了运动生理学的发展,运动生理学被大量应用到体育教育研究中[3]。在这个阶段贡献最大的是希区柯克,他是美国第一位体育领域教授也是第一个具有博士学位的体育教师,他将人体测量学引入体育教育中,并建立了实验室专门记录学生的生理数据。

19世纪末20世纪初,体育教育学和自然科学建立了广泛的联系,力图寻找自身的科学基础,运动生理学就是在这一过程中孕育而生的。1891年菲茨在哈佛大学建立了世界上第一个运动生理学实验室,并将运动生理学作为体育教育的教学内容。在科学研究方面,这一时期运动生理学逐渐形成了一个专门的研究领域,研究内容不断深化,取得了许多经典的研究成果。1889年法国的F.拉格朗热出版了《不同年龄人身体锻炼的生理学》,这本书涉及了肌肉运动、大脑锻炼效果、疲劳的方面的研究内容。1892年意大利A.莫索提出了有关肌肉收缩的理论,英国的F.A.班布里奇在《肌肉运动生理学》中论述了肌肉运动的机械装置、氧与能量供应的调节机制。被称为"运动生理学

---

[1] 谭华. 体育科学的形成和发展[J]. 体育文史, 1989(1): 4-10.
[2] 王琪. 西方现代体育科学发展史论[D]. 福州: 福建师范大学, 2011: 289.
[3] 王琪. 西方现代体育科学发展史论[D]. 福州: 福建师范大学, 2011: 290.

之父"的A.V.希尔对运动生理学的贡献最大,他提出了最大氧耗理论,也因为研究人体能量代谢获得了诺贝尔奖,他的三部名著,《人类的肌肉运动》《肌肉活动》《有生命的机械》,对运动生理学的发展起到了深远的影响。

20世纪20年代后期,世界科学活动中心逐渐由德国转移至美国。美国也成为了运动生理学研究开展最好的国家,在各个大学建立了大量的运动生理学实验室[①]。最为著名的是在1927年创立的哈佛疲劳实验室,哈佛疲劳实验室取得了一系列经典成果。1928年国际运动医学联合会(FIMS)的成立则标志着运动人体科学得到了学界的认可,形成了一个独立的研究领域。1935年A.G古尔德和J.A.戴出版了《运动锻炼及其生理学》一书,系统构建了运动生理学的知识体系[②]。1948年美国生理学会创建《应用生理学杂志》,为运动生理学研究提供了交流平台。"二战"结束后,运动生理学也已经成为体育专业课程体系中必不可少的一部分[③],这些事件都标志着运动生理学作为一门学科无论从知识体系构建还是学科制度构建层面都得到了社会的认可。

(三)运动训练学

早在公元前5世纪,在古希腊各城邦就有竞技指导者根据个人经验指导运动员开始训练,当时人们已经会利用水的阻力来提高腿部力量,但当时的训练指导者都是年龄偏大的运动员兼任。古希腊时期的运动训练基本上处于一种无组织的自发训练的状态,参加古代奥运会的运动员平时并不进行系统的训练,只有在参加比赛前才进行短期训练,并没有从理论上对运动训练进行研

---

① 王琪. 西方现代体育科学发展史论 [D]. 福州:福建师范大学,2011:293.
② 王雷. 论体育学的学科特征 [D]. 福州:福建师范大学,2017:33.
③ 王雷. 论体育学的学科特征 [D]. 福州:福建师范大学,2017:47.

究，训练内容的安排也只是经验式的总结[①]。

　　近代竞技体育是资本主义制度和大工业兴起的产物，由于英国体育模式以户外运动为主要内容，因而对竞技运动的形成影响最直接，被认为是近代竞技运动的发源地。18世纪英国的"绅士体育"虽然带有一定的局限性，但正是在它的推动下，一些地方性的运动项目开始流行并走上了正规化的发展历程。"绅士体育"还刺激了早期的"体育科研"，如马种的培养技术、拳击和摔跤的方法。然而，早期对于运动训练的研究还是信奉增长运动时间的原则，训练方法缺乏科学依据，甚至有的教练员并不是根据项目特点进行训练，而是根据驯马的经验来决定运动员的运动量。当时的训练方法很少创新，更不会注意训练中的心理和生理问题。

　　真正具有科学意义的运动训练研究应当追溯到19世纪。美国学者普遍认为，运动训练学形成的直接动力源于有组织的竞技运动的出现，尤其是高校校际间的有组织的比赛成为引发运动训练理论探索和学科形成的重要因素[②]。从竞技运动发展史来看，英国是现代竞技运动的发源地。英国教育改革的先驱马斯·阿诺德（T.Arnold，1795—1842）对于竞技运动发展做出了巨大贡献，他的"竞技体育自治"不仅是体育教育改革的手段，这一制度还促进了英国高校竞技体育蓬勃发展，使得很多竞技项目规则走向成熟，各类比赛也逐渐制度化。最早的校际间的比赛在19世纪初的英国大学之间开展，之后传入美国。随着高校竞技体育比赛的流行和规模的扩大，对于高校竞技体育配套的服务也相应增多，这促使职业教练员这一职业的出现。1881年，哈佛大学首次聘用James Robison为教练员，他也成为历史上第一个专职

[①] 肖涛，甄洁，林克明，等. 运动训练学的历史发展及学科建设思考[J]. 体育文化导刊，2006，11：67-70.
[②] 王琪. 西方现代体育科学发展史论[D]. 福州：福建师范大学，2011：213.

教练员[①]。教练员的身份也由以前"陪练员"转变为全队技战术训练方案的拟订者。

英国不仅是现代竞技运动的发源地，运动训练研究也始于英国。最早出版的运动训练著作是英国的麦格拉伦（A.Maclaren，1820—1884）1866年所著的《训练理论与实践》。早期运动训练的研究主要关注环境、生活习惯等因素对运动成绩的影响。19世纪末，英、德、美等国家的学者已经开始研究运动训练理论，陆续出现了涉及运动员基本训练以及田径等方面的论文。这一阶段运动训练研究工作的基本特征是将田径训练中积累的经验和理论知识，逐渐运用到专项训练实践中[②]。随着高校竞技运动的蓬勃发展，运动训练研究也在欧洲各国出现并取得了长足的发展。到第一次世界大战前夕，模仿的、经验的训练逐步向科学化训练转变，根据单项运动特点进行训练也越来越受重视。运动训练开始注意吸收医学、生理学等领域的研究成果。如高尔登、巴普洛夫、比内等学者有关遗传学、神经反射、技能运动测定等研究成果也为运动训练学研究奠定了理论基础[③]。

进入20世纪以后，随着欧美工业化城镇化的进程加速以及1896年第1届现代奥林匹克运动会的举办，对于运动训练研究更加细致和专业化，人们开始对运动训练的理论问题进行探讨，运动训练理论研究的中心也由英国转移至美国。美国最早的运动训练著作是美国教练员墨菲（M.C.Murphy）1914年所著的《运动训练》，同年美国学者比利克（S.E.Bilik）出版了《运动训练》（1917年再版改名为《运动训练圣经》），该书是关于运动训练和运动损伤的专业教材，是运动训练专业的重要参考资料，比利

[①] Lisher Scott M. A descriptive history of the discipline of athletic training education [D]. State of New Jersey: Rowan University, 2002.
[②] 肖涛，甄洁，林克明，等. 运动训练学的历史发展及学科建设思考 [J]. 体育文化导刊，2006，11：67-70.
[③] 颜绍泸. 竞技体育史 [M]. 北京：人民体育出版社，2006：33.

克也因对运动训练的突出贡献被称为"现代运动训练之父"[1]。除了美国，其他欧洲国家学者也出版了有关运动训练的著作。1916年，苏联学者阿·科托夫在《奥林匹克运动》一书中，就提出了运动训练分期的思想。在此之后，芬兰等国家的一些学者也对训练过程、训练计划、训练分期等运动训练学的理论问题进行探讨[2]。1930年，德国学者克鲁梅尔（Krommel）出版了《运动员手册》一书，首次将生理学、组织学、体质学、医学等理论与训练理论融合在一起，这标志着专项训练学的诞生。在这一时期，美国创办了《训练者杂志》（1938），为从事运动训练研究工作的教练员和学者提供了一个交流的平台。在"二战"以前，运动训练学的知识体系和社会建制初现雏形，在吸收医学、生理学、心理学等学科知识的基础上，研究的关注点转向训练实践本身。

"二战"结束后，世界赢来了宝贵的和平发展期，由于奥林匹克运动蓬勃发展，各国对于运动成绩的追求促进了运动训练研究的开展，运动训练理论也日渐系统化。这一阶段运动训练研究已经逐渐从简单的经验总结，发展为对训练本质规律的揭示和理论归纳。以德国、苏联、美国为代表，初步完成了运动训练学知识体系的构建[3]。这一时期的代表人物主要有德国的梅勒诺维奇（Mellerowici）、霍尔曼（Hollmen）、瑞恩德尔（Reindell）等，他们的主要成就在于把医学成果运用到运动训练实践中，提高了运动训练的科学性[4]。德国著名学者、莱比锡体育学院的哈雷（Harre）教授陆续出版了《训练学》《一般训练和竞赛学导

---

[1] 王琪. 西方现代体育科学发展史论［D］. 福州：福建师范大学，2011：215.
[2] 肖涛，甄洁，林克明，等. 运动训练学的历史发展及学科建设思考［J］. 体育文化导刊，2006，11：67-70.
[3] 王雷. 论体育学的学科特征［D］. 福州：福建师范大学，2017：89.
[4] 曹景伟，席翼，袁守龙，等. 中国运动训练学研究的回顾与展望［J］. 天津体育学院学报，2003（2）：43-50.

论》等著作。尤其是《训练学》（1969），普遍认为这本书的出现是运动训练学形成一个独立研究领域的标志。与哈雷同时代的苏联学者马特维耶夫（L.P.Matveyev）在1965年创立的训练分期理论，在很大程度上补充了哈雷的运动训练学理论。可以认为运动训练学在20世纪60年代已经形成了较为完整的知识体系，初步确立了运动训练学的学科形态[1]。在此影响下，西德、美国、苏联相继出版了运动训练学的专著，如西德的麦勒罗维兹与梅勒合著的《训练》（1972）巴尔艾希与库洛夫共同的《训练科学》（1975）苏联的马特维耶夫的《运动训练原理》（1971）吉雅契柯夫的《运动过程的控制与最优化》（1972）[2]。此外，苏联学者马特维耶夫的《运动训练基础》（1981）和美国著名学者博姆帕（T.Bompa）1983年出版的《运动训练理论与方法》也是运动训练学的经典著作。

（四）运动心理学

德国著名心理学家艾宾浩斯（Hermann Ebinghuas，1850—1909）曾说过"心理学有着长期的过去，但只有短暂的历史。"虽然对于心理学问题的探讨可以追溯至古代中国、古希腊哲学，但是作为一门学科，心理学从哲学脱离出来也只不过一百多年的历史，一般认为冯特（Wilhelm Wundt，1832—1920）1879年在莱比锡建立第一个心理学实验室为学科成立的标志[3]。尽管在德国人K.F.科赫早在1830年的《从保健法和心理学看体操》就已经注意到运动中的心理学问题[4]，但运动心理学直到19世

---

[1] 王雷. 论体育学的学科特征［D］. 福州：福建师范大学，2017：90.
[2] 肖涛，甄洁，林克明，等. 运动训练学的历史发展及学科建设思考［J］. 体育文化导刊，2006，11：67-70.
[3] 张力为，毛志雄. 运动心理学［M］. 上海：华东师范大学出版社，2018：4.
[4] 谭华. 体育科学的形成和发展［J］. 体育文史，1989（1）：4-10.

纪末才作为一个独立的研究领域出现。第一个被明确视为属于运动心理学领域的研究是美国印第安纳大学的特里普利特（Norman Triplett）于1897年有关"社会促进"的研究。这项经典的研究，既开社会心理学研究之路，也创运动心理学研究之先[1]。在此之后，运动心理学领域逐渐引起了研究者的关注。但这些研究都较为零散，而且属于一般的思辨性的论述，并未进行实证研究。如1899年美国耶鲁大学的斯克里彻（E.W.Scripture）撰文指出体育活动可以发展理想的个性特征、1901年俄国学者莱斯加伏特（Lesgaft）在《学龄前儿童体育教养指导》中描述了心理调节可能对运动表现起到有益的效果、1909年德国的米界默撰写的《论体力劳动和脑力劳动的心理作用》一文发表。1913年，在现代奥运会的创始人顾拜旦（Pierre De Goubertin，1863—1937）的倡议下，国际奥委会在瑞士洛桑组织召开了第一次运动心理学会议，并提出了"运动心理学"这个概念，在此之后运动心理学逐步形成了一个专门的研究领域[2]。

第一次世界大战后，运动心理学进入了系统发展阶段。1923年，被称为"美国运动心理学之父"的科曼·格里菲斯（Coleman Roberts Griffith，1893—1966）在伊利诺斯大学创建了世界上第一个运动心理学实验室，这一事件被视为运动心理学学科建立的标志。早在1918年格里菲斯就已经开始研究心理因素对运动技能的影响，并于1923年开始了第一门运动心理学课程，1926年编写了第一本运动心理学教材《教练心理学》，1928年又出版了《运动心理学》。除了美国，德国也有许多学者对运动中的心理问题进行了研究。德国学

---

[1] 张力为，毛志雄. 运动心理学［M］. 上海：华东师范大学出版社，2018：4.
[2] 丁忠元. 体育心理学［M］. 济南：山东教育出版社，1988：20.

者Schulte在1921年所著的《在练习、比赛和运动活动中提高成绩》一书一直被认为是早期阐述运动员心理准备问题的优秀著作之一。此外，德国1927年和1929年分别出版了波斯的《运动心理学》、舒尔特的《体育心理学》和美格尔曼的《体操和运动员的人格类型》。20世纪20年代也是苏联运动心理学的初创阶段，被称为苏联"运动心理学之父"的鲁吉克教授撰写了《肌肉工作对反射过程的影响》等著作，1927年涅恰耶夫出版了《体育心理学》。20年代苏联的莫斯科体育学院和列宁格勒体育学院相继成立，研究了体育教育和运动训练中的心理学问题。除此之外，20、30年代，日本的江上秀雄、大河内泰、松井三雄等人都出版了心理学的著作，尤其是1930年松井三雄的《体育心理学》，之后再版达17次之多。

20世纪中期由于受到"二战"的影响，运动生理学的发展基本上停滞，仅有几篇博士论文涉及这一领域的研究。但在这一时期有许多运动技能学习的实验室相继建立。第二次世界大战结束以后，一些国家创立专家组织，出版了教科书、学术刊物，运动心理学在这一时期迅速发展。1965年，国际运动心理学学会（ISSP）成立，此后每4年召开一次会议[1]。1970年《国际运动心理学杂志》创刊，为从事运动心理学研究的学者进行学术交流提供了一个良好平台，有力地推动了运动心理学的科学研究的发展[2]。在这一时期，德国、苏联、日本的心理学研究也开始繁荣起来，相继成立了运动心理学的学术组织，并取得一系列各具特色的研究成果。

---

[1] 陈作松，陈红. 国际运动心理学的研究现状及发展趋势［J］. 成都体育学院学报，2002（3）：80-84.
[2] M.A.布朗，M.J.玛霍尼. 国际运动心理学的历史和当前的研究课题［J］. 应用心理学，1987（7）：45-48.

（五）体育社会学

相对于医学、生理学、教育学等学科，作为体育社会学的母学科社会学本身出现的时间就比较晚。社会学诞生于19世纪初，法国实证主义哲学家奥古斯托·孔德（Auguste Comte，1798—1857）在《实证哲学教程》（1839）中第一次提出了"社会学"这一概念[1]。作为社会学子学科的体育社会学，其产生依赖社会学的确立和发展。随着社会学的创建和发展，学者的研究逐渐关注具体的社会领域，教育是社会学者最早关注的领域之一，并创建了社会学较早的分支学科——教育社会学。体育作为教育的组成部分，自然也属于社会学的研究对象[2]。现代体育运动自18世纪从英国诞生起就引起了研究者们的关注，比如谢尔曼（Montague Shearman，1887）、阿甘（Pierce Egan，1812）等人对橄榄球、英式足球发展历程这些项目运动员的研究，对体育社会学的研究具有十分重要的借鉴意义。当然，这些文章还不能称为体育社会学研究，最多只停留在文学作品的层面[3]。

19世纪末一些社会学的先驱们就开始将体育作为社会学的研究内容，如英国著名学者斯宾塞（Herbert Spencer，1820—1903）就曾经从社会学的视角对体育教育的相关问题展开过探讨。另一位著名的社会学家马克思·韦伯（Max Weber）也曾经对清教徒参与体育运动的现象进行研究[4]。在19世纪末20世纪初这一阶段，陆续有学者发表了一些涉及体育的社会学文章。如美

---

[1] 吕树庭，刘德佩. 体育社会学 [M]. 北京：人民体育出版社，2007：25.
[2] 张晓义. 体育社会学导论 [M]. 北京：人民体育出版社，2016：42.
[3] 仇军，钟建伟. 社会学与体育社会学：视域开启与理论溯源 [J]. 体育科学，2007（2）：46-53，93.
[4] 卢元镇. 中国体育社会学 [M]. 北京：北京体育大学出版社，2004：12.

国学者杰布林（C.Zueblin）、阿米尼科（S.Americon）、韦伯廉（T.B.Veblen）、盖林（J.L.Gillin）、卢斯（E.A.Ross），德国学者斯坦尼泽（Steinitzer）等。尽管这一时期有部分研究者从社会学的角度来探讨和研究体育学领域中的问题并取得了一些成果，但是总体来看这些成果还是零散的，研究方向和研究内容还比较随意，没有形成系统的学术研究，体育社会学作为一门学科还处于准备酝酿阶段[1]。

普遍认为，体育社会学发端于20世纪20—30年代，一般以德国学者里赛（H.Risse）出版的专著《体育运动社会学》（1921）为学科成立的标志。里赛对竞技体育在古代社会和现代工业社会中的社会功能进行了阐述，并首次将体育运动视为一种社会实践活动，运用社会学的理论和方法对体育运动进行考察。里赛的《体育运动社会学》出现相对于早期的学术论文有着完整的理论体系，反映出对体育社会问题研究开始从社会学研究的边缘向中心地带过度，是体育社会学学术史中的重要里程碑[2]。尽管在20世纪20—30年代美国由于娱乐业的兴起，体育社会学研究出现了一个小高潮，在这一时期，美国社会学家罗德（F.Loyd）1937年出版的《身体教育社会学》被认为是体育社会学史上的经典著作，但是在此之后体育社会学研究在20世纪30年代以后受到"二战"的影响基本上处于停滞状态。直到"二战"结束后，体育社会学才开始被越来越多的人关注。

"二战"结束以后，国际社会秩序日趋稳定，各国经济迅速发展，体育运动也在世界范围内广泛开展。再加之冷战时期体育作为一种国力展现的方式，呈现社会化、国际化的特点，体育逐渐成为了一种突出的社会现象。这一时期，美国、波兰、苏联、日本、东欧等国家的学者都将注意力转向体育社会学领

---

[1]刘德佩.体育社会学的历史、现在与未来［J］.社会学研究，1989（1）：91-97.
[2]王琪.西方现代体育科学发展史论［D］.福州：福建师范大学，2011：330.

域，促进了体育社会学的发展。在这一阶段，体育社会学研究出现了大量高水平研究成果，如波兰学者沃尔（A.Wohl）的《关于社会主义体制中身体文化的发展问题》（1953）、美国学者斯通（G.Stone）的《美国体育运动若干问题的思考》（1957）等。在这一阶段还出版了许多科学性和系统性较强的体育社会学专著，如1953年F.W.Cozns和F.S.Stumpf合著的《美国生活中的体育运动》、1954年D.Riesman的《人个性的重新组合》、1955年F.G.Robbins的《游戏、娱乐和闲暇时间的社会学》和斯通（G.Stone）的《美国的体育运动：表现与展示》、1956年日本学者浅井浅一的《体育和人际关系》、1955年德国学者O.Model的《体育在经济学和社会学视野中的功能和价值》。而1956年罗德发表的《目标——建立一门体育运动社会学》一书被学界认为是试图建立体育社会学学科的首创性著作。

20世纪60年代以后，体育社会学研究出现了空前的繁荣景象，研究者的数量不断增多、素质不断提高，研究也遍布于经济学、教育学、社会学、体育学等多个领域[①]。在这一时期，体育社会学开始了它的制度化进程。最早建立体育社会学学术组织的是日本，早在1960年，日本就建立了体育社会学学会。1964年6月，国际体育社会学委员会（ICSS）在瑞士日内瓦成立，1994年，ICSS改为国际体育社会学学会（ISSA）。ICSS成立以后，于1966年正式出版了体育社会学的第一本专业期刊——《国际体育社会学评论》，极大地促进了体育社会学的发展。除此之外，在20世纪60年代产生了大量的体育社会学的研究成果，提高了体育社会学的影响力。学科的不断成熟使得体育社会学走进高校成为本科生和研究生的课程，这一期间一些的经典教材开始出现，如Magnane的《体育社会学》（1964）、Dunning的《体育社会

---

①顾渊彦.体育社会学［M］.南京：南京师范大学出版社，1999：4.

学：知识汇编》（1964）等。到20世纪90年代，美国、加拿大约有200个高等教育机构开设体育社会学课程，有些系科还提供学士到哲学博士学位的研究生培养计划[①]。

二、各个分支学科演化的特点

体育教育学是体育学中历史最悠久的分支学科，同时也是最早从制度层面上得到认同的学科。体育教育研究的起源虽然可以追溯至古希腊，但早期都是体育教育思想，谈不上是科学研究，是依附于教育思想的"副产品"，真正的体育教育学研究应当是从18世纪末期古茨穆茨出版《青年体操》开始的。经历了近一个世纪的发展，在19世纪末，体育教育的内容由单一的体操逐渐转变为以户外运动为主的教学内容，"体操学"转变为"体育教育学"。就研究内容而言，体育教育研究主要涉及两个主题，课程论和教学论，这两个主题经历了逻辑思辨、经验描述、实证研究、理论归纳四个阶段，进而形成了现在体育教育学。随着体育教育学的知识体系逐渐系统化、理论化，体育教育学在19世纪末在学科制度层面得到了社会、学者的认同。体育教育学还是体育学的前身，在体育学的演进历程中很长时间都扮演着"主体学科"的角色，早期的分支学科大部分都是母学科向体育教育学领域渗透而形成的交叉学科，体育学也是在此基础上逐渐成长为包含众多分支学科的学科群。

运动生理学的相关知识在体育成为一门教育课程之前就已经存在于母学科之中，从古希腊开始，医学、生理学就有涉及运动机体的研究，但这些研究都是隶属于母学科的分支学科。如对于肌肉收缩、血液循环等方面的研究，前者属于肌肉生理学的领

[①] 仇军，钟建伟.社会学与体育社会学：视域开启与理论溯源［J］.体育科学，2007（2）：46–53，93.

域而后者属于血液生理学的领域,换句话说,运动生理学的知识点本身在母学科中是有"安身之地"的。之所以这些知识点能够演化成知识体系从生理学中独立出来,主要推动力就是体育教育学的科学化。从古茨穆茨开始,体育教育(体操)就试图将原理性的知识建立在医学和生理学的基础上,以满足体育教育实践科学化的需求。正是这种对于身体活动科学化的需求使得运动解剖学、运动生理学、运动医学等人体科学从母学科分化出来,形成相对独立的研究领域。

运动训练学源于竞技运动实践,运动训练研究肇始于19世纪,以1969年哈雷出版《训练学》为学科成立的标志。从发展历程来看,运动训练学经历了对运动"单项训练方法的经验式总结—吸收其他学科的研究成果—对运动训练规律进行理论概括"三个阶段。从研究内容来看,运动训练学从关注运动员的生活习惯、环境等外部因素逐渐转变为关注运动训练实践本身。从早期对单项运动项目技术和体能训练经验式的描述和总结发展到向医学、生理学、心理学等学科寻求知识支撑,再演化成对运动训练规律的理论提练,20世纪60年代左右基本上形成了较为完善、成熟的知识体系。尽管部分学者认为运动训练学是体育学中唯一的自创学科[1],但是从运动训练学演化的历史脉络来看,其发展历程并不是独立于其他学科,相反运动训练学的理论构建离不开其他学科的研究成果。如训练周期理论、超量恢复理论,最终都要到医学、生理学、心理学等学科寻找理论依据,这一点和体育教育学很像。此外,随着运动训练学作为一门人才培养的学科专业得以确认,运动训练学和体育教育学一样,其知识体系也呈现出综合性的特征。总而言之,无论从学科知识维度、学科建制维度,还是从竞技运动的发展历程来看,运动训练学都和体育教育

---

[1] 胡鸣. 关于体育学研究的几个问题 [J]. 体育文史, 1998 (1): 33-35.

学密不可分，或者说运动训练学是由体育教育学分化而形成的。原因有四：①学校体育是推动竞技运动蓬勃发展的主要媒介，如推动高校竞技运动蓬勃开展源于体育教育改革的"竞技运动自治"，最早正式的竞技比赛都是在学校之间展开的，历史上第一个专职教练员也出现在高校。②最早撰写运动训练学著作的学者麦克拉伦（Archibald Maclaren）本身是从事学校体育研究的学者，早期出版的著作都和体育教育的内容相关。③最初运动训练的文章都是刊载在体育教育类的期刊上。如美国的《美国体育教育评论》、苏联的《体育理论与实践》。④早期教练员资质培训的课程内容和体育教育的课程内容区别不大，基本上是套用体育教育的课程内容。

运动心理学的出现最初是为了满足竞技运动的需要，相关研究在19世纪末就已经出现在母学科之中，但直到"一战"结束以后形成了自己独立的研究领域，在此之后通过学者的努力，运动心理学的知识体系逐渐成型。第二次世界大战结束以后，运动心理学进入了高速发展阶段，20世纪70年代左右，随着学科外部建制的相继成立，标志着运动心理学由研究领域发展成为了一门独立的学科。运动心理学早期的研究主要集中在比赛心理、心理训练、运动员心理选材等方面，随着体育运动实践内涵的不断发展，运动心理学的研究领域不断扩大，研究对象不断丰富，在运动心理学的基础上逐渐分化出锻炼心理学和体育心理学。这些分支的领域进一步发展，形成了实验运动心理学、教育运动心理学、临床运动心理学三个不同的研究领域[1]。

与运动心理学相似，体育社会学研究也是萌芽于19世纪末，在20世纪20年代左右形成了一个独立的研究领域，知识体系已现雏形。体育社会学研究系统开展则是在"二战"结束以后，在

---

[1] 刘丽. 中国临床运动心理学理论体系的建构 [D]. 太原：山西大学，2012.

20世纪60年代左右体育社会学的外在社会建制得以完善。从体育社会学形成的历史路径来看,体育社会学最初的出现和体育教育密不可分,是为了体育教育中的"社会发展"目标寻找支撑[①]。但是和体育学其他的分支学科不同的是,体育社会学是一门以研究为基础的分支学科,而其他的几门主要分支学科则是以服务体育运动实践为主。体育社会学的形成和壮大,使得体育学作为一门学科在突出其职业性的同时也彰显了作为一门学科应有的学术性。

表1　体育学各分支学科发展进程中标志性事件

分支学科	学科起源	第一本专著或者实验室	学会成立	刊物	课程	专业
体育社会学	散见于18世纪初文学作品中	1921年里赛的《体育运动社会学》	1964年ICSS成立	1966年《国际体育社会学评论》	20世纪60—70年代作为体育教育专业课程出现	20世纪50—80年代,由社会学、体育学培养
体育心理学	早期蕴育于哲学	1923年格里菲斯的《教练心理学》,1923年格里菲斯在伊利诺斯大学第一个实验室	1965年ISSP成立	1970年《国际运动心理学杂志》	1923年格里菲斯出版第一本教材并设置了课程	不详
运动训练学	18世纪初训练经验总结	1866年麦克拉伦的《运动训练理论与实践》	1939年NATA成立	1941年《训练者杂志》	1969年NATA的推动下在美国设置相关课程	1956年开始出现

①王琪.西方现代体育科学发展史论[D].福州:福建师范大学,2011:336.

（续表）

分支学科	学科起源	第一本专著或者实验室	学会成立	刊物	课程	专业
体育教育学	博爱派教育思想	1793年《青年体操》	1885年美国AAAPE成立	1896年《美国体育教育评论》	1774年博爱学校的成立	1860年美国成立第一个体育系
运动生理学	古希腊医学	1836年孔贝的《应用生理学保护健康，改善身体和心理教育的原理》；1891年菲茨在哈佛大学建立了第一个实验室	1928年FIMS成立	1948年《应用生理学杂志》	1892年菲茨在哈佛大学建立生理学与身体训练系课程方案	1891年菲茨在哈佛大学建立生理学与身体训练系

第二节 中国体育学学科演化历程

一、晚清时期（1860—1910）

早在鸦片战争之前，就已经有外国传教士在中国兴办教会学校，体育课和课外体育活动就散见于各种教会学校之中[①]。1860年第二次鸦片战争结束后，清王朝内外交困、濒临灭亡，统治阶级中的洋务派发起了具有进步意义的洋务运动。在教育方面，洋务派主张学习西方，兴建了新式的军事学堂，并将西方

[①]潘绍伟,于可红.学校体育学［M］.第2版.北京：高等教育出版社,2008：16.

的兵操引入。学校体育方面,最早将学校体育制度介绍至中国的是留日学生,在这一过程中,"体操""体育"等词语也由日本传入中国[1]。在这一时期就有学者围绕着"兵操"发表过文章,如何炯的《中西体操比较说》(《利济学堂报》,1879)与王维泰《体操说》(《新知报》,1879)就已经对"兵操"进行过探讨[2]。有资料可查最早的体育图书也出现在这一时期,1890年,庆丕与瞿汝舟所译的《幼学操身》被认为是第一本体育理论书籍。中日甲午战争后,1898年的"百日维新"期间,建立了中国近代第一所大学——京师大学堂,兵式体操也在此期间由军事学堂推广至新式学堂。然而为了挽救垂死的封建帝制,20世纪初,军国民教育思潮迅速形成,以蔡锷、蒋百里为代表主张仿效日本,大力推行军国民体育,使得体操和兵操几乎成为同义语[3]。1904年,在清政府颁布的《奏定学堂章程》(癸卯学制)中,"体操科"正式确立,该学制要求各级学堂将体操设置为必授科目。为了培养"体操科"专业师资,1906年,晚清学部在《通行各省推广师范生名额》中要求府立师范学堂和中学堂设立体操专修科。从课程设置来看,晚清的体育师资培养主要包括学科和术科两种课程。早期的学堂只开设术科课程,直到1907年,"体育学"才开始作为一门学科课程出现在晚清学堂中。随着新式教育的开展,特别是体操科的确立,为晚清体育学术萌芽提供了动力。从这一时期有关体育的出版物来看,大部分是日本、德国的译作,内容单一,多是中小学体操类、游戏类的教材[4]。值得一提的是,1902年由杨寿桐翻译的日本学者西川政宪的《国民体

---

[1] 罗时铭. 近代中国留学生与近代中国体育 [J]. 体育科学,2006(10):38-42.
[2] 王颢霖. 从学科交叉与分化管窥近代中国体育学演进发展 [J]. 体育科学,2015(6):3-12,24.
[3] 白刚. 中国近代体育史中的兵操、体操与体育 [J]. 上海体育学院学报,1999B12:170-172.
[4] 李凤梅. 中国近代体育图书发展之管见 [J]. 体育科学,2016(5):24-32.

育学》和1909年由徐傅霖所著的《体操上之生理》。前者是近代中国第一部体育基本理论书籍，后者则是中国近代第一部涉及运动生理学的专著。此外，1909年由徐一冰任总编，中国图书公司发行的中国第一本体育期刊《体育界》创刊，为体育学者、教师提供了一个交流的平台。

二、民国时期（1911—1948）

1911年辛亥革命爆发，1912年中华民国成立，于1912—1913年推行了新的壬子学制。新的学制仍然承袭了晚清时期的军国民教育思想，体操作为军国民教育的主要手段，在教育中的地位越发稳固。这时候的军国民体育的目的已不是挽救垂死的封建制度，而是为了培育具有资产阶级精神的新人[1]。另一方面，受到基督青年会以及教会学校的影响，许多民国学校在课外开展了以田径和球类为主的竞赛和户外活动。体操和户外运动都在学校广泛开展，形成了民国初期学校体育的"双轨现象"，直至1922年学制改革，这种"双轨现象"才逐渐消除[2]。在这一时期，爆发了新文化运动和五四运动，教育思想空前活跃，反映在体育上就是对旧的"军国民体育""静坐体育"和所谓"国粹体育"的批判，部分知识精英已经开始用近代的先进思想来研究体育[1]。这一时期最具代表性的体育理论文献如毛泽东的《体育之研究》、陈独秀的《青年体育问题》，除此之外，恽代英的《学校体育之研究》也极具代表性。在这一时期也发行了不少体育期刊，如《体育杂志》（1914）、《体育周报》（1918）、《精武杂志》（1920）、《武术》（1921）。受到美国自然体育思想的影响，美式的学校体育逐渐成为主流，北欧体操的影响被逐

---
[1] 谭华. 中国近代体育史分期问题之我见［J］. 成都体院学报，1984（4）：11-15.
[2] 周登嵩. 学校体育学［M］. 北京：人民体育出版社，2004：13.

渐削弱。体育类书籍也相应地由单一的体操逐渐扩展至武术、球类、田径等，但大部分都属于专项技术和规则类图书。其中，郭希汾编著的《中国体育史》和徐福生编译的《体育之理论与实际》为仅有的两部体育基本理论书籍。两者在内容上的独特性和价值上的奠基性，对当时和后世而言都是难得的体育学术著作[①]。

1922年，北洋政府颁布了效仿美国学校体制的"壬戌学制"，该学制参照美国的"六三三制"形式并结合我国当时的实际制定，"壬戌学制"的出台标志着军国民主义教育在我国的没落。为了配合新学制的施行，1923年，政府推出了《新学制课程标准》，在新的课程标准中，正式将"体操科"改为"体育课"，废除了原有的兵式体操，取而代之的是球类、田径、游泳、普通体操等体育项目，并将保健知识和生理卫生知识融入体育课教学[②]。1924年，中华全国体育协进会的成立，标志着中国人开始自己管理运动竞赛。中国体育逐渐摆脱了单纯模仿西方的发展模式，开始表现出独立发展的倾向。这一时期体育的地位逐步提高，体育不仅是增强体质和教育的手段，在某种意义上还具有彰显国家、民族精神的作用。在学术研究方面，在新文化运动的影响下，"科学""民主"等西方思想相继传入中国，学术氛围越发活跃，西方自然科学的知识也逐步渗入体育理论研究。在这一时期创办的体育期刊也比之前更具学术性。如1922年创刊，由美国学者麦克乐任主编的《体育季刊》，明显带有美国自然主义风格。和晚清时期不同，这一时期的学者主要留学于欧美，故在体育理论研究方面受自然主义体育学派影响较大。在自然体育思想的影响下，我国学科开始对学校体育进行了系统的研究，不

[①] 李凤梅. 中国近代体育图书发展之管见［J］. 体育科学，2016（5）：24-32.
[②] 周登嵩. 学校体育学［M］. 北京：人民体育出版社，2004：13.

仅对体育的教育意义进行了扩展，还从社会、心理、生理等多方面来研究体育，对于后来的体育学术研究具有积极的意义[①]。具有代表性的是罗一东的《体育学》（1924），该书是我国较早从学理层面系统研究体育的理论著作，从内容上来看，该书将体育理论研究建立在医学、生理学知识基础上。在这一时期体育理论研究已经注意到综合不同学科的知识作为体育理论研究的基础。除此之外，受西方学术分科的影响，部分学者已经涉及体育学分支领域的研究。如1924年程瀚章所著的《运动生理》则是我国第一本运动生理学书籍，同时期的《体育哲学管理》则具有体育哲学、体育管理学意味，而1926年郝更生用英文撰写的《中国体育概论》则为体育学研究提供了丰富的史料。

1927年，南京国民政府成立，建立了较为完善的体育行政机构，在这期间也颁布了一系列体育法规，不仅有力地推动了学校体育以及运动竞赛的发展，同时也促进了各种社会体育组织的成立。这对推动我国近代体育事业的发展以及体育学术活动的繁荣起到了非常重要的作用[②]。在南京国民政府执政最初十年间，社会稳定，学术研究和国民教育得到充分的重视，是中国自1912年以来最充满希望的时期[③]。在体育教育方面，学校体育仍然是参照美国"六三三制"制定了"戊辰学制"，民国教育部还聘请了部分国外专家，编写了各种教材和参考书，并培养了大批体育师资。这一时期也建立了相应的学科制度，1927年，在大学院（后改为教育部）中设立了专门的"体育指导委员会"，出台了《体育及军事教育决议案》和《修正高中以上学校军事教育方案》等系列体育教育相关的方针政策。1935年4月，南京国民政府立

[①] 苏竞存.我国近代体育中的自然体育学派[J].体育文史，1983（1）：21-26.
[②] 李凤梅.中国近代体育学术史论[D].福州：福建师范大学，2015：68.
[③] 王颢霖.对中国近代体育学术史分期的讨论[J].体育科学，2014（10）：83-92.

法院颁布了《学位授予法》，同年5月制定颁布了《学位分级细则》，纵向上将学位分为学士、硕士、博士3个等级，横向上包括理科、工科、农科、文科、教育科、法科、医科、商科8个学科，并出台了一系列法令、法规和通知，保障学位制度的实行，初步形成了一套完整学位制度[①]。

体育学术研究方面，这一时期也是近代中国最辉煌的十年。1929年，著名体育家吴蕴瑞在南京成立了"中央体育研究会"，这一组织成为中国历史上第一个全国性的体育研究学会。这一时期也涌现出大量的体育学者，各种学派林立，而体育理论研究也达到近代巅峰，迎来了民国体育学术研究的"黄金十年"。具有代表性的学者有自然主义学派的袁敦礼、吴蕴瑞、方万邦，体育军事学派的程登科、萧国忠，国术派的张之江、吴图南、诸民谊。这一时期的体育学术研究也体现出本土化、科学化的发展倾向，具有代表性的有1931年王怀琪的《三段教材：走步体操游戏》、吴图南的《科学的国术太极拳》、吴志青的《科学的国术》以及1932年孙合宾的《体育教学法》等。除了体育教育学领域以外，还有学者专门从事体育学分支领域的研究，如吴蕴瑞的《运动学》（1930）是第一本关于运动生物力学的书籍、蒋湘青的《人体测量学》（1931）则将人体测量学引入中国，此外还有章辑五的《世界体育史略》（1931）、金兆均的《体育行政》（1931）等。值得一提的是，随着体育学术研究的进一步深化和学科分化的持续扩张，学者们对于体育的认识也不再局限于一种机械的生物运动，已经认识到体育还是一种独特的社会文化现象。不仅认识到体育有增强体质、育人的作用，还具备一定的社会、政治功能。在这一时期体育学逐渐成为体育各门学科的统一名称，作为课程

---

① 吴静. 民国时期学位制度探析［D］. 杭州：浙江大学，2002.

的《体育学》逐渐被《体育原理》所取代。这一时期还出现了多个版本的《体育学》《体育概论》《体育原理》等理论著作，说明在民国时期由于体育学的不断综合、分化，为了满足认识需要，体育理论蓬勃发展。

1937年，抗日战争全面爆发，南京国民政府在《抗战建国纲领》的基础上制定了《抗战教育实施方案》，将体育的目标定位在"平时为自卫，战时为卫国"[①]。以程登科为代表的留德学者提出"全民体育化"和"体育军事化"思想，在抗战的"非常时期"其体育思想和教育主张获得了政府和民众的支持[②]。受此影响，学校体育实行专政管理，宣扬军国主义[③]。尽管抗战使得这一时期的体育学术研究成果无法和南京国民政府成立初期的十年相比，但学者们更加注重研究的科学性和规范性。如蔡翘的《运动生理学》是最早以"运动生理学"命名的理论著作，萧国忠和吴文忠合著的《体育心理学》（1942）是中国第一部体育心理学著作，而江良规的《体育原理》（1945）则是近代中国借鉴多学科知识对体育进行分析的经典著作。此外，受民族主义思潮的影响，国民体育、军事体育研究也逐渐升温。如《抗战与体育》（黄金鳌，1938）、《国民体育》（程登科，1939）、《国民体育常识》（赵汝功，1942）、《军警体育》（程登科，1945）、《新国民操》（张觉非，1948）等。值得一提的是，这一阶段学者们还探讨了体育学的科学性问题，如阮蔚村就认为"体育学为树立科学的体育方法之科学"。另还有学者如吴蕴瑞、江良规还探讨了体育学分科的问题，但这些探讨还局限于对体育教育专业的教学科目划分，还未上升到学

---

① 李凤梅. 中国近代体育学术史论［D］. 福州：福建师范大学，2015：86.
② 李凤梅. 中国近代体育学术史论［D］. 福州：福建师范大学，2015：100.
③ 王颢霖. 对中国近代体育学术史分期的讨论［J］. 体育科学，2014（10）：83-92.

科知识层面的分析。

三、改革开放前的中华人民共和国（1949—1977）

1949年，中华人民共和国成立，体育事业被摆上了议事日程，中央人民政府提出了建设"新体育"的要求，指出体育事业的基本宗旨以及基本任务就是"为人民服务、为国防和国民健康服务"[①]。由于朝鲜战争的爆发，引发了"反美批美"的政治思潮，体育学术界也对旧社会以美国自然主义思想为主的体育学术进行了批判，这导致了民国体育学所取得的成就基本上消失殆尽。鉴于当时的国际政治形势，新中国在治国模式上选择模仿苏联。与之相适应，体育事业的开展也主要是学习苏联模式，在体育教育和体育科研方面则翻译了大量的苏联体育教育理论的教科书和专著，选派了学者和运动员前往苏联学习，同时也聘请了苏联专家来华讲学。1952年，新中国第一所高等体育院校华东体育学院在上海成立，在1953年至1954年，中央体育学院、西南体育学院、西北体育学院、东北体育学院、中南体育学院相继成立[②]。从当时开办的体育专业学院开设的课程来看，除了传统的术科课程，在学科课程方面主要设有运动医学、体育教育理论、运动生理学、运动解剖学。显而易见，当时的体育专业课程体系明显偏向自然学科，而体育人文社会学科的内容则主要被包含于体育教育理论之中。从体育教育理论的内容来看，主要是以苏联专家凯里舍夫在中央体院研究部的讲稿《苏联体育教育理论》（人民体育出版社，1956）为主，这一理论对我国体育理论体系

[①] 周登嵩. 学校体育学［M］. 北京：人民体育出版社，2004：15.
[②] 许红峰，陈作松，黄汉升，等. 建国初期我国体育科技发展的历史回眸［J］. 中国体育科技，2000（10）：4-8.

的建设产生了深远的影响[1]。体育教育理论与民国的《体育学》较为类似，都是用多学科的知识以"大一统"的形式分析体育教育的理论和实践原理，但是苏联的体育教学理论是以巴普洛夫的神经反射生理学说为基础的。由此可见，苏联对于体育学科的定位是偏向自然学科的，这种以自然科学为基础的体育学科体系对后期我国体育学发展产生了深远的影响。此外，新中国为了培养体育教师和体育科研人才，1951年10月由国务院颁布了《关于改革学制的决定》，这是新中国成立后颁布的第一个学制。其中规定："大学及专门学院得附设研究部，修业年限为2年以上，招收大学及专门学院毕业生或同等学历者，与中国科学院及其他机构配合，培养高等学校的师资和科学研究人才。"[2]次年，中央体育学院（北京体育大学）与上海体育学院招收了我国第一批体育专业研究生，成为了新中国最早培养体育专业研究生的高校。为了培养体育科研人才，中央体育学院聘请了苏联专家担任研究生导师，主要包括解剖学、体育理论、生理学、田径、足球、卫生学、体操、游戏8个专业。在专家的帮助下，新中国研究生教育得到了较快的发展，培养的体育专业研究生也对我国体育师资水平和科研水平的提升起到了非常大的推动作用。在首批研究生毕业后，北京体育科研所（1958）、北京运动医学研究所（1959）相继成立，而在体育专业院校也设置了专门的体育科研机构[3]。除此之外，新中国体育期刊的办刊模式也主要是以模仿苏联的经验和方法，早期的综合性刊物《新体育》（1950）和专业学术期刊《体育文丛》（1957）大部分内容都是介绍苏联和社会主义国家的体育科技成果、体育管理经

---

[1] 郝勤. 体育史[M]. 北京：人民体育出版社，2006：401.
[2] 黄汉升. 新中国体育学硕士研究生教育的回顾与展望[J]. 体育科学，2007（9）：3-22.
[3] 王颢霖. 中国体育学百年嬗变[D]. 福州：福建师范大学，2014：109.

验和体育理论[1]。

在中华人民共和国成立之初,我国体育事业无论是从国民体育、运动训练、体育人才培养还是体育科学研究等方面都是照搬"苏联模式"。尽管在"批美学苏"的过程中全面否定了民国的学术研究成果,并且"苏联模式"存在着人才培养规格单一、重实践轻理论、过于偏重自然学科等问题,但是不可否认的是,"苏联模式"为新中国体育事业的发展起到了重要的奠基作用。当时中国的体育学学科体系也正是在苏联体育理论指导下创建起来的,这个体系的总体特征是以马克思列宁主义为思想基础,以巴甫洛夫学说为自然科学基础,并依据教育学原理来指导的,主要包括体育教育理论、运动人体相关学科以及各个单项专业学科[2]。

1959年,中苏关系破裂以后,我国体育事业进入了独立探索阶段。国家体委于1960年3月在北京召开了第1次全国体育科学工作会议,对我国体育科研工作做了统一的安排。20世纪60年代初期,各个省市相应地建立了体育科学研究所。到60年代中期,经过广大体育科研人员的努力,我国体育科学研究已初具规模,体育科学研究已逐步成为推动我国体育事业发展的动力[3]。

四、改革开放之后的中华人民共和国（1978年至今）

1978年十一届三中全会以后,我国体育事业全面恢复,国家

---

[1] 李晓宪,邱剑荣,李晴慧,等. 新中国体育学术（科技）期刊发展研究[J]. 体育科学,2009（5）: 3-23.

[2] 俞大伟. 苏联对新中国体育援助的历史审视[J]. 北京体育大学学报,2015（4）: 12-17,25.

[3] 许红峰,陈作松,黄汉升,等. 建国初期我国体育科技发展的历史回眸[J]. 中国体育科技,2000（10）: 4-8.

科技事业的恢复与发展为体育科学研究提供了契机。在国家体育科技政策的指导下，体育科研机构和体育院校迅速恢复与建立，形成了具有一定规模的科研队伍。《北京体育学院学报》《体育科学》《中国体育科技》《上海体育学院学报》《江苏体育科技》《体育科研》《广州体育学院学报》《西安体育学院学报》《天津体育学院学报》等刊物陆续复刊或创刊[1]。新中国第一个体育科学研究学会——中国体育科学学会（CSSS）也于1980年在北京成立，最初包括运动生理学、运动生物力学、体育科学理论学会、运动训练学会、运动医学学会5个分会[2]。经过数十年的发展，由5个分会发展为17个分会，包括运动训练学分会、体育社会科学分会、运动医学分会、运动生物力学分会、运动心理学分会、体质研究分会、体育信息分会、体育仪器器材分会、体育建筑分会、体育统计分会、学校体育分会、体育史分会、武术分会、体育管理分会、体育产业分会、体育新闻传播分会、运动生理生化分会。形成了一个组织上纵向联系、学科上横向发展的学会体系。1983年公布试行了新中国第一份《高等学校和科研机构授予博士和硕士学位的学科专业目录》（下称《学科专业目录》），体育学被列为教育学门类下的一级学科，下设12个二级学科[3]。从1983年的《学科专业目录》体育学科的结构来看，运动人体科学有6门，知识体系明显偏向于人体科学。该版本的《学科专业目录》还设置了民国时期就有的学科，如武术理论与方法、体育史等，以及当时学术研究并不是很成熟的运动训练学、体育管理学。此后教育部还于1990年、1997年和2011年颁

---

[1] 李晓宪，邱剑荣，李晴慧，等. 新中国体育学术（科技）期刊发展研究［J］. 体育科学，2009（5）：3-23.
[2] 全胜. 基于学术交流理论的体育科技社团历史演变及当代趋势研究［D］. 福州：福建师范大学，2013：132.
[3] 王雷，李平平. 我国体育学学科设置起点中若干问题的研究及启示［J］. 武汉体育学院学报，2016（2）：36-41.

布了新的《学科专业目录》，现行的2011版《学科专业目录》中体育学则在学科设置方面广泛吸收了日本、美国、德国的一些理论思想，结合中国实际，构建了包括体育教育训练学、运动人体科学、体育人文社会学、民族传统体育学4个二级学科的体育学学科体系。而1992版的《中华人民共和国学科分类与代码国家标准》首次把体育学列为社会科学门类下的一级学科。

进入20世纪80年代，体育理论研究呈现百家争鸣的繁荣景象，学者们围绕着体育的属性、概念、学科体系等问题展开了大讨论。这场大讨论不仅是学术思想争锋，还体现了我国体育学学科意识的觉醒，学者的观点为我国体育学的构建和发展奠定了理论基础，使得体育学获得了一定的社会地位，推动了体育学科的建设和发展[1]。体育学也从这一时期开始了学科扩展的进程，作为一门课程的体育理论逐渐分化为一门门二级学科，再加上自然、人文、社会学科对体育学的渗透以及国外体育理论的吸收，使得体育学科得以迅猛发展，形成了庞大的学科群[1]。从以学科名命名的第一门专著或者教材出版时间来看，许多新的学科正是在此期间得以恢复或创立。体育自然学科方面，通过吸纳国外的研究成果，在原《运动解剖学》和《运动生理学》的基础上，分化出《运动生物力学》（全国体育学院教材委员会体育系通用教材组，1981）、《运动生物化学》（体育院系教材审编委员会，1982），20世纪80年代后，体质形态学、运动营养学、体育保健学等学科相继成立。可以说在20多年的体育学学科发展的过程中，我国自然科学的学科体系已经基本形成[2]。体育人文社会科学方面，通过与其他学科交叉，也创立许多体育学新学科，如《体育统计学》（杨敏，1982）、《体育管理学》（武汉体院

---

[1] 鲁长芬. 中国体育学科体系研究述评 [J]. 体育学刊, 2007（6）：1-6.
[2] 黄汉升. 中华人民共和国体育科技发展史 [M]. 北京：科学出版社, 2002：116.

编写组，1984）、《体育经济学》（曹谛川，1985）、《体育美学》（胡小明，1987）、《体育情报学》（马铁，1988）、《体育伦理学》（潘靖武，1989）等。原来的体育教育理论（体育原理），则分化为《体育哲学》（哈尔滨体院编写组，1986）、《学校体育学》（《学校体育学》编写组，1983）、《群众体育学》（王则珊，1987）、《运动训练学》（田麦久，1983）等学科。从体育人文社会学科的发展历程来看，在很长一段时间其研究内容被包容于"大一统"的体育教育理论或体育原理之中。而随着体育的现代化进程加速，学科之间交叉分化的深入，体育学从过去仅仅基于生物学、教育学视角研究体育，发展到运用哲学、美学、社会学、经济学、政治学、法学、管理学等人文社会科学的方法，对体育进行多层次、多方位的立体、综合的研究，基本上形成了拥有近20个二级学科的多学科知识体系[1]。

五、中国体育学演化的特点

从西方体育学发展的脉络来看，毋庸讳言，体育教育学是体育学发展的主线，体育学就是以体育教育学为母体，不断和其他学科交叉、分化，进而形成广义的体育学。而中国近代体育学亦是如此，近代中国体育学术的萌芽源于晚清时期对体育师资培养的需要，是以一门专业课程——"体育学"（体育教育学）的形态出现的。由于"癸卯学制"是效仿日式学制，晚清的体育学术主要是围绕着"体操"开展，虽出版了大量书籍，但并未形成独立的学术研究，文章和书籍主要是以"体操"为主体，大部分都是译介日本、德国的相关教材。尽管晚清时期体育学术显得过于

---

[1] 黄汉升.中华人民共和国体育科技发展史［M］.北京：科学出版社，2002：140.

单薄，研究性不强，但不可否认的是，中国近代体育学正是从晚清开始，在译著上获得了学术上的启迪，为日后民国时期形成自己的学术思想体系奠定了基础。

从民国体育学的发展历程来看，体育学始终是以体育教育学的形式呈现的。民国时期体育学在自然主义和民族主义思潮的影响下形成了自己的学术传统，并且在吸收、整理西方体育知识的基础上与本土研究相结合取得了丰硕的研究成果。从学科知识层面来看，体育学由单一的、作为一门课程的《体育学》，逐渐分化出《体育概论》《体育原理》《运动生理学》《人体测量学》《运动学》《体育史》等学科，并形成了具有一定规模的体育学学科群。在这一过程中，"体育学"转变为体育学科群的总称，而《体育概论》和《体育原理》取代了《体育学》的地位，成为基础理论学科。但必须厘清的是，民国时期的体育学和我们现行体育学的概念还是不同的，民国时期的体育学虽然由一门学术课程发展为"学科群"的总称，但是彼时体育学中的"分支学科"只为了满足体育师资培养的需要而译介国外的研究成果，大部分"分支学科"并没有进行系统的科学研究，并不是严格意义上的学科，是一门门课程，学者们只是扮演知识传播者而不是知识生产者。以运动生理学为例，民国时期并没有建立专门的运动生理学实验室，在涉及生理学的著作中也对实验介绍得较少[1]。作为自然学科知识生产的重要场所，实验室的缺失说明当时有关运动生理学研究还只是停留在吸收国外成果的阶段，学者们并未进行独立的实证研究。从科学研究的角度来看，近代中国体育学和西方体育学相比并没创立新的学科，可以说大部分研究都是对西方体育知识的吸收和整理。而具有本土意味的"国粹体育"也只是流于对专项技能的描述以及体育思想的争鸣，并未达到学术研究

---

[1] 袁媛. 近代生理学在中国：1851—1926［M］. 上海：上海人民出版社，2010.

的高度。近代中国唯一能和西方体育学术研究相抗衡的是中国体育史的研究，这一领域在近代中国取得了许多独创性的成果。如郭希汾的《中国体育史》，不仅开创了中国体育史研究的先河，还为日后体育学的形成和壮大奠定了理论基础。

新中国成立后，我国体育事业无论是从国民体育、运动训练、体育人才培养还是体育科学研究等方面，都是照搬"苏联模式"。尽管在"批美学苏"的过程中全面否定了民国的学术研究成果，并且"苏联模式"存在着人才培养规格单一、重实践轻理论、过于偏重自然学科等问题，但不可否认的是，"苏联模式"为新中国体育事业的发展起到了重要的奠基作用。正是在苏联的帮助下我国首次成立了体育专业院校和专门的体育科研机构，建立了体育科研人才培养制度，为新中国体育科学的发展指明了方向。当时中国的体育学学科体系也正是在苏联体育理论指导下创建起来的，这个体系的总体特征是以马克思列宁主义为思想基础，以巴甫洛夫学说为自然科学基础，并依据教育学原理来指导的，主要包括体育教育理论、运动人体相关学科以及各个单项专业学科[①]。

改革开放后，体育科学研究迎来了发展的契机，在体育科学研究恢复的初期，无论是从学会的设立还是从学科专业的设置来看，人体科学都占到了较大的比重。此外，1983年的《学科专业目录》还设置了民国时期就有的学科，如体育史、武术理论与方法，以及当时学术研究并不是很成熟的运动训练学、体育管理学。这说明了尽管苏联模式对于我国体育学影响的痕迹犹存，但当时的我国体育学学科设置已经具有一定的包容性和前瞻性，不再是一味模仿其他国家的学科模式，已经具有独立发展的意识，

---

① 俞大伟. 苏联对新中国体育援助的历史审视［J］. 北京体育大学学报，2015（4）：12-17，25.

开始探索构建具有中国特色的体育理论体系。随着体育人文社会科学研究的兴起、运动训练学研究"中国流"的形成、运动人体科学研究的深化、民主传统体育研究步入现代化进程，以1997版《高等学校和科研机构授予博士和硕士学位的学科专业目录》将体育学划分为4个二级学科和1997年体育学被国家社科列为一级学科并予以资助为标志，我国已经建立起了具有自身特色的体育学学科体系。

表2 我国体育学发展进程中标志性事件

	学科起源	第一本专著或者实验室	学会成立	刊物	课程	专业
近代中国	西学东渐	1890年《幼学操身》	1929年中央体育研究会	1909年《体育界》	1907年《体育学》学科课程	1905年绍兴大通师范学堂体操专修科
中华人民共和国	批美学苏	不详	1980年中国体育科学学会（CSSS）	1950年《新体育》	1952年建立第一所体育专业院校	1952年第一批体育专业研究生

第三节 理论基础与分析框架

"自然的历史""描述的历史""理论的历史"，这三者构成了一个立体的、辩证网络系统。"自然的历史"是理论提升的客观基础，但是由于年代久远，"描述的历史"可能会和"自然的历史"出现越来越多的差异，这时"理论的历史"的功能和意义就越来越得到凸显[1]。在第一节中，我们对体育学主要分支学科和我国体育学"描述的历史"进行了大致的梳理。但是从科学史学角度来看，学科史的研究并不是对历史的简单描写，而是一种历史的理性重建，是为了阐述那些给出了历史事实陈述的真理性意义[1]。因此有必要对体育学"描述的历史"进行进一步的理论分析，梳理出基于学科交叉的体育学"理论的历史"。在这一节中对"理论的历史"进行重建所需的分析框架以及学科发展的驱动力进行阐述，为后续分析奠定理论基础。

一、学科演进路径模型

在以往体育学学科史研究中，学者们往往将体育学的演进置于整个科学史的框架中，将体育学与整个科学发展史相关联，如谭华[2]、王琪[3]。然而无论从学科内部的知识逻辑还是从学科外部的制度逻辑来看，每个学科都有着自身独特的演化轨迹。特别是体育学属于比较年轻的学科，其发展轨迹和一些经典学科存在明显的差异。因此对于体育学"理论的历史"演化进行分析必须先勾画出学科的演进路径。国内外对于学科演进路径模型的研究成果较少，比较有代表性的是Mullins（1972），他将分子生物学专业的形成分为范式组群（Paradigm Group）、网络（Network）、簇群（Cluster）、专业（Specialty）四个阶段[4]。Stéphane Champely（2017）在Mullins研究的基础上提出了学科

---

[1] 高策，杨小明.科学史应用教程［M］.太原：山西科技出版社，2003：5.
[2] 谭华.体育科学的形成和发展［J］.体育文史，1989（1）：4–10.
[3] 王琪.西方体育科学起源与形成问题新探［J］.西安体育学院学报，2014，31（1）：36–40.
[4] Nicholas C. Mullins. The development of a scientific specialty: The phage group and the origins of molecular biology［J］. Minerva 1972, 10：51–58.

演化的模型,将学科分为研究网络(Research Network)、研究簇群(Research Cluster)、研究专业(Research Specialty)、学科(Disciplines)四个阶段[1]。但是这些模型都是基于学科外在表现形态而建构的,并未将关注点集中于学科知识维度。龚怡祖在《学科的内在建构路径与知识运动机制》[2]中从知识维度提出了学科的内在建构路径模型,将学科内在建制的发展分为"问题研究形态""研究领域形态""研究范畴形态""学科形态"四个阶段。如图2所示,在其学科建构模型中,"问题研究形态"是一种以问题为导向的研究,是人类探索未知世界最原始、最直接的方式,这一阶段的研究仅针对具体的问题,并不关注建构复杂的知识系统,基于问题而形成的知识凌乱地散落在研究空间中,是一种"发散式"的知识形态。而进入"研究领域形态"以后,则开启了知识系统化进程,这时候研究不仅关注问题,还具备了一定的科学自觉意识,是一种以研究对象为中心的"聚敛式"的知识形态。"研究范畴形态"是在研究领域的基础上提炼出最基本的研究范畴,形成概念化、原理化的命题体系。相对于研究领域形态的"研究对象特定化",这一阶段知识结构特质体现出"原理的特定化"。"学科形态"的知识结构体现出复杂知识系统的特征,在这一研究形态中,研究理论、方法趋于成熟,研究对象、内容更加稳定。更为显著的特点是这一阶段的逻辑结构越发清晰,通过逻辑起点将领域内不同的基本范畴编织成一个纵向逐步递进、横向紧密相连的知识体系,保障了知识系统的统一性和理论一体化水平。

---

[1] Stéphane Champely, Patrick Fargier, Jean Camy. Disciplinarity and sport science in Europe: A statistical and sociological study of ECSS conference abstracts [J]. European Journal of Sport Science, 2017, 1: 5–18.
[2] 龚怡祖. 学科的内在建构路径与知识运行机制 [J]. 教育研究, 2013 (9): 12–24.

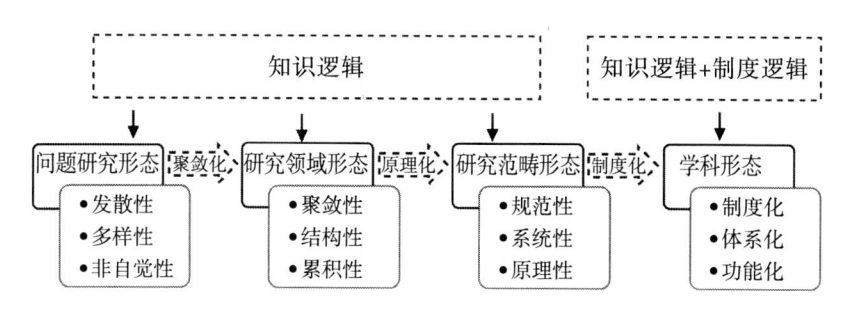

```
┌─────────────────────────────┐  ┌─────────────────┐
│         知识逻辑            │  │ 知识逻辑+制度逻辑 │
└─────────────────────────────┘  └─────────────────┘
     ↓           ↓          ↓            ↓
┌────────┐  ┌────────┐  ┌────────┐  ┌────────┐
│问题研究│聚│研究领域│原│研究范畴│制│学科形态│
│ 形态   │敛│ 形态   │理│ 形态   │度│        │
│        │化│        │化│        │化│        │
│•发散性 │  │•聚敛性 │  │•规范性 │  │•制度化 │
│•多样性 │  │•结构性 │  │•系统性 │  │•体系化 │
│•非自觉性│ │•累积性 │  │•原理性 │  │•功能化 │
└────────┘  └────────┘  └────────┘  └────────┘
```

图2 龚怡祖的学科建构路径模型

龚怡祖教授提出的学科建构路径模型为我们分析体育学学科演进路径提供了一个较为完善的理论框架。但是龚教授构建的模型是学科成长的"范本",是学科建构的"应然状态",而在学科演进的"实然状态"下,大部分的学科演化动力并不是价值干涉的,很多时候社会需要或学科之间的相互作用都会对学科知识的发展轨迹产生影响。龚怡祖教授学科建构路径指向学科内在的知识体系的演化,但"学科形态"知识体系的形成是知识和制度双重驱动因素促成的[1],学科不仅是知识演进的结果,还是一种知识制度化的过程[2]。单纯的理智视角并不足以窥探学科形成的完整路径。在"研究范畴形态"向"学科形态"挺进的过程中,不能以单一的"知识结构"标准来确立其研究形态的转变。从学科的意涵来看,学科不仅包括内在的观念建制,还包括外在的社会建制[3]。学科的两重建制决定了学科成熟不仅要有完善的理论体系或成熟的学科范式这种内在标准,还必须具备费孝通先生所提出的"五脏六腑式"的外在标准。只有相应的外在社会建制得

---

[1] 王雷. 论体育学的学科特征 [D]. 福州:福建师范大学,2017:56.
[2] 王建华. 高等教育作为一门学科 [J]. 高等教育研究,2004(1):69-74.
[3] 刘小强. 高等教育学学科分析:学科学的视角 [J]. 高等教育研究,2007(7):72-77.

到确立，独立的研究领域（这里的研究领域是普遍意义而言，而不是龚教授的"研究领域形态"）才能获得制度上的保障。而这种以学科制度为代表的外在标准的形成对于"学科形态"确立而言是首要的。因为用单一的知识逻辑对学科内在知识体系建构路径进行阶段划分本身存在着解释力不足的缺陷，现实中很多学科演化的轨迹必须诉诸于学科制度才能做出较为清晰的划界。其次，学科本身就包含了"制度""规训"的蕴意，对"学科形态"的追求本身就包括了对"学科规训"权力的追求。再次，只有获得了学科制度的认同，相关的知识领域才能建立完善的学科制度结构以获取社会资源，为知识生产和再生产提供保障。最后，一门知识领域只有在学科制度精神的关照下才能将罗伯特·默顿所说的"科学活动的精神气质"内化为学科理智进展的道德准则，并对科学研究中的作伪行为进行社会监控和惩戒[1]。只有得到学科制度的关照，一个独立的知识体系才能成为真正意义上的学科。在"研究范畴形态"向"学科形态"挺进的过程中，学科制度的完善是"学科形态"得以确立的关键性标志，是第一性的，而研究范畴的规范化、系统化反映的是知识体系的成熟度，对于"学科形态"是否确立而言是第二性的。

正是由于学科制度对"学科形态"的确立起到决定性的作用，"研究范畴形态"出现的顺序并不一定先于"学科形态"。因为"研究范畴形态"指向的是学科内在建制，而"学科形态"则指向学科的外在建制。前者是人类建构规范性的复杂知识系统的结果，演化轨迹受知识逻辑支配，而后者是人类寻求科学研究行为准则保障和追求支持学科发展的基础结构的结果，演化轨迹

---

[1] 方文. 社会心理学的演化：一种学科制度视角［J］. 中国社会科学，2001（6）：126–136，207.

受制度逻辑支配。从逻辑上来看，两者并不存在顺序上的先后。此外，"研究范畴形态"先于"学科形态"是一条典型的由内在建制先行，再发展到外在建制的学科建构路径，这符合科学发展的规律，在科学史上不乏成功的范例。但是进入20世纪后，现代科学发展中学科间的交叉、综合化趋势已越来越明显，大批新兴学科不断涌现。而传统的学科演进路径是一种效率低下、被动的建构过程，在应对人类知识体量急速增加时这种方式显得力不从心。一批"应然学科"孕育而生，"应然学科"实际上还不是（成熟的）学科，学科的内核——内在建制还未建成[①]。"应然学科"的特点就是在学科知识体系还没有完全成熟时就从制度层面上确立其学科地位，利用学科外在社会建制的号召力和推动力，加快学科知识体系的成熟。如高等教育学就是比较典型的"应然学科"，作为一门学科，高等教育学在我国已经得到了学科制度的确认，但是从高等教育学内在的知识体系来看，还存在着基本概念不清晰、理论不完善、独有研究方法缺失、研究范式庞杂等问题，还算不上是一门成熟的学科。"应然学科"具有鲜明的实用主义倾向，体现了人类清晰的学科意识，提高了学科建设的主动性。从学科建构路径来看，这种"应然学科"是先经历"学科形态"再进入"研究范畴形态"的。总而言之，无论从学科建构的逻辑还是从学科演进的历史来看，"研究范畴形态"不一定是"学科形态"确立的必经之路。对此，本文在龚怡祖的理论模型基础上提出了体育学学科交叉演进的模型，将体育学学科演进分为问题研究形态、研究领域形态、学科范畴形态三个阶段。如图3所示，体育学学科演进路径一共分为三个形态，前两个形态和龚怡祖的学科建构路径模型

---

① 刘小强. 高等教育学学科分析：学科学的视角［J］. 高等教育研究，2007（7）：72-77.

一致，第三个形态"学科范畴形态"则是将"研究范畴形态"和"学科形态"整合在一起。不同学科的"学科范畴形态"的确立是不一样的，对于经典学科而言，"学科范畴形态"的确立是以概念化、原理化的知识确立为基础，比如经典力学体系的诞生一般以1687年牛顿发表的《自然哲学的数学原理》为标志。对于一些"应然学科"而言，"学科范畴形态"则是以在学科制度上得到认可为确立的标志。体育学就属于这一类"应然学科"，因此体育学"学科范畴形态"必须在学科制度视角下寻求恰当的标记点。

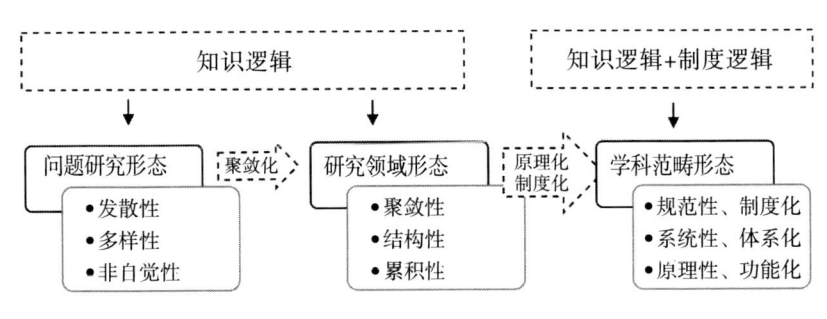

图3 本研究中的学科建构路径模型

二、学科交叉的动力机制

在确立了学科建构路径模型后，还有一个需要在理论上解决的问题，就是学科是在何种作用力下才得以和外部学科交叉融合的，也就是学科交叉演化的动力机制问题。通过查阅相关文献，发现对于学科交叉的动力机制研究有两种视角，一种是将关注点集中于学科本身，强调学科发展的动力源于人类求知欲、社会需求、学科间的协同作用，[1]、[2]、[3]或者是将学科动力分为内部动力和外部动力[4]。另一种则是将研究聚焦于学科和知识的关系，强调知识增长对学科双重形态的作用[5]。虽然不同学者对于学科交叉的动力描述并不一致，但是都将学科内部的自组织作用以及认知主体和客体之间的相互影响视为学科演化的动力机制，并且不同的学科动力促进了不同类型的学科的演化。结合不同的观点以及体育学学科发展的历程，我们认为体育学演进主要受四种驱动力的影响：认识主体的求知欲、学科之间的协同效应、社会需求、哲学思潮。前两种驱动力可以被视为学科发展的内部动力，后两种驱动力则是学科演化的外部动力。

（一）主体的求知欲

人类存在方式突出地表现为求知，求知是人的本性[5]。正如亚里士多德所言："人类是从好奇心起步，最早开始哲学思维的，显然他们是为了知识，而不是为了任何实际用途而追求科学。"[6]求知欲是人类一种内在的精神需求，也是一种认知的需

---

[1] 蔡兵，马跃. 交叉学科研究的动力机制分析［J］. 西南交通大学学报（社会科学版），2008（1）：75-80.
[2] 苗素莲. 学科发展的动力机制与大学学科体制创新［J］. 教育发展研究，2005（3）：97-99.
[3] 马跃，蔡兵，于小娟. 交叉学科研究的成长环境与动力机制分析［J］. 研究与发展管理，2007（5）：105-110，119.
[4] 王恩华. 大学学科建设——学科发展的动力分析［J］. 科学学与科学技术管理，2002（5）：34-37.
[5] 宣勇，钱佩忠. 知识增长与学科发展的关系探析［J］. 大学（研究与评价），2007（1）：21-26.
[6] 弗里德里希·冯·哈耶克. 经济、科学与政治：哈耶克思想精粹［M］. 冯克利，译. 南京：江苏人民出版社，2000：593.

求，主体在认知实践活动中，感到自己缺乏相应的知识，这种内在需求会促使认知主体产生追寻新知识并加深已有知识的倾向。在这种认知倾向的作用下，认识主体会不断地扩展自己的视野，探寻未知的世界。在这一过程中，人类的视野不断与原有的理论相冲突，这种认知的矛盾运动催生了科学知识增长的原点——问题。如波普尔所言："科学知识的增长永远始于问题，终于问题。[①]"这种人类对未知事物的探究促使了科学发展的内部矛盾运动，求知欲通过形成问题进而指向知识增长，而知识增长和分化是学科形成的前提，认识主体的求知欲形成了学科发展最原始、最直接的内在动力。

（二）学科协同作用

协同论认为，在整个自然系统中，尽管不同的子系统属性不同，但是各个子系统之间存在着相互合作又相互影响的关系。作为社会或大学的子系统，学科系统并不是孤立的变量，一方面，它作为一个整体和社会系统及其子系统发生相互作用，其演化受到政治、经济、文化等因素的影响。另一方面，作为知识体系的学科内部系统之间的相互作用也会影响学科的发展历程，而这种内部系统间的相互作用综合表现为不同学科之间的协同效应。协同效应是指由于协同作用而产生的结果，是指复杂开放系统中大量子系统相互作用而产生的整体效应。在现代学科体系高度分化和高度综合相统一的发展背景下，传统意义上单一的、孤立的学科演进模式已经无法满足社会对于知识的需求，学科间的交叉、渗透和综合成为一种必然趋势，学科之间的协同作用在推动

[①] 卡尔·波普尔. 猜想与反驳：科学知识的增长 [M]. 傅季重，纪树立，周昌忠，等，译. 上海：上海译文出版社，1986：318.

新兴学科形成和发展中所起到的作用越发明显。从科学学的角度来看，学科的协同效应可以分为三种类型。综合效应，在特定的问题或目的的导向下，综合多门学科的理论和方法，构建出围绕特定问题域形成新的学科。交叉效应，利用理论借鉴、方法融合、对象比较等方式，在学科交叉的地带构建出新的理论体系，形成新的学科。横向效应，利用系统论、协同论、信息论、耗散结构论等以各种物质层次、结构或运动形式为研究对象的学科理论和方法，重新审视现有的研究对象，改变学科格局，创建新的学科。

（三）社会需求

相对于认识主体的求知欲，社会需求是学科发展的外在驱动力。如恩格斯所言："科学的产生和发展本身就是社会生产决定的"。社会需求包括政治、经济、文化、个人需求，不同的社会知识需求代表了社会中不同组织系统对于知识的诉求，如政治体现了国家意志的需求，经济体现了生产力发展的需求，正是社会系统的复杂性和多样性，刺激了不同类型、不同领域的学科萌芽和发展。从科学史的角度来看，新学科的涌现总是直接或间接的源于社会的需要，如远古时代丈量土地催生了几何学，农业需求促使了天文学的形成，人类传承知识的需求使教育学得以萌芽，基本上每一门学科的形成和发展都渗透着社会需求。此外，社会需求还为学科的成长提供肥沃的土壤。首先，社会实践为学科知识的积累提供经验基础，为学科提出了丰富的原材料和大量的课题。其次，社会发展为学科的内在建制和外在建制的发展提供了物质保障。最后，社会环境还为学科提供了检验知识有效性、科学性的实践场所。可以说，社会的知识需求在一定程度上决定着学科外在建制发展的方向，作为学科内在建制的知识体系，其创新突破点也往往发微于知识内在逻辑和外在社会需求的交叉点上。

（四）哲学思潮

哲学既是关于世界观的学问，也是关于方法论的学问，是世界观与方法论的统一。如果把全部哲学理解为在最普遍和最广泛的形式中对知识的追问，那么显然哲学可以被认为是全部科学研究之母[1]。哲学这种"牵涉一切"的特质使得它对于科学活动的发展能够做出一定意义上的预测。虽然这种先验性的预测与哲学本身客观资料和数据的滞后性之间的矛盾，使得仅凭借哲学并不能总是做出正确的判断。但不可否认的是，哲学通过观念的变革，改造或者挑战旧的世界观和方法论，引导科学从全新的视角和出发点探究世界，能够对科学发展产生极其深远的影响。纵观科学的发展历程，哲学能够以"总指导思想"的方式影响科学发展，哲学高潮的产生往往是科学兴盛的一个先导[2]。而哲学思潮作为特定社会历史背景下建立在哲学思想之上具有理论形态并在一定范围内有相当影响力的带有某种倾向性的思想趋势，虽然其影响不能直接作用于学科，但是它能够通过解放社会思想、形成新的世界观和认识论等方式间接地为学科知识的形成和发展提供"思想养料"。哲学还能够对科学的成就做出哲学式的总结，并提出科学预见，为科学的发展给予启迪。历史上很多学科的核心理论都可以在哲学中寻找到思想源头，如近代科学的原子学说的建立可以追溯到古希腊哲学的原子论，能量守恒定律最早能在笛

---

[1] 爱因斯坦文集：第1卷[M].许良英，李宝恒，赵中立，等，编译.北京：商务印书馆，1977：519.
[2] 刘则渊，王海山.近代世界哲学高潮和科学中心关系的历史考察[J].科研管理，1981（1）：9-23.

卡尔的运动不灭原理中觅得踪迹。哲学对科学的预见作用往往都是以一种潜在形态孕育着科学理论的胚胎，而新学科可能就伴随着科学理论的成熟而宣告成立。

第四节　学科交叉视野下体育学演化路径分析

从第一节对我国体育学术发展史梳理的结果来看，由于受到社会变迁、体制变革等因素的影响，我国体育学大致经历了清末效仿德日、民国学习欧美、中华人民共和国成立初期全面学苏、改革开放以后全面发展四个阶段，其发展轨迹是非线性的。由于体育学本身是舶来品，在引介中国之初，很长一段时间内都是以模仿、借鉴为主，尽管分支学科也有相关的著作出现，但整体来看知识体系是碎片化的。对中国体育学进行考察是无法梳理出体育学是如何从一个"问题研究形态"发展为"学科范畴形态"，也无法窥探各个分支学科之间的互动关系。因此尽管我们研究的是我国体育学学科交叉问题，但必须将研究的关注点置于整个体育学以及各个分支学科的演化，而不是单一地针对某一个国家的体育学发展脉络进行梳理，这样才能完整地把握体育学学科发展的脉络。对此，依据上一节对于体育学分支学科和我国体育学发展历程的梳理结果，我们将体育学分支学科和我国体育学发展进程中的标志性事件分类记录，并结合学科建构路径、分支学科发展历史、学科演进动力，绘制了体育学学科交叉演进路径（图4）。力图构建体育学"理论的历史"，为后续学科交叉分析奠定基础。

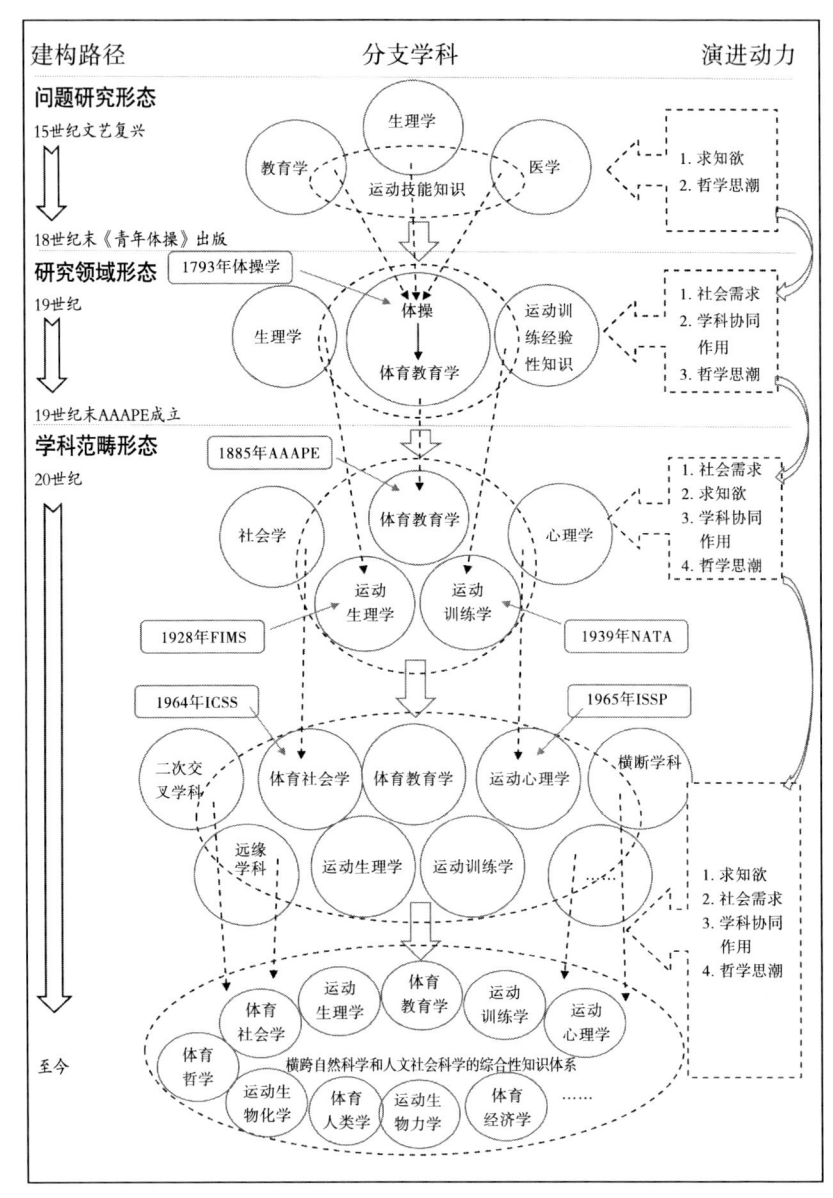

图4 体育学学科交叉演进示意图

一、问题研究形态（15世纪文艺复兴至18世纪末）

（一）时间划界

史前人类就已经开始将生活和生产实践中的某些特定的身体活动形式加以提炼，并从中筛选出某些动作与活动形式加以程式化，以此作为军事、舞蹈、教育以及原始宗教活动的元素和材料[①]。这种从身体练习中提炼出来的实践性知识是人类在从事身体活动时的经验性总结，以运动技术和运动技能为主要的表现形态[②]。虽然远未达到学术性知识的层面，但却是体育知识最原始的形态。另一方面，从人类科学史的角度来看，从古希腊开始就有零散的与身体活动相关的知识，这些知识有些是包含于教育思想中的哲学思辨式的体育思想，也有存在于医学、生物学中有关身体活动的知识。但是由于人类早期对于自然的认识是以经验的、感性的方式为主，并不能算真正意义上的科学研究。直到15世纪文艺复兴开始，人们认识自然的方式逐渐由感性认识转向理性认识，科学才逐渐从哲学中分化出来，因此对于体育学学科建构路径分析的起点也应当从文艺复兴开始。在18世纪末古茨穆茨在《青年体操》提出完善的体操体系之前，对于体育教育或身体活动的研究都是在其他学科或研究领域中展开。如图4所示，在15世纪至18世纪末这一阶段，体育并没有发展为一个独立的社会实践活动，彼时"体育学知识"零星地散落在医学、教育学、

[①] 郝勤.体育史［M］.北京：人民体育出版社，2006：8.
[②] 张建华.体育知识论［M］.北京：北京体育大学出版社，2012：253.

史学等古老学科中,并没有形成独立的研究领域,也没有专门从事体育研究的学者。以运动技术或运动技能为表现形态的体育实践性知识也远未达到科学化、理论化的水平,仅仅是人类身体活动过程中的经验性总结。但这种实践性知识却是体育学形成一个研究领域的前提,早期学者通过吸收教育学、生理学、医学等母学科的研究成果,力图将这种实践性知识科学化,这为体育学向"研究领域形态"挺进奠定了坚实的基础。我们认为15世纪文艺复兴开始到18世纪《青年体操》的出版这一时期体育学处于"问题研究形态"。从学科的建构路径来看,这时候"体育学"知识结构是一种"发散性"的,相关知识都散落在其他的学科领域中,自身并未形成一个独立的研究领域。而从《青年体操》开始,体育教育学开始将知识体系建立在医学、生物学的基础上,开始形成了一个相对独立的研究领域。

(二)演进动力

从学科演化的动力来看,这一时期体育还没有发展为独立的社会实践活动,自然也不会有对体育知识的社会需求。与体育相关的知识也没有从教育学、生理学中分化出来,体育学还并未形成一个独立研究领域,学科之间的协同作用也并不存在。因此学科之间的协同作用和社会需求这两种驱动力对问题研究形态的体育学影响较小。促使体育学问题研究形态形成以及发展的主要动力是人类的求知欲以及哲学思潮。从古希腊开始,求知欲这种内在于人类的精神、认知的需要就不断地驱使人们去认识自然、认识自己。文艺复兴带来的人文主义思潮的兴起使得人类科学探索和知识累积出现前所未有的自由探讨精神,科学开始摆脱宗教的桎梏。人文主义所带来的思想革命催生了新的自然观和方法论,在此之后的17、18世纪强调归纳逻辑和实验方法的唯物主义哲学体系逐渐取代了僵死的经验哲学,人们认识世界的方式由哲学思辨转向实验研究,观察自然成为了拓展人类认知边界的主要方式。这种认知方式和哲学思潮带来的改变使得体育学的母学科现代医学以及教育学得以兴起,而体育学最主要的分支学科运动生理学以及体育教育学也开始在母学科中以"问题研究形态"显现并发展壮大。

(三)分支学科

这一时期新兴学科的产生主要是以学科分化为主。由于体育并未发展为一种独立的社会实践活动,与身体活动相关的知识都还蕴藏于教育学、运动生理学、史学之中,体育学也没有形成独立的知识结构,处于学科分化的前期。

二、研究领域形态(18世纪末至19世纪末)

(一)时间划界

如图4所示,体育学在18世纪末开始进入"研究领域形态",19世纪末开始向"学科范畴形态"挺进。体育学作为一个研究领域,形成的动力源于体育师资培养的需要,体育学的形成和发展也是以体育教育学的演进为主线。作为研究领域的体育学最初源于德国,以"体操学"的形式出现。18世纪末,德国统治阶级为了达到提高国民素质的军事目的,将体操纳入德国教育体系,体育教育成为了一个独立的社会实践活动。这一事件促使了体育教师的出现,为了满足体育教师培养的需要,如何构建科学、合理的体育教师知识体系逐渐发展成为一个专门的研究领域。这种以体操为主的体育教育体系在欧洲盛行很长的时间，这段时间对于体育教育的研究也是围绕着体操开展。由此可见，体操（体育教育）的产生源于国家的军事需要，体育学知识的萌芽则源于当时学者对于完善体操体系的追求。经过了一个世纪的发展，19世纪末体育教育学分别在德国（1868）、美国（1885）学科制度层面上得到了承认，建立了相应的学术机构。但由于德国是在1871年普法战争之后才进行教育学改革引入英国户外运动，而在此之前体操一直都是德国学校体育教学的主要内容，对于体育教育的探讨主要是围绕着体操展开，因此将其认定为体育教育学太过牵强。而美国在19世纪引入了德国、瑞典体操，本身又是英国的殖民地，户外运动也开展得非常好，相比之下美国的体育教育研究更加符合我们对于体育教育学的理解。因此将19世纪末美国的国家体育教育促进联盟（AAAPE）的成立视为体育学开始学科制度化进程的标志。在18世纪末至19世纪末，体育学虽没有获得学科制度的承认，但已经形成了一个独立的研究领域，在18世纪末至19世纪末处于"研究领域形态"。

（二）演进动力

从学科演化的动力来看，在体育学由"问题研究形态"向"研究领域形态"挺进并发展壮大的过程中，社会需求扮演了非常重要的角色。从知识形态来看，学科是基于有效生产、传播的知识分类，是领域清晰的知识体系，源于知识劳动的分工发展。专业则是因为人才培养的需要，综合了多门学科知识而形成的特有体系，专业的划分源于具体的社会劳动或某类职业[1]。就体育学而言，无论是西方还是近代中国，体育学最初都是以专业的形

---

[1] 宣勇，凌健. "学科"考辨[J]. 高等教育研究，2006（4）：18-23.

态出现的，社会对于体育师资的需求催生了体育教育学的诞生。体育学早期的分支学科也都是受实用主义驱动而产生的，如运动生理学、体育测量学，服务体育运动实践是促使这些学科形成的主要因素。相比于其他经典学科，"研究领域形态"的体育学的演化并不是由于对未知事物的探索而自身自发形成的，而是人们为了培养体育师资而有目的地选择相关学科的理论、方法而构建出来的知识体系。

除了社会需求之外，学科之间的协同作用也对体育学研究领域的形成和演化起到了积极的作用，主要表现在两方面。第一，学科之间的协同作用促进了体育学从"问题研究形态"进入"研究领域形态"。在体育学进入"研究领域形态"之前，体育学唯一"本体性"的知识就是运动技术知识，更确切地说是体操技术知识，这种源于运动经验的知识是体育学研究领域形态形成的基础。在社会需求的作用下，人们开始构建一种科学化的、利于传承的体育教育知识体系，运动技能知识和教育学、生理学、医学等学科知识开始交叉融合，学科之间的有效互动使得体育学开始了科学化、体系化、结构化的进程，推动体育学进入"研究领域形态"。第二，学科之间的协同作用对体育学"研究领域形态"形成之后的演化也起到了积极的作用。在体育学成为一个独立的研究领域初期，体育学并不是一个综合性的知识体系，而由单一的体育教育学组成。在学科之间的协同作用下，使得体育教育学不断和其他学科交叉，分化出许多新的研究领域。在这一过程中，体育学虽然还是处于"研究领域形态"，没有得到学科制度的确认，但在19世纪末已经由单一的体操研究逐步演化为包含体育教育、运动生理、运动医学、体育测量等研究领域的综合性的知识体系。

哲学思潮也对体育学"研究领域形态"的萌芽和发展起到了积极的作用。首先是源于启蒙时期的自然主义思想的兴起促成了体育教育成为一个独立的社会实践活动。自然主义思想要求教育的目的就是培养儿童成为身心健康、自由平等和具有博爱精神的人[①]。在这一思想的影响下，体育教育不仅被认为是增强体质的手段，还是培养道德、塑造品格的最佳方法。自然主义思想充分地肯定了体育在教育中的价值，受此影响体育被列为正式的课程。实践是理论的基础，正是由于体育教育演化一个独立的社会实践活动才促使相关研究领域的形成。其次，哲学高潮中心的转移也对体育学的发展产生了间接的影响。18世纪末19世纪初，哲学高潮逐渐从法国转移到德国，机械唯物论让位于唯心辩证法[②]。在这一时期许多学科都由经验描述逐步发展到理论概括的阶段，自然科学知识体系初见雏形。形而上学的思维方式和机械的唯物主义自然观无法对整个自然进行系统的考察，彼时的德国哲学虽然有着唯心主义色彩，但精致的辩证法以及德国哲学特有的理论感却能够为科学理论的概括提供方法论指导和思想启迪。受此影响，人类科学由观察自然进入理论概括阶段，物理、化学、地质学、热力学、生理学、电磁学、胚胎学等学科相继成立，这些基础学科的成立也为体育学"研究领域形态"的形成和演化提供了理论基础。

相比于社会需求、学科间的协同作用以及哲学思潮的影响，人类求知欲在"研究领域形态"的形成和演化过程中所起的作用相对较小。从学科史的梳理可以看到，体育学"研究领域形态"的形成明显受到实用主义驱动，无论是体操研究还是体育教育学研究，其知识体系逐渐成熟并且结构化的主要目的就是为了满足体育师资培养的需求。这种职业性或专业性的倾向使得处于"研究领域形态"的体育学虽然具有结构化、科学化的特征，但相关

---

①李刚.评析卢梭的自然主义体育思想特质［J］.体育科学，2012，32（4）：77-83.
②刘则渊，王海山.近代世界哲学高潮和科学中心关系的历史考察［J］.科研管理，1981（1）：9-23.

的研究并不是以问题为导向的。其知识体系的形成并不是人类对未知事物追问自身自发形成的，是为了满足实用需求，在运动技术这种经验性知识的基础上，通过吸收医学、教育学等学科的相关知识人为构建出来的。

（三）分支学科演化

结构决定功能，任何一个学科知识系统都建立在"中心"和"边缘"这种基础性结构之上，而边缘地带由于存在异质性、不稳定性等特点，使得在学科交叉的"边缘地带"进行研究存在更多知识创新的可能性。"边缘效应"的存在不仅是交叉学科形成的主要因素，也是促进人类知识不断更新、增长的重要因素[1]。随着"中心"知识的不断成熟，人类开始开拓知识"边缘"，原有的"边缘"地带逐渐转变为"中心"，并围绕着新的"中心"形成新的知识结构。通过这一循环往复的过程，实现了知识体量的增长。

如图4所示，在"研究领域形态"时期，体育教育学始终是体育学演化的主线，体育学的演进就是建立在体育教育学和其他学科不断交叉融合、交叉分化的基础之上。从学科的本质来看，学科是通过认知主体的知识结构和客体结构的互动而形成的具有一定知识范畴的逻辑体系[2]。处于"研究领域形态"的体育学最初就是为了满足教育的需要，由体操技能知识和教育学、医学、生理学交叉融合而形成的一个研究领域。在这里运动技术知识指向客体结构，而教育学、医学、生理学学科知识则蕴含于主体认知结构之中。随着体育教育实践内容的不断丰富，这一研究领域

---

[1] 陈中，郭丽君. 论教育科学发展的"边缘效应"[J]. 教育理论与实践，2016，36（12）：6-8.
[2] 孙绵涛. 学科论[J]. 教育研究，2004（6）：49-55.

由最初的体操研究逐步演化为体育教育学。从知识结构来看，在很长一段时间内，体育教育学（体操研究）都处在体育学知识结构的"中心"，而体育教育学就是体育学的代名词。这一时期的体育学并不是一个学术性学科，学术性学科的主要功能是创造知识。这一时期的体育学属于职业性学科，尽管职业性学科也有创造知识的功能，但其知识的演化主要还是指向人才培养。

体育学学科体系中另外一门历史较为悠久的学科则是运动生理学，以运动生理学为代表的人体科学学科群在体育学中起到了提供理论支撑的作用。但与体育教育学相比，运动生理学在"研究领域形态"的体育学中处于"边缘"地带。在这一时期，医学、生理学研究中都产生了大量与运动相关的研究成果。从学科层面来看，这些与运动相关的研究成果虽然对运动生理学的兴起有着重要的意义，但还是属于医学生理学知识体系的范畴。促进运动生理学形成一个独立的研究领域，主要动力源于体育教育研究的驱动。最早涉及运动生理学议题的著作（《应用生理学保护健康、改善身体和心理教育的原理》，孔贝，1836）就是探讨体育教育的生理学基础。从某种意义上来说，运动生理学就是体育教育学和医学、生理学学科交叉的产物，最初就形成于体育教育学与医学、生理学的边缘地带，在这个基础上随着运动实践的丰富和母学科理论的不断创新而逐步发展壮大，形成了以运动生理学为中心的运动人体科学知识体系。

运动训练学在体育学"研究领域形态"时期也开始萌芽。通过对运动训练学学术史的梳理，无论从学科知识维度、学科建制维度还是从竞技运动的发展历程来看，运动训练学最初都附属于体育教育学。最初，运动训练学并不是一门独立的学科，而是处于体育教育学的"边缘地带"。随着竞技运动的繁荣，运动训练的相关研究也逐渐引起了人们的关注，这一研究领域也慢慢中心化，进而从体育教育学中分化出来，形成了一个独立的研究领域。从学科间的协同作用来看，运动训练学源于竞技运动实践，知识体系是伴随运动训练经验知识和体育教育学、医学、生理学、心理学等学科交叉融合的过程而演进的。这一点和体育教育学的演化历程相似，其最初的知识"中心"都是与身体运动相关的经验性的知识，为了提升自身的科学化水平，在演进的过程中不断吸收其他成熟学科的研究成果，知识体系逐渐体现出综合性、交叉性的特征。

三、学科范畴形态（19世纪末至今）

（一）时间划界

学科发展史是学科理智史和学科制度史的双重动态史[①]。在进入"学科范畴形态"后，体育学的演化路径明显受到理智逻辑和制度逻辑的双重驱动。相比学科的理智发展史，体育学学科制度史的演进更加清晰。此外，学界对于学科在制度层面上得到确立的标志莫衷一是，如果把所有的标志性事件都考虑进来并不利于我们梳理体育学的演化进程。相比其他的标志性事件，学会的成立意味着形成了稳定的学术群体和固定的研究领域，并且体育学各分支学科学会成立的时间也比其他标志性事件的时间更加清晰，故我们选择学会成立这一标准从制度层面对体育学学科演进路径进行梳理。

在图4中我们可以看到，从19世纪末体育学首次获得了学科制度的认同开始至今，体育学挺进了"学科范畴形态"。从学科制度的层面来看，体育学中最早获得认可的分支学科是体育教育

---

①方文. 社会心理学的演化：一种学科制度视角［J］. 中国社会科学，2001（6）：126-136，207.

学，在19世纪末学科建制陆续完成，1885年美国国家体育教育促进联盟（AAAPE）标志着当时以体育教育研究为主要内容的体育学作为一门学科在学科制度层面得到了社会认同，进入了"学科范畴形态"。而体育学中另一门核心学科运动生理学则在19世纪末20世纪初开始了制度化进程，1928年国际运动医学联合会（FIMS）的成立标志着运动生理学得到了学科制度的认可。在此之后，美国的全国运动训练者协会（NATA，1939）、国际体育社会学委员会（ICSS，1964）、国际运动心理学学会（ISSP，1965）等学会的成立标志着运动训练学、体育社会学、运动心理学等体育学的核心学科陆续走向制度化，进入了"学科范畴形态"。至此，作为一个综合学科的体育学在学科知识和学科制度双重维度上得以初步成型。和19世纪新学科主要由学科分化而形成不同，20世纪30年代以后，现代科学呈现出聚合化的发展趋势，学科交叉成为了新兴学科发展的进程的主要推动力[1]。在这一背景下，体育学和其他学科的互动日益频繁，逐渐发展为一个包含众多分支学科的庞大的综合性知识体系。

（二）演进动力

在进入"学科范畴形态"的初期，体育学的研究都是围绕体育教育展开的，彼时的体育学只能算是一门职业性学科，还称不上是学术性学科，学科演化主要是指向人才培养而不是知识创新。学术性学科和职业性学科本质区别就在于学术性学科把满足人类的求知欲放在第一位，职业性学科则是把满足人类实际需要放在第一位。体育学早期的分支学科运动生理学、运动训练学等

---

[1] 李春景，刘仲林. 现代科学发展学科交叉模式探析——一种学科交叉模式的分析框架[J]. 科学学研究，2004（3）：244-248.

学科也是为了满足体育教育、竞技比赛的需要而产生的。因此，在"学科范畴形态"的形成和发展的初期，社会需求依然是体育学学科演进的首要驱动力。随着20世纪竞技体育和社会体育的普遍开展，体育实践的内涵不再囿于体育教育，逐渐演化为一种独特的社会文化现象。这种体育实践内涵的转变使得体育学的研究内容由单一的体育教育研究演变为与身体活动相关的"问题域"研究，这种研究内容的转变使得人类求知欲在体育学的演化进程中得以凸显。特别是在学科交叉的作用下，许多新兴的分支学科如体育社会学、体育美学、体育哲学等学科并不直接服务于体育运动实践，其产生和演化受实用主义影响较小，求知欲成为了这些学科的发展和演化的主要驱动力。一些传统的体育学分支学科如体育教育学、运动生理学、运动训练学等学科在服务体育实践的同时也开始注重学科理论的提炼，这种学科知识抽象化、理论化的过程已经不再是单纯为指导体育实践进而满足社会的需求，更多的是为了满足人类清晰地认识客观世界这种认知需求。体育学由一门职业性学科逐渐转变为学术性学科的过程中，认知主体的求知欲在学科演化中所起到的作用越来越明显。

除了社会需求和认识主体求知欲之外，学科间的协同作用也对"学科范畴形态"的体育学演化产生了非常重要的影响。进入20世纪，人类科学发展呈现出聚合化的趋势，学科之间的交叉融合取代了学科分化成为了新兴学科的产生的主要方式。特别是"二战"结束后，人类科学研究进入"大科学"时代，知识生产模式的转变使得学科之间的壁垒被彻底打破，学科之间的协同作用成为了学科知识增长的主要驱动力。对于体育学而言，体育学本身具有的跨学科性决定了学科之间的协同作用对体育学的演化起到了重要的影响。在体育学萌芽和发展过程中，吸收其他学科的知识和理论成为体育学科学化的主要方式。体育学通过与外部学科之间的积极互动，逐渐由单一的运动技能知识演化为一个包含众多分支学科的综合性知识体系。体育学进入"学科范畴形态"之后，体育不断地受到社会文化和习俗的冲击，体育实践也在不断地扩展自身的维度，致使相关研究不再是围绕着体育教育这一单一的实践活动展开。体育所蕴含的社会、经济、政治、文化价值使其形成了一个与身体活动相关的"问题域"。而这一"问题域"从横向上看跨越了自然、人文、社会三大学科部类，从纵向上涉及抽象的理论研究也包含具体的应用研究。这一"问题域"的复杂性、综合性、跨学科性决定了体育科学研究的开展必然需要大量吸收其他学科的理论和方法，随着体育学的演进，学科之间的综合效应、交叉效应、横断效应在推动体育学新兴学科的形成和发展中起到的作用越来越明显。

进入"学科范畴形态"后，哲学思潮对于体育学演化的影响是间接的。随着科学的壮大，中世纪的经院哲学和19世纪德国自然哲学企图指挥科学并通过纯粹思辨的方式获取对自然界的终极认识的幻想已经破灭。在学科层面上，现代哲学也不能直接与作为身体技能培养的体育学相关联[1]，哲学只能退位于方法论以及价值取向层面上对体育科学研究提供指导。从西方哲学思潮的演化来看，其发展历程是沿着两条进路进行的，一条是统摄了经验批判主义、实证主义、逻辑实证主义、批判理性主义、科学哲学的历史主义学派等的"科学主义思潮"；另一条是统摄唯意志派哲学、生命哲学、现象学、存在主义、法兰克福学派的批判哲

---

[1] 高强. 体育学与哲学：基于学科关联的历史考察［J］. 体育科学，2016，36（11）：82-90.

学等的"人本主义思潮"[①]。20世纪以后，科学取得了巨大的成功使得"科学主义"盛行，受此影响体育学的发展也呈现出了科学主义倾向。从学科层面上看，在"科学主义"影响下，体育学更加倾向于吸收自然科学的知识，生理学、解剖学、医学、人体测量学等生物科学高速发展对体育教学研究和运动训练研究起到了巨大的推动作用。具有人文社会科学性质的一些学科如体育社会学和体育心理学研究也呈现出实证主义倾向，力图模仿自然科学的研究范式，依赖数据与实验，强调知识的精密性和客观性。但体育学是一门综合学科，其分支学科既涉及自然科学也和人文社会科学密切相关。"人本主义"则强调在研究中回到以人为本的世界并关注体育对人类生存意义及价值的终极关怀。"人本主义"研究范式突出了体育现象社会性质的一面，采用人文学科的描述与解释的方法，依赖经验与现象，追求感性、生动、丰富的知识。在"人本主义"的关照下，体育科学研究中出现的人文化与人学化走向[②]。大量的人文科学开始向体育学领域渗透，原本属于体育理论研究的学科如体育哲学、体育人类学、体育美学等相继分化出来形成独立的研究领域。总而言之，在两种哲学思潮张力作用下，体育学知识体系逐渐演化形成了自然科学知识与人文社会科学知识两种不同类型的知识，这两种知识形成了不同的方法论和价值导向要求，分别和哲学思潮中的"科学主义"和"人文主义"接洽。

[①] 吴忠魁. 现代两大哲学思潮与教育改革——20世纪教育改革中的科学与人学之争[J]. 教育科学，1992（2）：1-9.
[②] 马卫平，谭广，刘云朝. 从"科学主义"与"人文主义"思潮的融合看我国体育科学研究的未来走向[J]. 北京体育大学学报，2006（7）：885-887.

（三）分支学科

20世纪后，在现代科学聚合化的发展趋势推动下，体育学也开始广泛地和其他学科产生联系。在学科交叉效应的作用下，不断有新的研究领域由"边缘"走向"中心"形成新的分支学科，体育教育学也逐渐"去中心化"，体育学则逐渐转变为包含多个"中心"学科的综合性的知识体系。这种"多中心化"的发展趋势使得体育学和其他学科进行交叉融合时不再以体育教育研究为本体，而是以一个综合性的知识体系的形态和其他学科进行互动。"多中心化"也为体育学创造了更多学科交叉的兴奋点，促使体育学知识体量快速增长，分支学科不断涌现。

从分支学科形成的历程来看，在"研究领域形态"，体育学通过学科交叉形成的两个主要的研究领域——运动生理学和运动训练学在20世纪初期相继得到学科制度的认同，也进入了"学科范畴形态"（图4）。由于人是体育实践的主体，体育科学研究的"问题域"也是围绕着人这一实践主体展开，这就使得体育学自然而然地和社会学、心理学这种以人类个体或人类群体为研究对象的学科产生交叉。"二战"结束后，体育社会学、运动心理学也得到了学科制度的认同，标志着体育学由单一的体育教育学发展为以体育教育学、运动生理学、运动训练学、体育社会学、运动心理学5个学科为中心的综合性学科。随着学科分化、综合的加剧，原本已经和体育学产生过交叉的学科分化出新的学科，又一次和体育学产生二次交叉，形成了新的学科。如从社会学中分化来的经济学、人类学和体育学二次交叉形成体育经济学、体育人类学，从生理学中分化出来的生物化学、生物力学和体育学二次交叉形成运动生物化学、运动生物力学。除此之外，一些和体育学距离较远的远缘学科在学科交叉的大趋势下也开始和体育学产生联系,如文化学、艺术学、计算机科学等,演化出许多新的研究领域。进入"学科范畴形态"后,在社会需求、人类认知、学科间协同作用、哲学思潮等驱动力的综合作用下,体育学和其他学科的互动日益频繁,通过理论交融、方法碰撞、模式组合等方式,使得许多新的分支学科得以产生与发展。和体育学早期形成的分支学科相比,这一时期形成的分支学科属性跨度较大,并不局限于自然科学,体育人文社会科学逐步发展壮大,有的分支学科本身就具有综合学科属性。在这种内部和外部动力的综合作用下,体育学逐渐发展为横跨自然科学和人文社会科学的庞大的综合性知识体系。

值得一提的是,尽管从知识维度来看,进入"学科范畴形态"后,体育学逐渐由单一的体育教育学发展为横跨自然科学和人文社会科学的综合性的交叉学科。但从制度层面来看,不同国家对于综合性体育学的认同程度还是存在一定的差距。在我国,无论是从人才培养还是知识分类的角度来看,体育学都是以一个综合性的学术科目的形态存在。德国在《教学和研究学科目录》中将体育学设置为一个学科门类,学科地位较高。美国的体育学并没有单独设置,在美国的CIP目录中,体育学并没被列为一级学科,与体育相关的学科分散在其他的学科门类中。英国发布的学科专业目录(JACS)中,体育学也是分散设置,运动科学属生物学门类,而体育教育则被设置在教育学门类下。法国国家大学委员会的学科分组表则将体育学设置在交叉学科门类下。俄罗斯联邦教育部2000年发布的学科专业目录中,体育学学科归属于人文与社会—经济科学和教育学之中,体育不属于单独学科门类,也没有一个统一的"体育学"涵盖所有的体育类学科。从制度层面来看,不同的国家对体育学的认可度存在着差异,但从知识维度来看,近年来西方学术界越来越倾向于将体育学视为一门综合性的学术科目,这种倾向表现在不同的国家对于体育学作为一门综合学科的名称的认可，如北美地区的Kinesiology、德国的Sportwissenschaft、法国的STAPS。

第五节 本章小结

本章从历史维度对体育学学科交叉知识的演化进行了考察。首先，在文献资料调研的基础上对体育学"描述的历史"进行考察，梳理出体育学主要的分支学科和中国体育学发展的脉络。其次，在前人研究成果的基础上建构了历史维度下学科交叉分析的理论框架。最后，结合文献调研和理论分析的结果，对体育学"理论的历史"进行分析，探讨历史维度下体育学学科交叉演进路径。

（1）从对体育学演进的历史分析来看，学科交叉是体育学形成和发展壮大的主要途径。体育学最原始的知识是以运动技术和运动技能为表现形态的实践性知识，科学化、理论化水平较低。在实用主义驱动下，这种原始的知识形态开始和教育学、医学、生理学产生交叉，演化为体操学。随着户外运动走进学校体育，体操学逐渐演化为体育教育学，体育教育学也随之成为体育学知识体系的中心。之后体育教育学和生理学交叉分化出运动生理学，而竞技体育的繁荣产生了对运动训练科学化的需求，致使运动训练经验性知识和教育学、医学、生理学、心理学等学科开始交叉融合，逐渐演化为运动训练学。在这一过程中，体育学由单一的体育教育学演化为包含多个分支学科的综合性知识体系，这种综合性使得体育学能够和更多的学科产生交叉。随着社会学、心理学和体育学交叉，体育社会学、运动心理学形成了相对独立的知识领域并最终得到学科制度的认同。20世纪初期，体育学形成了包含体育教育学、运动生理学、运动训练学、体育社会学、运动心理学五个主要分支学科的知识体系。在此基础上体育学沿着综合—分化—再综合的轨迹向前发展,通过二次交叉、远缘交叉、横断融合等方式,不断地打破学科壁垒并和外部学科进行交叉融合,逐渐演化为一个庞大的、包含众多分支学科的综合性知识体系。

(2)体育学属于"应然学科",演进的逻辑和一些经典学科不一样。在经典学科的发展历程中,科学研究活动的出现先于科学教育活动,其学科发展轨迹先遵循知识创新的逻辑,之后在知识创新和知识传承双重逻辑驱动下演化。体育学在诞生之初,其知识体系的演化遵循的是知识传承逻辑,而不是知识创新逻辑。在知识传承逻辑的驱动下,体育学通过辐集其他学科中的理论和方法,以满足体育教育实践科学化的需求。20世纪以后,体育实践内涵的不断丰富为体育科学研究提供了全新的视角,学科之间的相互作用日益频繁使得许多新的分支学科得以产生与发展。在这一过程中体育学已经由早期的体育教育学演化为包含众多分支学科的综合学科,与此相对应,体育学也由单一的职业性学科转变为以问题为导向的学术性学科。而从学科动力学的角度来看,职业性学科发展的首要驱动力是社会需求,学术性学科发展的首要动力是认知主体求知欲,在这种对于知识的无尽追求的推动下,知识传承逻辑对体育学的影响已经式微,体育学的演进更多地遵循知识创新的逻辑。

(3)体育学的演化经历了"问题研究形态""研究领域形态""学科范畴形态"三个阶段。15世纪文艺复兴开始至18世纪末《青年体操》的出版,体育学处于"问题研究形态"。从知识形态层面来看,在"问题研究形态",运动技术是体育学最原始的知识形态,这种知识源于感性认识且未上升到理性认识层面,并不属于科学研究的范畴。从科学研究层面来看,由于体育实践还没有演化为一项独立的社会实践活动,并没有专门针对体育的科学研究活动，与身体活动相关的科学知识也只是其他学科研究的"副产品"；体育学的"研究领域形态"始于18世纪末，截止于19世纪末美国AAAPE的成立。体育教育成为独立的社会实践活动促使了体育学进入"研究领域形态"。体育教育学由运动技术知识和教育学、生理学、医学等学科交叉而形成，最初以体操学的形态出现，随着户外运动被引入体育教育，体操学逐渐演变为体育教育学，在很长一段时间里，体育教育学就是体育学研究的"中心"学科；从19世纪末开始，体育学进入了"学科范畴形态"，体育教育学得到学科制度的承认则意味体育学开始进入"学科范畴形态"，体育学开始了学科制度化的进程。在这一阶段，体育实践内涵的不断丰富以及体育科学研究的不断深化，使得原本处于体育学和其他学科交叉的"边缘地带"的知识逐渐中心化并形成了相对独立的研究领域。在学科制度的关照下，这些分支领域也由"研究领域形态"进入"学科范畴形态"形成新的分支学科。随着分支学科的壮大，体育教育学由体育学的"中心"学科退位为体育学的分支学科，体育学在这一过程中也表现出由职业性学科向学术性学科转变的倾向。

（4）促进体育学演进的动力是动态变化的，各种驱动力在学科发展的不同时期所起的作用是不同的。在"问题研究形态"，促进知识增长的主要驱动力是人类求知欲和哲学思潮，由于体育还没有成为独立的社会实践活动，社会需求和学科间的协同作用对这一时期体育学学科知识的演进影响较小。进入"研究领域形态"后，社会需求成为了促进体育学演进的首要驱动力，而学科间的协同作用、哲学思潮也对体育学的演进起到了间接或直接的影响，相比之下，人类求知欲对于"研究领域形态"的体育学影响较小。在"学科范畴形态"初期，体育学还只是一门职业性的科目，社会需求依然是体育学法发展的主要驱动力。随着体育学不断和外部学科交叉融合，许多学术性的科目相继从体育学分化出来，这使得求知欲在促进体育学演进中所起的作用越来越来明显。学科间的协同作用、哲学思潮对体育学的影响则贯穿整个"学科范畴形态"。

（5）受到社会变迁、体制变革等因素的影响，我国体育学大致经历了清末效仿德日、民国学习欧美、中华人民共和国成立初期全面学苏、改革开放以后全面发展四个阶段。和西方体育学的发展相比，我国体育学的发展是非线性、碎片化的。尽管如此，中国体育学和西方体育学存在许多相似之处。首先，从体育学的起源来看，无论是西方还是中国，增强国民体质是促使体育学萌芽的首要因素，最初以"体操学"的形态出现，体现出鲜明的实用主义倾向。其次，和西方体育学一样，中国体育学在很长一段时间都是以体育教育学为中心，体育学最初都是以一门职业性学科（专业）的形态出现的。最后，和西方体育学演化历程一样，中国体育学也是由体育教育学逐渐演化为综合性的知识体系。但必须厘清的是，近代中国的体育学虽然由一门课程发展为"学科群"的总称，但是彼时体育学中的"分支学科"只为了满足体育师资培养的需要而译介国外的研究成果，大部分"分支学科"并没有进行系统的科学研究，并不是严格意义上的学科，只算是一门门课程，学者们在其中只是扮演知识传播者而不是知识生产者的角色。只有到20世纪80年代改革开放之后，我国体育学才具有独立发展的意识，开始探索构建具有中国特色的体育理论体系，在知识体系日渐完善的同时逐渐彰显出自身的学术性。

第四章　知识流动维度下我国体育学学科交叉知识的演化

第一节　数据来源与研究方法

学科交叉本质上是一种"跨学科"或"学科间"的科研实践活动，这一实践活动使得学科间的知识重新整合，形成的知识体系构成了交叉学科[①]。从信息流动的角度来看，学科交叉是学科间知识转移和互相融合的过程，在这一过程中，参与知识转移的学科通过知识整合不仅使得学科知识体量得到增长，知识结构也得到进一步的完善。文献是高深知识最重要的载体和传播媒介，学科之间的文献引用与被引用的状况可以间接地刻画出学科间的知识流动图景[②]。在学科知识体系中，学科并不是孤立存在而是相互联系的，学科之间的知识转移关系突出表现在隶属于不同学科文献之间的引用与被引用关系[③]。学科的引用量与被引用量可以表征学科间的知识流入量与流出量，学科之间的引文指标是学科交叉最好的测度，通过对学科之间的引用与被引关系进行分析，能够探明学科之间的知识流动特征，厘清学科之间的关系和

[①] 路甬祥. 学科交叉与交叉科学的意义 [J]. 中国科学院院刊，2005（1）：58-60.
[②] Porter A L, Cohen A S, Roessner J D, et al. Measuring researcher interdisciplinarity [J]. Scientometrics，2007，72（1）：117-147.
[③] Stirling A. A general framework for analyzing diversity in science, technology and society [J]. Journal of the Royal Society Interface，2007，4（15）：707-719.

学科知识结构，分析推测学科间的交叉、渗透和衍生趋势，从而揭示某一学科交叉的动态结构和发展规律。图5显示了基于引文流的学科交叉分析模型，模型给出的是最基元的学科交叉结构，现实情况中供体学科和受体学科没有绝对的区分，而且由于学科之间复杂的引用关系，学科间的引用网络是由无数个基元模型构成的复杂的巨系统。从图5来看，学科之间的交叉行为可以视为供体、受体学科之间的知识流动，而这种知识流可以进一步具象化为学科之间的引文流，通过数学、逻辑学等方法对学科之间的引用与被引用关系进行计量分析，能够把握学科之间的知识流动情况，进而揭示抽象的学科交叉特征。从对国内外文献的梳理来看，引文分析也是目前研究学科交叉的主流方法，通过引文分析结合不同的理论和工具，可以从不同侧面研究学科交叉的过程以及特征。

体育学是典型的交叉学科，在其发展过程中不仅融合了大量的其他学科的知识，而且体育学作为知识供体也将其知识广泛地输入至其他学科，形成了一个开放的、持续演进的知识体系[1]。在"大科学"背景下，体育学已经发展为横跨自然科学、人文社会科学，包含了众多边缘学科的综合学科。然而，学科在演化进程中，体育学究竟和哪些学科关系更为密切？其学科交叉结构的演化过程又是如何变化？和其他学科相比体育学的学科交叉各项测度指标处于何种水平？影响体育学学科交叉结果的根本性因素是什么？对于这些问题的回答有利于我们把握体育学的发展历程，为体育学未来的发展指明方向。对此，本章以1981—2015年发表的体育学类期刊论文为研究对象，从体育学学科知识流入和流出两个视角展开研究，通过现有的学科交叉测度指标，

---

[1] 王续琨，宋刚，等. 交叉科学结构论［M］. 北京：人民出版社，2015：370.

结合采用引文分析、社会网络分析等方法，通过纵向的历时性分析和横向的学科比较，分析体育学学科交叉知识的演化历程。研究主要包括"学科知识流动总体特征""跨学科知识流动特征""学科交叉发展态势演化""学科交叉结构演变""交叉的目标学科类别演化"5个部分。分析内容既涉及了整体性的知识流动特征研究以及发展态势研究，也涉及了基于组群关系的学科交叉结构研究，同时还兼顾了作为学科个体的学科类别研究。研究内容涉及了整体、群组、个体3个层面，能够较为全面地反映知识流动维度下我国体育学科交叉知识演化的特点。

《中国引文数据库》（Chinese Citation Database，CCD）是基于CNKI所有源数据库产品的数据，集合而成的一个规范的引文数据库。CCD的学术资源类型涵盖期刊、博硕士学位论文、国内/国际会议论文、图书、中国专利、中国标准、年鉴、报纸以及外文题录库。提供引文分析工作过程中的引证报告、文献导出、计量可视化、数据分析器等功能。CCD收录了1979年至今的数据并实现每日更新，并且CCD中设定了168个专题，体育可以作为一个单独的学科分类进行分析，这为我们分析体育学学科知识交流情况提供极大的便利。本章的数据主要是从CCD中获取，检索并下载1980—2015年体育学发文量、引用与被引用的学科及相应频次等数据。由于CCD中的数据下载最大时间跨度是5年，故在历时性分析中对学科知识演化分期以5年为单位进行阶段划分。此外，为了更好对体育学学科交叉情况进行评定，下载了另外167个学科专题的相关数据进行比较。

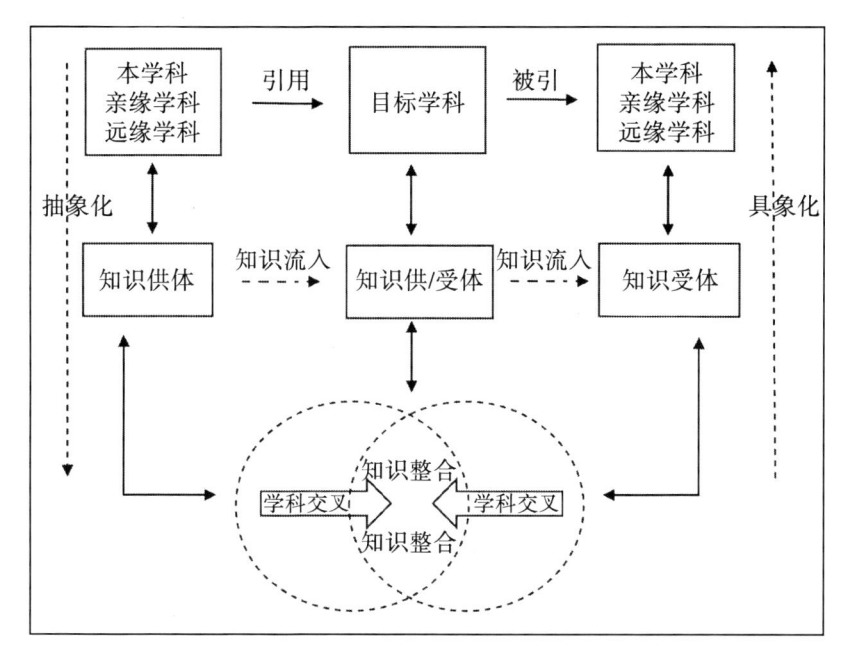

图5 基于引文流的学科交叉分析模型

第二节 我国体育学知识流动总体特征

一、我国体育学知识产量增长趋势

科学文献是科学知识的客观记录，这是科学文献的基本功能之一，各种科学知识都需要以文献的形式来记录、保存和传播。科学文献的增长及其规律与科学知识量的增长和规律有着密切的联系，科学文献的数量是衡量科学知识产量的重要标尺之一[①]。知识产量是知识流动分析的逻辑起点，对于体育学知识产量进行分析能够大致地解释学科发展的特点和规律，为知识流动研究以及学科交叉分析建立良好的基础。如图6所示，36年来我国体育学文献数量呈逐年增长态势，总计发文量为769624篇，发文量最少的是1981年的2191篇，发文量最多的是2008年的54758篇，年均增长率为11%。通过进一步的分析发现，我国体育学学科知识的增长趋势并不是遵循单一的指数增长规律，发文量存在阶段性的变化，主要分为三个阶段。

（一）复苏期（1980—1993）

从图6中可以看到，1980—1993年，我国体育学发文量逐年增长，特别是20世纪80年代初期增速较快，但是之后增速放缓，甚至出现了负增长。1978年党的十一届三中全会以后，我国科学事业全面恢复，在国家大力发展科学事业的大背景下，1980—1989年，我国期刊创办了1769种，占创办期刊总量的1/3，达到历史最高峰值[②]。在体育科研领域，专业期刊复刊以及中国体育科学学会（CSSS）成立，都为我国体育科研的繁荣和发展提供了良好的契机。《1981—1990年体育科技发展计划纲要（草案）》对我国体育科学的学科发展指明了方向[③]，这一时期我国初步建立了体育科学研究体系，培养了一大批体育科研人才，为今后我国体育科研事业的发展提供了组织和技术力量保证。受此影响我国体育学文献数量持续增长，但是由于文革对我国体育事业造成的影响较大，体育科学研究基本是从零开始，科研人才培

---

① 邱均平. 文献计量学［M］. 武汉：科学技术文献出版社，1988：53.
② 郭玉，赵新力，潘云涛，等. 我国科技期刊基本状况统计与分析［J］. 编辑学报，2006（1）：1-4.
③ 黄汉升. 中华人民共和国体育科技发展史［M］. 北京：科学出版社，2002：106.

养、学科建设的恢复需要一个过程，这一时期的学科规模还是偏小。此外，由于1984年我国实行经济体制改革，许多难以获得社会资源的期刊陆续停刊，1985—1995年，我国体育学术期刊的数量从106种下降到77种[1]。改革的阵痛对我国科技事业带来了一定的冲击，造成了1985年后我国体育学知识产量增速减缓，甚至还出现了负增长，这种情况直到20世纪90年代才逐渐改观。

（二）指数增长期（1994—2008）

指数增长是著名科学家德里克·普赖斯在《巴比伦以来的科学》中提出的，指的是"科研领域内的文献是按照指数增加的，每个大约十年到十五年增加一倍"[2]。从图6中数据可以看到2008年文献产出量为54758篇，达到了36年的峰值，是1994年的5倍，增速明显快于前一个时期。从图6中趋势线也可以看到，这一时期的论文产量呈指数增长趋势，每年平均增长20%左右，而基金论文的增量更加明显，达到了年均36%。究其原因，首先，在"科学技术是第一生产力"方针的指引下，我国科技期刊创刊数量的激增，这为体育学术交流添加了更多的平台，促进了发文量的增长。其次，经过前一时期的努力，我国体育科技事业已经由初创期进入高速发展期，建立了专门的科研机构，科研队伍也进一步壮大，为体育学知识量持续增长提供了保障。最后，1997年国家社科基金将体育学正式列为一级学科、高等教育高速扩张、北京奥运会等一系列事件以及《全民健身计划纲要》《奥运争光计划》的颁布，为我国体育科研事业注入一剂剂强心针。

---

[1] 李晓宪，邱剑荣，李晴慧，等. 新中国体育学术（科技）期刊发展研究［J］. 体育科学，2009（5）：3-23.
[2] 普赖斯. 巴比伦以来的科学［M］. 任元彪，译. 石家庄：河北科技出版社，2002.

这一时期我国体育科研借助全社会关注体育的契机,构建了更为广阔的体育科技平台[①]。一言蔽之,随着经济发展,国家综合实力的提高,体育作为一种普遍的社会文化现象日益受到国家的重视,对于体育科研的投入也逐渐增加,这极大地刺激了体育科研产量的加速增长。

(三)逻辑增长期(2009年至今)

德里克·普赖斯在后期研究中发现,科学文献指数增长并不是绝对遵循指数增长规律,在《小科学,大科学》中他提出了"指数型规律终将成为逻辑型"。逻辑增长是指文献增长的模式并不是单一的,而是分阶段的,每个阶段的增长模式并不相同。一般来说科研文献开始要经历一个急剧增长的过程,随后增长速度减缓,指数增长过程变成逻辑曲线增长过程。当一门学科处于诞生和发展的时期,科研产出量呈指数增长,随着研究的深入,进入相对的成熟期,文献的增长不能保持指数增长的速率,增长率变小,曲线变得平缓[②]。从图6中的趋势线可以明显看到,2008年后发文量曲线变得平缓,这表明了我国体育学科研产出量进入了一个稳定期,不再高速增长,年均增长率为-3%,每年的发文量基本稳定在45000篇左右。造成这种现象主要有三方面的原因:一是由于期刊主办方管理理念的转变。"规模促发展,集约出效益",经过近20年的努力,我国期刊在规模化发展中取得了一定的成绩,我国已经发展为世界科技期刊第二大国,截至2005年我国大陆期刊已有4957种,数量仅次于美国[③]。但是

---

① 蒋志学. 促进体育科技创新,推动体育强国建设——在第九届全国体育科学大会上的主题报告 [J]. 体育科学,2012(1):3-7,39.
② 邱均平. 文献计量学 [M]. 武汉:科学技术文献出版社,1988:65.
③ 朱晓东,宋培元,曾建勋. 我国科技期刊现状及管理政策分析 [J]. 中国科技期刊研究,2006,17(6):1045-1049.

我国期刊发展存在刊物多而不精、重复办刊、质量不高、国际影响力有限等问题。《中国科协科技期刊发展报告（2007）》指出，集约化经营不仅是学术期刊发展的基本态势，也是期刊行业和其他行业的基本运行规律[1]。在这一理念的引领下，体育学术期刊不再盲目追求发展规模，更加注重期刊论文质量的提升，管理模式也向着集约化的方向发展。二是我国高等教育发展模式的转变。2008年教育部对高等教育扩招进行了限制，规定2009年扩招幅度将不超过4%，2010年不超过3%[2]。高等教育规模高速扩张的结束意味着从事科研活动的主力军——高校教师数量增加也趋于缓和，这也使得科学知识产量增速放缓。三是国家体育战略的转变。经历了2008年北京奥运会的快速增长周期，中国体育事业发展战略发生转向，在"体育大国向体育强国迈进"的大背景下，学者们在发表论文时更加理性，期刊论文审稿过程更加严格、规范，有效减少了"学术泡沫"。需要指出的是，体育学知识产出量趋于稳定并不意味着体育科学研究进入了"饱和期"，而是指学科发展达到了一种系统的动态平衡状态，是学科发展相对成熟的一种标志。从知识结构来看，经过了指数增长期的迅猛发展，我国体育学知识体量急剧增长，进入21世纪后，我国体育学发展为一个包含六十多门单一学科的体育学科体系[3]。社会和学界对于体育学被划分为四个二级学科也较为认同，总体来说具有中国特色的体育学学科体系业已成型。

---

[1] 李晓宪，邱剑荣，李晴慧，等. 新中国体育学术（科技）期刊发展研究[J]. 体育科学，2009（5）：3-23.

[2] 编者. 扩招：百度百科[EB/OL]. http://baike.baidu.com/link?url=KmhWLq5AOdScXo63liL1tCIK5NVLHcKCam82bJ-nzqe96YPV3eBRXGExI87lFsopXMmtnGuJVcWCl9gW3-Wmmbal_oT_hH58OeJi8LiIu2u.

[3] 杨雪芹. 学科交叉视野下我国大学体育学学科建设研究[D]. 北京：北京体育大学，2010.

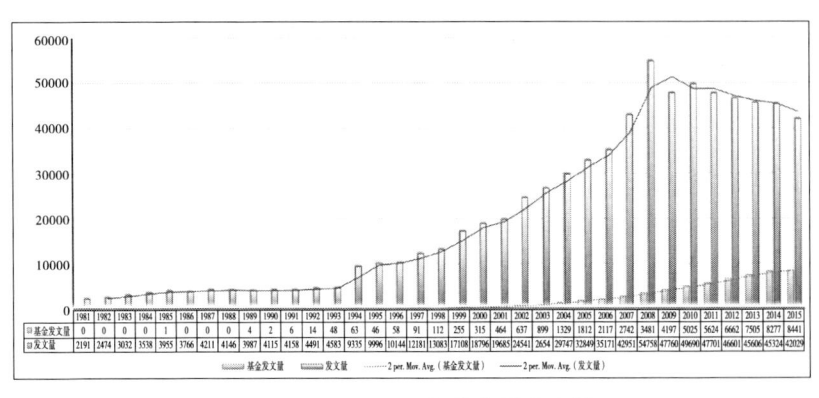

图6　1981—2015年体育学发文量

二、我国体育学跨学科知识流量增长趋势

在科学文献体系中，文献之间并不是孤立存在的，科学发展的连续性和积累性决定了文献与文献之间是存在相互联系的，而文献之间的相互引用就是这种联系的突出表征[①]。从引文量来看，我国体育学学科引文量逐年增加，引用量最少的是1981年（40篇），最多的是2015年（174017篇），年均引用43300篇，年均增长率为28%。从被引量来看，被引量最少的是1981年（23篇），最多的是2015年（143861篇），年均被引35221篇，年均增长率为48%（图7）。从早期发表的文献来看，大部分期刊都没有参考文献，由于信息科技不发达，知识传播的途径单一，各种出版物数量较少，学者获取知识的渠道受到了一定的限制。研究者们在进行学术研究时可用于参考的信息并不多。这

[①] 张寒生. 当代图书情报学方法论研究［M］. 合肥：合肥工业大学出版社，2006：113.

就造成了学科知识流动量较少，大部分知识都是在学科内或亲缘学科之间流动，在学科的引文流上表现出来就是引用量和被引用量都比较少。

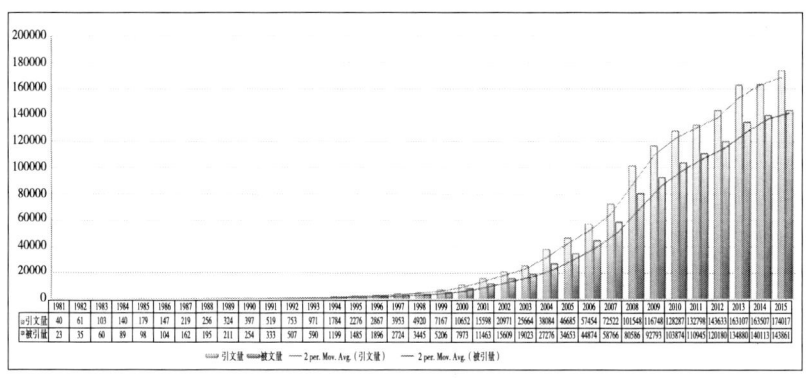

图7　1981—2015年体育学总引文量与总被引量变化趋势

从总被引量和总引文量的趋势线来看，两者的发展趋势类似，都呈现出高速增长的态势，尽管后期总引文量和总被引量曲线趋于平缓，但是考虑到体育学发文量在2008年以后逐年减少，总引文量和总被引量增速还是维持在较高水平。此外，从图8也可以看到，篇均引文量和篇均被引量都是呈指数增长态势，并未出现和发文量类似的逻辑增长期。随着20世纪90年代计算机科技、信息科技的高速发展，数字化、网络化技术的普及，越来越多的科技期刊开始实行电子化、网络化的出版模式。这为学者在从事科学研究的过程中获取信息提供了极大的便利，也为学科内和学科间的知识流动、整合提供了高效率的平台。从20世纪90年代后期开始，我国体育学知识输入和输出量逐年增加，从现有的数据来看，这种增长势头并没有减缓的迹象。知识流量的增速说明了体育学学科内部知识体系的成熟以及体育学和外部学科的联系增强，这在一定程度上暗示了体育学和外部学科交叉的深化。

从引文和被引比值来看，体育学学科知识流入/流出折线图呈逐年缓慢下降的趋势，知识流入/流出比值一直保持在1以上，平均比值为1.5（图8）。为了更清楚地厘清体育学知识输入和输出的关系，将学科自引的数量从引用量和被引量中剔除，再计算输入和输出比值，得到知识流入流出平均比值为2.3，近年来也呈现出逐年降低的趋势。这说明了体育学是属于"知识输入型"的学科，这一点和王琪[1]、赵丙军[2]、李元[3]等学者的研究结论相符。但是比值却有所出入，李元和王琪所获取的数据源于Web of Science，主要研究是西方体育科学的发展趋势。而赵丙军的数据是源于中国引文数据库，其知识流入流出比为1.8。通过分析其研究方法发现，在被引视角下论文检索的时间窗口设定为出版时间而不是被引时间，而在被引视角下检索论文必须设定为被引时间，否则检索出来的被引量会大于分析时段的实际被引量。相比之下，我们所计算的数据可能更符合体育学的实际发展情况。从这一比值可以看出，体育学在发展过程中较为依赖外部学科的知识，本学科的知识较难得到外部学科的认可。知识转移理论认为，知识转移是知识势能高的主体向知识势能低主体转移知识的过程[4]。从体育学知识输入输出比来看，体育学知识势能偏低，

---

[1] 王琪，黄汉升. 体育科学与相关学科关系演变的实证研究——基于《研究季刊》期刊共被引知识图谱的视角[J]. 南京体育学院学报：社会科学版，2011（4）：21-26.

[2] 赵丙军，司虎克. 基于知识流动的体育亲缘学科定量识别探索[J]. 图书情报工作，2013（1）：122-129.

[3] 李元，王莉. 体育科学学科互动研究：知识受馈、回馈与自馈视角[J]. 天津体育学院学报，2015（1）：11-17.

[4] 陈梅，黄丽霞. 近五年来我国图书馆知识转移理论研究评述[J]. 情报科学，2011，29（4）：633-637.

在和其他学科交叉融合的过程中往往作为知识受体学科而存在。但是，从知识输入输出比的发展趋势来看，体育学的知识输入输出比在逐年下降。随着体育学自身学科体系的完善、学科知识体量的增加、学术研究质量的提升，体育学的知识输出量也逐年增加，外部学科对体育学的认可度在逐步提高，体育学正由"知识输入者"逐渐向"知识输出者"转变。

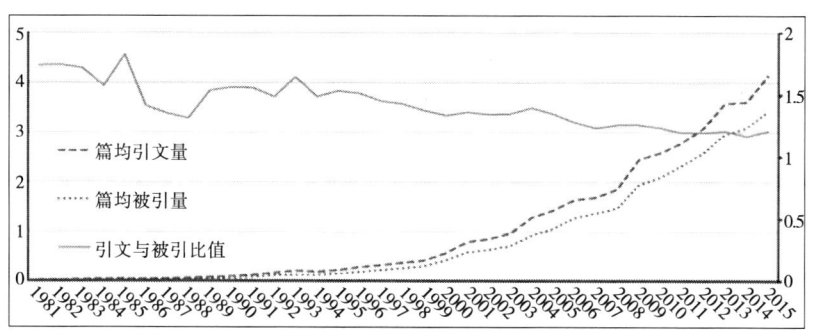

图8　1981—2015年篇均引文量与被引量、引文与被引值变化趋势

第三节　基于自引与被自引对我国体育学跨学科知识流动的考察

自引是指在引文款目中被引事项与引用事项相同的一类特殊引用关系。自引是一种常见并且非常重要的引用形式，反映了科学研究的继承性、连续性、相关性，也在一定程度上反映某一学科的发展进程[①]。与其他引文分析一样，自引分析对于揭示学科之间的相互关系是非常有用的[②]。对于学科交叉研究而言，对于

---

① 骆柳宁.《图书情报工作》自引分析［J］.图书情报工作，2002（5）：41-44.
② 王彩.《中国图书馆学报》自引分析［J］.甘肃社会科学，2003（1）：157-160.

某一学科自引分析能够帮助我们从宏观上了解学科在科学体系中的地位以及学科的成熟度、开放性等方面的情况，为学科交叉研究建立一个可靠的逻辑出发点。本节从学科自引出发，在学科引用与被引用两个视角下分别考察体育学学科的自引情况，分析体育学的自引率和被自引率，并进行纵向、横向比较，为后续的学科交叉研究提供科学依据。纵向比较主要是将体育学35年的发展历程以5年为单位划分为7个阶段进行对比；横向比较主要是计算168个学科在知识流入视角下的自引率，并进行排名，和其他典型的交叉学科进行对比。

一、我国体育学学科自引分析

（一）纵向比较

学科自引率是指在一定时间区间内某一学科引用自身学科的引文数量占总引文数量的百分比。学科自引率较高往往是学科成熟的一种标志。如果一种期刊的自引率高，表明该刊用稿连续性好，前后衔接好，可以反映这种期刊的"成熟程度"。自引率低，则表明该刊载文的稳定性和连续性差，还没有达到"成熟"，在学术期刊中还没有形成自己的风格体系[1]。同理，一门学科如果自引率越高，说明这门学科知识的继承性、连续性和相关性较好，学科知识点之间能够形成紧密的联系，知识体系更加完善，学科也更加成熟、稳定。而如果一门学科自引率较低的话，说明学科发展还不成熟，知识不能有效地在学科

---

[1] 李建辉，王志魁，徐宏，等. 自引对科技期刊影响因子作用的量化研究 [J]. 编辑学报, 2007（2）: 154-157.

内部流动。

如表3所示，从我国体育学自引率的纵向变化来看，在20世纪80年代的复苏期是最低的，之后逐渐提升，到2006—2010年达到峰值，在此之后才出现小幅回调，30年来平均自引率为59.5%。体育学在我国已经走过了百年历程，但我国体育学真正走上独立发展之路还是在改革开放之后。"毫无疑问，当一门学科处于初创期时，要想取得进步必须借鉴所有现成的学科，将这些学科中的宝贵经验弃之不用显然是很不明智的。"[1]辐集外部学科知识是一门学科在初创阶段的必要手段，因为在初创期，学科自身的知识体量较小，仅依靠本学科的知识无法开展科学研究，这就需要广泛吸收其他学科的方法和理论用于解决本学科领域内的问题。在改革开放初期，体育学大量的吸收外部学科的知识，通过赋予这些知识身体活动方面的意义并实现知识创新，使其内化为体育学领域内的知识，学科知识体量快速增长。在这一过程中，体育学逐渐形成了独立、具有连续性的研究基础，学科也逐渐走向成熟，发展趋于稳定。而2010年之后体育学自引率呈现出下降的趋势，表明体育学在注重研究连续性、发展稳定性的同时，也在不断拓宽自己的研究领域，更加注重和其他学科的交叉、渗透。

但是我们要辩证地看问题，从学科的外在建制来看，体育学在面临着学科、学术、学位分类混乱的掣肘，从学科的内在建制来看，体育学还存在着学问、学说、学派的缺失带来的内部瓶颈[2]。仅通过自引率来断定体育学已经是一门成熟的学科

---

[1]迪尔凯姆.社会学研究方法论［M］.胡伟,译.北京：华夏出版社,1988：118.
[2]易剑东,熊学敏.当前我国体育学科发展的问题［J］.体育学刊,2014（1）：1-10.

过于武断,有必要结合其他测度指标和学科发展史,以及和其他学科进行比较才能对体育学是否成熟做出判定。自引率不仅能表征学科成熟度,作为一项负向指标,它还能够对学科知识的开放程度进行评定。某一学科自引率越高,说明该学科相对独立性大(封闭性大),但是吸收外部学科知识的能力小(开放性小)。反之,则是相对独立性小,吸收外界学科成果的能力强[1]。体育是一门年轻的学科,仅通过自引率来看,体育学确实已经是一门成熟、独立的学科,但用引文指标评价学科不能绝对化和唯一化。因为这种自引率持续增加并维持在一个较高水平也可能是学科逐渐变得封闭的迹象。在人类科技迅猛发展的背景下,科学知识体系不断分化,各门学科的知识量也成指数增长。学科不仅通过制度化进程给学术研究带来了丰富的社会资源,还通过知识分门别类的细化给学者们在本学科领域内进行学术研究获取知识提供了便利。在学科制度给学术研究带来诸多益处的同时,学科知识的增长和分化也体现出弊端。学者们在从事科学研究面对海量信息时显得力不从心,部分学者无法越过学科的藩篱,只能安生于特定的学科领域内辐集知识,使得学科的开放性逐渐降低,学科失去应有的活力。体育学就存在这样的问题,经过指数增长期的快速发展,学科知识体量激增,学者在研究过程中往往利用本学科的知识就能保障研究的开展,这使得学者们失去了跨学科获取知识的动力。而学科过度分化也窄化了研究者的学术视野,大部分学者仅关注本学科领域内的知识,很少将注意力转向外部学科。作为一种应对学科制度束缚的途径,通过

---

[1] 李韶红,侯金川. 自引与自引分析 [J]. 图书馆, 2001 (6): 39-43.

跨学科研究形态来打破学科壁垒、促进学术交流的呼声日益高涨，但实际效果并不理想[①]。因此，体育学自引率偏高可能是学科制度束缚、学科知识体量增长、学科开放性降低等多因素综合所致。

表3　体育学自引率变化趋势一览

时间段	涉及学科数	总引用量	自引量	自引率	自引率排名
1981—1985年	62	523	230	44.0%	101
1986—1990年	78	1343	660	49.1%	117
1991—1995年	117	6303	3492	55.4%	143
1996—2000年	141	29559	19088	64.6%	168
2001—2005年	164	147002	98688	67.1%	167
2006—2010年	167	476560	337664	70.9%	168
2011—2015年	167	777065	510823	65.7%	167

（二）横向比较

前面通过历时性的分析，发现体育学和过去相比取得了巨大的进步。要更加清楚地厘清体育学学科的开放性、成熟度等问题，还必须将体育学放置于整个科学体系中和其他学科进行横向比较。对此我们计算了7个阶段中国知网所有168个学科专题的自引率，并按照自引率升序进行排序，获取每个学科的自引率排

[①] 范广贵，孙久喜，阿英嘎. 探析中国体育学科的演进方式及其跨学科研究的指向［J］. 南京体育学院学报：自然科学版，2010，9（4）：17-20.

名。而由于学科自引率还受到学科性质、学科类型等因素的影响，为了尽可能消除这些变量对于研究结果的影响，有必要选取和体育学性质相近的学科进行比较。鉴于本研究指向学科交叉，故选择同样具有综合性的交叉学科来和体育学进行比较。学科选取的依据是根据王续琨教授在《交叉学科结构论》一书中所确定的28个典型的交叉学科[1]，通过和中国知网的168个专题（中国知网的学科专题分类基本上和中图分类号一致）和《教育部学位授予和人才培养学科目录》（2011版）中学科的分类进行比对，所选学科必须在中知网学科专题和教育部《教育部学位授予和人才培养学科目录》中都设有相应的一级学科。最终选取包括地理科学、海洋科学、资源科学、环境科学、安全科学、军事科学、管理学、公安学8个研究领域吻合的学科专题和体育学进行比较。计算所有168个学科的自引率和排名，将所用于比较的9个学科的数据提取出来（表4）。由于这一节主要是对体育学和其他学科进行横向比较，故只绘制了学科自引率排名的折线图（图9）。

---

[1] 王续琨，宋刚，等.交叉学科结构论［M］.北京：人民出版社，2015：31.

第四章 知识流动维度下我国体育学学科交叉知识的演化

表4 9种典型交叉学科自引率比较

年份	体育学 自引率	排名	地理科学 自引率	排名	海洋科学 自引率	排名	资源科学 自引率	排名	环境科学 自引率	排名	安全科学 自引率	排名	军事科学 自引率	排名	管理学 自引率	排名	公安学 自引率	排名
81–85	44.0%	101	14.3%	8	38.2%	85	11.5%	2	37.5%	81	17.2%	20	46.7%	108	30.0%	52	35.5%	74
86–90	49.1%	117	23.2%	25	49.2%	119	10.2%	1	36.0%	72	12.6%	3	20.7%	18	16.7%	8	20.2%	17
91–95	55.4%	143	15.6%	11	48.9%	128	8.4%	1	39.8%	102	18.5%	18	23.4%	31	19.4%	21	22.7%	28
96–00	87.0%	168	17.5%	13	43.7%	120	9.0%	2	38.9%	97	19.5%	18	21.2%	25	20.0%	21	30.3%	58
01–05	67.1%	167	16.5%	6	38.5%	83	14.1%	2	41.6%	98	24.4%	23	23.5%	22	25.8%	31	32.1%	61
06–10	70.9%	168	17.0%	4	34.3%	68	18.5%	7	46.9%	122	30.9%	56	26.6%	33	28.8%	49	34.8%	69
11–15	65.7%	167	14.2%	4	21.5%	35	16.6%	13	38.6%	119	27.9%	66	22.8%	41	21.1%	32	32.1%	82
均值	62.8%	147.3	16.9%	10.1	39.2%	91.1	12.6%	4	39.9%	98.7	21.6%	29.1	26.4%	39.7	23.1%	30.6	29.7%	55.6

143

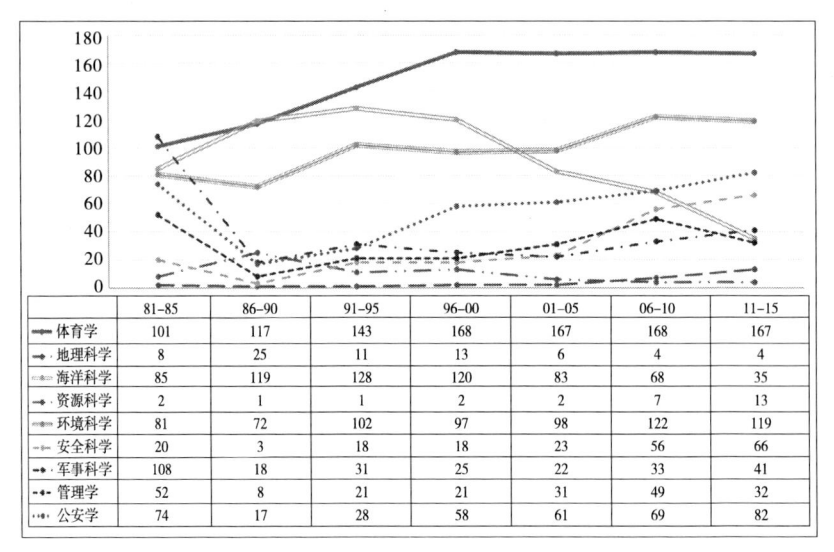

	81-85	86-90	91-95	96-00	01-05	06-10	11-15
体育学	101	117	143	168	167	168	167
地理科学	8	25	11	13	6	4	4
海洋科学	85	119	128	120	83	68	35
资源科学	2	1	1	2	2	7	13
环境科学	81	72	102	97	98	122	119
安全科学	20	3	18	18	23	56	66
军事科学	108	18	31	25	22	33	41
管理学	52	8	21	21	31	49	32
公安学	74	17	28	58	61	69	82

图9　9种典型交叉学科自引率排名变化趋势

自引率作为一项测度指标，既可衡量学科的成熟度，也可以评定学科开放性和封闭性。自引率对于学科成熟度来说是一个正向指标，而对学科吸收知识的能力或学科开放性来说是一个负向指标。从体育学的排名来看体育学平均排名在147位，是所选交叉学科中排名最高的，在所有学科专题中也排在前列。其排名远高于一些传统的交叉学科，如地理学。因此我们不能仅依靠自引率这一项指标就断定体育学和其他学科相比更加成熟，对于学科成熟度的考察必须结合其他的测度指标才能做出正确的判断。从表4中可以看到，无论是从自引率均值还是从排名的均值来看，体育学的都是9个学科中最高的，平均自引率为62.8%，平均排名147。在所选取进行比较的交叉学科中，所有学科的自引率都低于40%。这说明了和另外8个学科相比，体育学吸收外部学科知识能力明显偏低，知识大部分都是在本学科领域内流动。有学者基于Web of Science数据库统计国际体育学自引情况，认为体育学的自引率在21%~24%[①]。这一数值远低于我国体育学的自引率，说明了和国际相比，我国体育学开放性更低，吸收外部学科知识能力不强。从目前学科的发展水平来看，我国体育学本身就存在理论一体化水平不高、缺乏独特研究方法等问题，理论和方法的缺失使得仅依靠本学科生产的知识是无法对复杂的体育问题和丰富的体育现象进行深入分析和解释。作为一门典型的交叉学科，体育学应该是一个永远开放的知识系统，如何有效利用其他学科的知识是学科保持旺盛生命力的前提。从排名趋势线来看，包括体育学在内的大部分学科都是平缓上升的，只有海洋科学和地理科学呈现出下降的趋势。特别是海洋科学，从最高峰的130名下降至目前的30名。海洋科学所具有的特征决定了大部分学科的理论和方法都能向海洋科学拓展。此外，受社会需求驱动，20世纪80年代以后海洋科学研究逐渐向人文社会科学领域扩张[②]。在这一过程中，海洋科学需要吸收更多的外部学科知识，这使得海洋科学的开放性不断增加，学科辐集知识的能力不断增强。相比之下，尽管体育学知识流动量逐年增长，但大部分知识都是在学科内部流动，体育学对于吸收外部学科知识的意愿并不强。造成这种现象的原因主要是由于大部分研究者研究视野狭隘，多学科综合能力较差，缺乏跨学科学术理念，使得体育学在知识体量急速增长的同时学科的开放程度却没有相应增加。科学史表明，科学上的重大突破、新的生长点乃至新的学科产生，往往在不同的学科彼此交叉和渗透的过程中形成[③]。在"大科学"背景下，过于固步自封而忽视学科之间的知识整合，会限制研究多样化、

[①] 李元. 知识的轨迹——体育科学学科结构与理论演进的科学计量研究 [M]. 北京：北京体育大学出版社，2016：69.
[②] 李乃胜，等. 中国海洋科学技术史研究 [M]. 北京：海洋出版社，2010：123.
[③] 顾浩. 论学科交叉路径及趋势 [J]. 上海金融学院学报，2006（6）：67-69，73.

降低学科认知能力、阻碍新兴学科的诞生，这都不利于体育学的健康可持续发展。

二、我国体育学学科被自引分析

（一）纵向比较

学科被自引率是指某一学科引用自身学科的引文数量所占总被引量的百分比。自引率和被自引率的分子都是学科自引量，而自引率的分母是学科总引文量，被自引率的分母则是学科总被引量。通过分析学科的自引率可以把握学科的成熟度、开放性、吸收知识能力，而通过分析被自引率可以了解学科地位、影响力等方面的情况。若某一学科的被自引率高，说明其对其他学科的影响力较小，所以学科地位也不高，渗透性不强。反之，则其学科地位高，渗透性较强[1]。被自引率是一个评价学科地位和影响力的负面指标，学科被自引率过高意味被本学科引用比重过大，而被其他学科引用的数量很少，学科知识大部分都是通过"自繁衍"而实现增长，这对于学科发展而言无疑是有害的。但是，对于学科地位和学科影响力的分析不能仅凭被自引率这一单一指标进行判断，由于引文行为的复杂性和其他因素的影响，有时会产生一些偏差。必须综合学科史、学科性质、知识总量、知识流量等因素才能对学科特征进行科学、合理的判断。

从我国体育学近30年被引情况来看，总被引量由最初的290次逐渐增加至699874次，呈现出快速增长的态势。从被自引率

---

[1]李韶红，侯金川. 自引与自引分析［J］. 图书馆，2001（6）：39-43.

来看，最低为2011—2015年，最高为2001—2005年。和其他学科相比较，体育学被自引率一直都比较高，平均值为81.5%，被自引率排名大部分时间都是所有学科中最靠后的。从学科被自引率来看，体育学在整个学科体系中的地位是非常低的。体育学作为一门横跨自然科学与人文社会科学的综合性交叉学科，和其他学科的渗透交融保持学术生命力的前提和基础。然而无论从学科的自引率还是被自引率来看，体育学知识"自繁衍"现象非常严重。尽管从外部建制来看，我们已经取得了长足的进步，但是学科的内在建制还不够完善，主要体现在基本概念不清晰、理论贫乏、方法缺失、研究范式庞杂等方面。这就使得在跨学科交流的过程中往往都是体育学求助于其他学科理论和方法来解决体育运动实践问题，体育学在其他学科领域内仅充当一个"研究变量"，在学科交叉过程中处于弱势地位。正如有学者所言："体育学术界已经成为一种只吸纳而不输出的孤立性的学科，其学术能量十分微弱，且一直呈现出一种输出性逆差，很难对其他学科产生影响。[1]"但是我们也欣喜地看到，进入21世纪以后，我国体育学的被自引率逐渐下降，由最高的时期的90%跌至73%。造成这种现象的原因，一是由于体育学内部跨学科意识的觉醒。学界已经意识到学科过度的"自繁衍"会弱化体育学术的自我发展能力，会成为制约我国体育学健康发展的桎梏。随着科研体制的改革创新、跨学科人才的引进、信息科技高速发展、奥运会的推波助澜，进入21世纪以后我国体育学知识体量实现了高速增长，体育学也越来越成熟，体育学的学科地位、学科影响力都得到了一定的提升，体育学对其他学科的知识输出量逐渐增大。二是可能由于

---

[1] 路云亭. 体育的贫困——关于体育学的成长性问题［J］. 体育与科学，2013，34（6）：28-31，16.

在"大科学"背景下,整个科学知识生产模式由"模式1"向"模式2"转变,多学科交叉综合成为科学研究的普遍趋势,体育学也被卷入学科交叉的大浪潮之中,和其他学科的交叉、融合更加深化。

(二)横向比较

和学科自引率分析一样,我们对于被自引率的分析不能仅依靠纵向比较来探讨体育学科地位和开放性问题,还必须通过和其他学科进行横向比较才能得出科学客观的评价。对此,和学科自引率分析一样,选取了8个典型交叉学科和体育学进行比较。

综合性交叉学科是以问题为导向的学科,具有整合性、远缘性、宜人性[①]。这决定了交叉学科是一种以问题为导向,偏向于实践应用的学科。交叉学科往往是通过吸收、整合其他学科的知识来解决学科领域内的实践问题,在这一过程中,学科知识实现了增长,学科体系也逐渐成熟。随着学科的发展成熟,交叉学科的理论和方法也能通过知识输出的方式影响其他学科。如图10所示,从所选取的9个用来对比的交叉学科就可以看到,并不是所有的交叉学科都是单向的"知识输入型"学科,地理学、管理学、资源科学的被自引率都比较低,说明了这些学科被其他学科引用的频次更多,学科知识输出量较大。相比之下,无论是从被自引率均值还是排名来看,体育学对外部学科的影响都是所有学科中最小的。尽管近30年来我国体育学知识体量、知识流量都快速增长,但是绝大部分知识都是在学科

---

①王绥琨,宋刚,等.交叉学科结构论[M].北京:人民出版社,2015:13.

内部流动，体育学和外部学科之间的交流相对较小，学科知识"自繁衍"现象较为严重。表明了体育学在吸收其他学科理论时大都停留在简单介绍、知识平移、刻板套用等低层次融合状态，尽管学科交叉研究比比皆是，但是真正实现理论融贯的寥寥可数。再加上本身原创性的理论普适性不高、解释力不足，而学科本身又缺乏独特的研究方法，这就使得体育学和其他学科理论进行对话、交流的过程中只能是亦步亦趋，而体育学对其他学科的影响也非常有限。

学科的内在建制是学科内在的逻辑范畴和知识体系，还包括浸淫其中的学科精神、学科制度、学科规范，而外在建制是指学科内在建制的外在社会延伸和形式，是促进学科内在建制成熟的条件保障[①]。从学科外在建制来看，1997年《高等学校和科研机构授予博士和硕士学位的学科专业目录》将体育学的分支学科调整为4个二级学科，而国家社科基金将体育学设置为一级学科予以资助，这都表明了体育学的学科地位得到前所未有的提升，学科体系基本上得到学界的认同。但是从学科内在建制来看，理论贫乏和方法缺失使得体育学在和其他学科对话时显得底气不足，在进行学科交叉研究过程中体育学往往处于弱势地位，学科内在建制发展还很不成熟。改革开放30年来，我国体育事业取得了辉煌的成就，体育学也在这一过程中取得了巨大的进步，但是从学科的两重建制来看，学科外在建制的发展速度、规模、质量明显要优于学科内在建制。从我们对于体育学自引率和被自引率的研究结果来看，自引率逐渐增高不仅昭示了学科成熟，同时也揭示了体育学开放性不足的缺点，而被自引率一直高居不

[①] 刘小强. 高等教育学学科分析：学科学的视角［J］. 高等教育研究，2007（7）：72-77.

下意味体育学学科地位低下，体育学的成熟和繁荣可能只是一种表象，学科知识体量的增长大部分都是知识"自繁衍"的结果。当然，学科发展并不是线性的，有其独特的规律性。由于起步晚、底子薄，尽管我国体育学发展迅猛，但还是难以和一些强势学科对话[1]。但这种现象是暂时的，从前面分析也可以看出来，在进入21世纪后，无论是自引率还是被自引率都有所降低，这表明学界已经认识到过度封闭会弱化学科的创新能力，体育学的开放性在逐渐增加，跨学科知识交流越来越频繁，体育学的"知识势能"在逐渐增高。

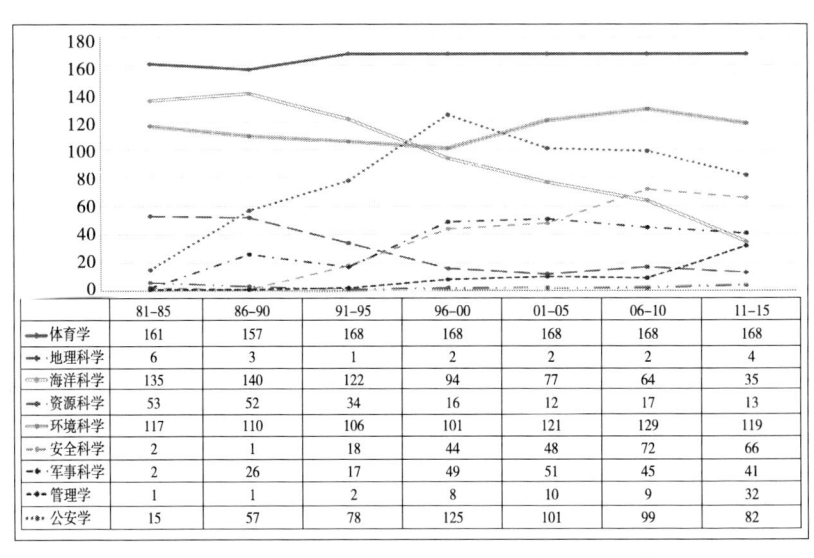

	81-85	86-90	91-95	96-00	01-05	06-10	11-15
体育学	161	157	168	168	168	168	168
地理科学	6	3	1	2	2	2	4
海洋科学	135	140	122	94	77	64	35
资源科学	53	52	34	16	12	17	13
环境科学	117	110	106	101	121	129	119
安全科学	2	1	18	44	48	72	66
军事科学	2	26	17	49	51	45	41
管理学	1	1	2	8	10	9	32
公安学	15	57	78	125	101	99	82

图10 9种典型交叉学科被自引率排名变化趋势

---

[1] 路云亭. 体育的贫困——关于体育学的成长性问题 [J]. 体育与科学, 2013, 34 (6): 28-31, 16.

第四节 基于学科交叉测度指标对我国体育学学科交叉发展态势的考察

一、学科交叉评价模型的构建和测度指标的选取

对学科交叉的态势进行定量评价，国内外许多学者都进行过相关的研究，具有代表性的有A.L.Porter提出的Intergration指标以及A.Stirling提出的Rao-Stirling指标[1]、[2]，我国学者陈赛君对Rao-Stirling指标进行了扩展，构建了Φ指标[3]。此外，学者杨良斌[4]、许海云[5]、李长玲[6]都对学科交叉测度指标进行了分析。尽管学科交叉测度的指标已经丰富多样，但单一性测度指标居多，综合性研究指标较少[7]。由于综合性测度指标过于繁杂，仅停留在理论构建层面，实证研究也只能选取小样本进行分析，在

---

[1] Porter A L, Chubin D E. An indicator of cross-disciplinary research [J]. Scientometrics, 1985, 8（3）：161-176.
[2] Stirling A. A general framework for analysing diversity in science, techonology and society [J]. Journal of the Royal Society Interface, 2007, 4（15）：707-719.
[3] 陈赛君，陈智高. 领域交叉性分析指标与方法新探及其实证研究 [J]. 情报学报，2013，32（11）：1184-1195.
[4] 杨良斌，金碧辉. 跨学科测度指标体系的构建研究 [J]. 情报杂志，2009（7）：65-69.
[5] 许海云，刘春江，雷炳旭，等. 学科交叉的测度、可视化研究及应用——一个情报学文献计量研究案例 [J]. 图书情报工作，2014，12：95-101.
[6] 李长玲，纪雪梅，支岭. 基于E-I指数的学科交叉程度分析——以情报学等5个学科为例 [J]. 图书情报工作，2011（16）：33-36.
[7] 许海云，尹春晓，郭婷，等. 学科交叉研究综述 [J]. 图书情报工作，2015（5）：119-127.

面对海量数据时这些指标的可操作性并不强。因此本文对于体育学学科交叉的测度并没有选取综合性的指标来进行评定，而是在前人研究的基础上建构基于学科知识流动的交叉特征识别的方法体系，通过综合多种单一的测度指标，评定体育学学科交叉情况。

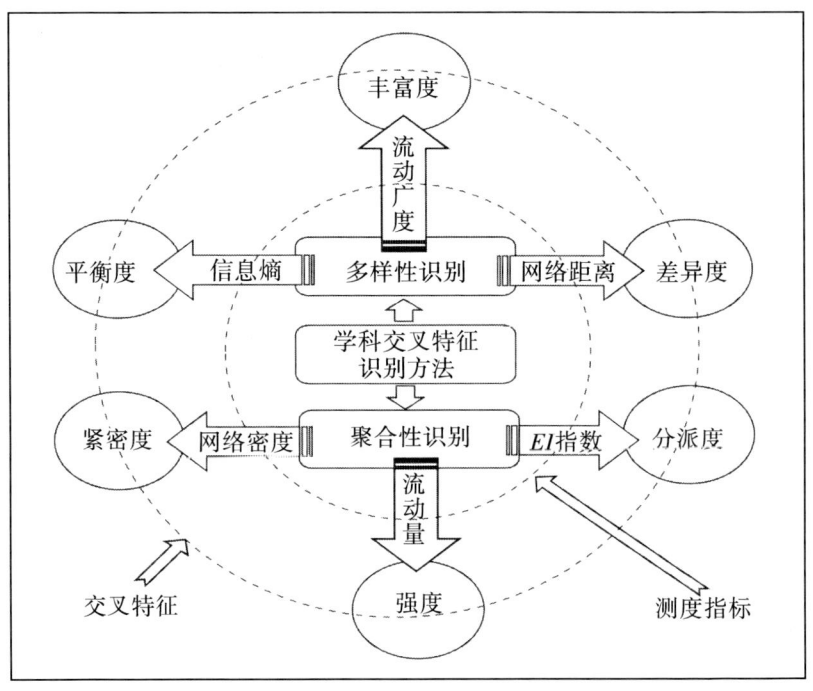

图11　学科交叉测度指标体系

如图11所示，对于学科交叉特征分析可以分为两个维度，一是学科交叉多样性（Diversity）的识别，二是学科交叉聚集性（Cohesion）的识别。多样性表征了学科交叉所涉及目标学科的数量统计特征，包括平衡度、丰富度和差异度三个维度；聚集性表征了学科交叉领域所涉及的各个学科所构成的学科交叉网络紧密程度和在网络中的地位，包括紧密度、强度和分派度[①]。从学科交叉的角度来看，图11中的指标体系涵盖了学科交叉的多样性和聚集性两个维度，而从学科发展趋势来看，这一指标体系则指向学科的分化和综合两个方面的特征。6个测度指标是具有一定相关性的，但表征了学科交叉不同的特点。不同维度的属性含义和所用的测度指标如下：

1. 丰富度

学科丰富度是指学科交叉所涉及的学科数量的多少，这一指标的测度是所有指标中最为简单的，本文中利用知识流动广度（Knowledge Flow Breadth，KFB）[②]来对学科的丰富度进行评定，KFB是指某一学科在统计时段内所引用（被引）的外部学科数量和统计年限的比值，计算公式为：

$$KFB = \frac{\sum N_i}{Ypub} \quad (1)$$

其中，$\sum N_i$是指统计时段引用外部学科数量的总和，$Ypub$是指从统计时段起始时间到终结时间的年数。

2. 平衡度

学科平衡度是指交叉领域内的学科占比的均衡性，即每个学科所贡献知识流动量的均衡性，本文采用信息熵（Shannon Entropy，SE）对学科平衡度进行度量。信息熵是由信息论之父C. E. Shannon 从热力学引入的一个概念，Shannon用信息熵的概

[①] 许海云，尹春晓，郭婷，等. 学科交叉研究综述 [J]. 图书情报工作，2015（5）：119-127.
[②] 邱均平，瞿辉，罗力. 基于期刊引证关系的学科知识扩散计量研究——以我国"图书馆、情报、档案学"为例 [J]. 情报科学，2012, 30（4）：481-485.

念来描述信源的不确定度,并给出了信息熵的计算公式[①]。信息熵用概率倒数的对数函数来表示某一事件所带来的信息量,它可以度量随机时间出现的概率。信息熵并不是关注随机变量本身,而是关注随机变量的概率,一个系统越是有序,信息熵就越低。因此信息熵这一特征可以用来表示学科分布的平均程度,熵值越大说明平均分布程度越高,而平衡性越高。其计算公式为:

$$H=-\sum_i p_i \cdot \log(p_i) \qquad (2)$$

其中,P_i表示基于知识流动量的不同学科的概率分布,公式(2)中对数一般取2为底数。

3. 差异度

学科差异度是指交叉领域内学科之间差异性的大小。对于学科而言,这种差异表现在学科与学科在学科谱系上的距离[②]。尽管无法对这种距离进行精确的度量,但是这种学科的差异度可以通过学科知识流动网络中的网络平均距离来测度。在社会网络理论中,网络距离(Network Path Length,NPL)则是指网络中两点之间在图论或者是矩阵意义上最短途径的长度[③]。两个差异度较大的学科在研究方法、研究内容、学术共同体构成等方面都存在着巨大的差异,这种差异性决定了在学科知识流动网络中两个学科之间的知识流动会很少,只能通过其和他学科的互动产生间

[①] Shannon C E. A mathematical theory of communication [J]. The Bell System Technical Journal, 1948, 27 (4): 623-656.
[②] 屠忠俊. 传播研究中的学科交叉跨度 [J]. 华中科技大学学报(社会科学版), 2008 (1): 35-40, 50.
[③] 刘军. 整体网分析:UCINET软件实用指南 [M]. 上海:格致出版社, 2009: 20.

接的联系。而网络距离的计算具体是指两点至少可以通过多少条边关联在一起，学科之间差距越大，其信息流动则要经过更多的网络节点，也就是说要通过更多边线才能关联，这意味着学科间的网络距离就越大。因此，网络平均距离可以度量学科知识交流网络中学科之间差异度的大小。计算公式为：

$$NPL = \frac{2\sum_{ij} \text{dist}(i, j)}{N^2 - N} \quad (3)$$

其中，dist（i, j）表示节点i, j之间的最短距离，N表示网络中的节点数。在绘制学科引文矩阵的基础上，UCINET可以实现对网络平均距离的运算，其计算步骤为"Network→Cohesion→Distance"，在对话框的"Type of Data"中选择"Cost/Distances"。

4. 紧密度

学科紧密度是指交叉领域内学科之间的紧密程度，这种学科间的紧密程度可以通过学科知识流通网络中网络密度（Network Density）来度量。网络密度是指整体网络中实际拥有连线数与最多可能存在连线数之比，网络密度可以用来度量网络成员之间联系的紧密程度[1]。而对于学科知识流通网络而言，网络密度可以表示学科之间关系的紧密程度，密度越大，说明学科之间的知识流通越多，密度越小，说明学科之间的知识流通越少。计算公式为：

$$ND = \frac{2l}{(N^2 - N)} \quad (4)$$

其中，l为网络中的连线数，N为网络中的节点数。UCINET

---

[1]李博，王雷.社会网络分析法研究足球比赛传球表现的可行性分析[J].北京体育大学学报，2017，40（8）：112-119.

中可以通过"Network→Cohesion→Density →Overall",计算网络的整体密度。

5. 强度

学科交叉的强度是指两个学科之间交叉、融合的程度,强度越大说明学科之间的交叉越是深入,学科之间的联系越密切。学科交叉强度指标用知识流动强度(Knowledge Flow Intensity,KFI)[①]来度量。计算公式为:

$$KFB=\sum F_i/\sum N_i \quad (5)$$

其中,$\sum F_i$表示统计时段内学科文献引用其他学科(被其他学科引用)的总频次,$\sum N_i$表示统计时段内该学科文献的引用(被引)学科总数。

6. 分派度

学科分派度是指在学科交叉所形成知识流通网络中学科间的凝聚程度或者分派程度[②]。已有科学知识网络中存在着多个不同的学科领域,其中具亲缘关系相近的学科相互聚集形成科学知识网络中的凝聚子群,子群之间的交叉程度即为学科之间的交叉程度[③]。分派度越低说明学科交叉融合的趋势越明显。对于凝聚子群的分派度一般用 $E-I$ 指数来测量,计算公式为:

$$E-I=\frac{EL-IL}{EL+IL} \quad (6)$$

[①] 王旻霞,赵丙军. 中国图书情报学跨学科知识交流特征研究——基于CCD数据库的分析[J]. 情报理论与实践, 2015, 38(5): 94-99.
[②] 许海云,尹春晓,郭婷,等. 学科交叉研究综述[J]. 图书情报工作, 2015(5): 119-127.
[③] 李长玲,纪雪梅,支岭. 基于$E-I$指数的学科交叉程度分析——以情报学等5个学科为例[J]. 图书情报工作, 2011, 55(16): 33-36.

其中，EL代表子群之间的关系数，IL代表子群内部的关系数。在之前的研究中已经有学者探讨过E-I指数用于学科交叉研究的可行性，子群内部的关系数（IL）用所属学科的期刊互引数量表示，而子群之间的关系数（EL）则用本学科期刊引用外部学科期刊数表示。由于中国引文数据库能够直接获取学科内部引用（被引）数和学科外部引用（被引）数，为我们计算E-I指数提供了极大的便利，在本研究中，EL代表体育学引用外部学科频次（被外部学科引用频次），IL则代表体育学的自引数量。

在确定学科交叉评价方法体系的基础上，以5年为单位将我国体育学发展历程分为7个阶段。在中国引文数据库下载7个阶段体育学科学知识流动数据，并构建体育学和其他外部学科的知识流动矩阵，在社会网络分析的基础上，结合Excel 2013和Ucinet 6计算每一个阶段体育学学科交叉的6个测度指标，并采用离差标准化（min-max normalization）的方式对测度指标进行标准化处理。计算公式为：

$$x^* = \frac{x - \min}{\max - \min} \qquad (7)$$

其中，max为样本数据的最大值，min为样本数据的最小值。通过对数据进行标准化处理，使得各阶段的6个学科交叉测度值都落在［0，1］的区间内。再将数据录入Excel 2013，绘制体育学不同时期的学科交叉特征雷达图。需要指出的是，对数据标准化处理之后会损失部分信息，标准值只能看到指标的排名，标准值为0或者1意味着排名最后或者是最前，而不是数据的原始值为0或者1，因此要结合原始数据对学科交叉特征进行分析。通过上述步骤，获取每个时间段体育学学科交叉测度雷达图，对不同阶段体育学学科交叉的特征、结构进行深入分析。

二、1981—1985年我国体育学学科交叉发展态势

1979年，我国召开了第2届全国体育科学技术工作会议，提出体育科研为体育运动实践服务，为提高全民族健康服务，明确了体育科技工作的重点任务[①]。从1980年开始我国体育科技事业开始逐步恢复，重组了科研机构，恢复了科研秩序，出台了新的科技政策，为体育科学研究顺利开展铺平了道路。但是由于20世纪70年代我国体育科技事业停滞，之前的学术成果也被破坏殆尽，体育科研工作基本上是从零开始，与世界先进水平差距较大。

如图12所示，从知识流入学科交叉的多样性来看，这一时期学科交叉平衡度处于最低水平，表明整个知识流通系统还处于混乱状态，知识流入量分布极不均衡。结合知识供体学科的类型来看，这一时期体育学主要偏向于和人体科学及教育学发生交叉，体育人文社会学研究基本上处于空白状态。而学科交叉的丰富度和差异度为0.29和0.43，是所有阶段最最低的，表明了这一时期体育学吸收知识的能力还是有限，知识流量较小，知识供体学科之间的跨度并不大，都是和学科性质相似的临近学科产生交叉。从聚合性指标来看，这一时期的学科交叉网络密度标准值为0，说明网络密度和其他阶段相比是最小的，从前面对体育学知识产量和流量的分析来看，20世纪80年代初期是体育学术研究恢复的初始阶段，这一时期无论是知识体量还是知识流动量都是最小的，涉及的学科数量也最少，这使得整个学科交叉网络节点都偏小，节点之间的关联度也较弱，学科交叉网络的密度自然偏低。

[①] 田野，王清，李国平，等. 中国体育科学学科发展综合报告（2006—2007）[J]. 体育科学，2007（6）：2-15.

这一时期学科交叉强度也非常小，强度指标仅为0.001。表明我国体育学还处于初创阶段，尽管吸收外部知识是学科发展壮大的必要途径，但是整体来看和外部学科交叉的强度不高，跨学科知识交流量较少。和强度指标相比，分派度关注的并不是学科知识流动量的绝对值，而是学科间知识流量和学科内部知识流量的相对值，分派度较高表明这一时期体育学术研究更加依赖外部学科的知识输入，而内部知识流量相对较少。学科发展的初创阶段，吸收、利用外部学科知识是实现学科赶超发展的有效途径，这使得体育学在这一时期外部知识的流入量比学科内部知识流量还要大。

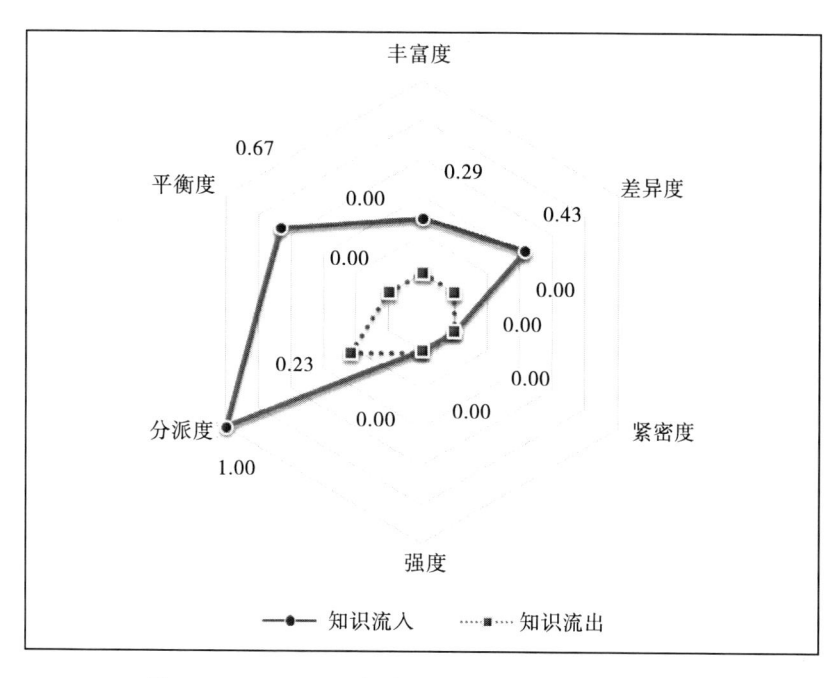

图12 1981—1985年我国体育学学科交叉测度指标

体育学通过学科交叉吸收、整理其他学科的知识，用于构造和发展自身的知识体系，在此基础上通过学科交叉，将创新、整合后的学科知识输出至其他学科，影响其他学科知识体系的构建。因此对于体育学学科交叉的研究不能只考虑体育学知识流入的情况，还要考虑体育学知识流出的特征，这样才能对学科交叉做出正确的评定。如图12所示，从知识流出视角来看，这一时期的学科交叉多样性指标呈现出偏态分布的特点。这一时期平衡度为0，和后期纵向比较是最低的，表明这一时期体育学知识流出量的分布极不均衡，"偏科"现象十分严重。丰富度和差异度指标测度均为0，这一时期很少的学科吸收体育学的知识，而且这些学科的性质都高度相似，大部分都属于自然科学，学科交叉只能在极少数学科之间展开。从学科聚合性指标来看，由于网络规模小，学科间知识交流也比较少，学科交叉密度和强度都是最低。表明这一时期学科之间还没建立起普遍的联系，学科交叉网络对于学科知识流量的影响并不大，体育学对其他学科的影响微乎其微。这一时期的分派度也不高，远低于知识流出视角下的分派度，说明体育学科影响力较低，学科知识理论得不到外部学科的认可，学科内部的知识流量大于学科知识流出量。

造成这一时期体育学学科交叉测度指标呈现出偏态分布的主要原因有三点：一是科学知识体量较小。早期体育学知识体量偏小决定了体育学和其他学科之间的知识流量也会相对较少，这就使得学科交叉的丰富度和紧密度都偏低，而由于学科交叉的丰富度偏低又会使得体育学在整个学科交叉网络中更加占据"中心"的位置，表现出来就是网络的集中度更高。二是缺乏获取信息的有效渠道。无法有效地获取其他学科的信息使得体育学学科交叉的丰富度、紧密度都会受到限制，不能形成涉及面更大、程度更深的学科交叉研究。而这种信息流通渠道受限也会使得体育学学科知识过多地集中于临近学科，知识流入量的分布较为混乱。三是"苏联模式"对我国体育学的影响。在这一时期我国体育学还是受"苏联模式"的影响，主要从生物学、医学、教育学的视角来研究体育现象，就导致了学科交叉的过程中体育学更加偏向于吸收自然科学的知识，较少和人文社会科学形成联系，使得学科交叉的差异度降低。在改革开放初期，为了尽快地走出我国体育科学独立发展的道路，体育学更加倾向于辐集外部学科的知识，跨学科间的知识流动要比学科内部的知识流动更加频繁。

三、1986—1990年我国体育学学科交叉发展态势

1986—1990年是我国经济体制改革的关键时期，自第23届奥运会我国第一次获得奥运金牌以来，体育科技在竞技体育中的作用越来越受到教练员、运动员的关注，体育科技工作得到进一步的加强[1]。从体育学学科体系来看，20世纪80年代中后期，中国体育学科体系建设进入了快速发展阶段，传统的"体育理论"分化为一门门学科，自然科学和人文社会科学进一步向体育领域渗透，国外先进的体育理论也被引进，有力地推动了体育学知识体系的完善，逐步形成了庞大的体育学学科群[2]。

如图13所示，和上一时期相比，知识流入雷达图并没有发生太大变化，从学科多样性指标来看，丰富度和差异度比上一时期有少量的增加，平衡度开始增加。随着体育学学科交叉的范围更广，不仅仅局限于亲缘学科之间的交叉。人文社会科学的渗透拓

---

[1]田野，王清，李国平，等.中国体育科学学科发展综合报告（2006—2007）[J].体育科学，2007（6）：2-15.
[2]鲁长芬.中国体育学科体系研究述评[J].体育学刊，2007（6）：1-6.

宽了体育学术研究的视野，社会学、管理学等学科知识也逐步成为体育学主要的知识供体学科，体育学术研究不再局限于传统的人体科学和教育学的范畴，辐集学科知识更加多样化，学科交叉的跨度也逐渐增大。在这一过程中，体育学的平衡度也进一步的增加说明系统的混乱程度越低。随着体育科技事业的逐渐恢复，体育学科体系的逐步完善，体育学知识流入量的分布从最初的混乱状态逐渐向着有序化的方向发展。此外，从学科交叉聚合性指标来看，紧密度和上一个阶段一样，仍然为0，而学科交叉强度指标稍有增加。从这一时期学科交叉网络的密度来看，并未发生太大变化，网络密度还是比较小，结构稀疏。由于体育学学科知识体量增加比较缓慢，而和其他学科知识流量的增速也并不明显，使得这一时期的学科网络密度都偏低。而从分派度来看，环

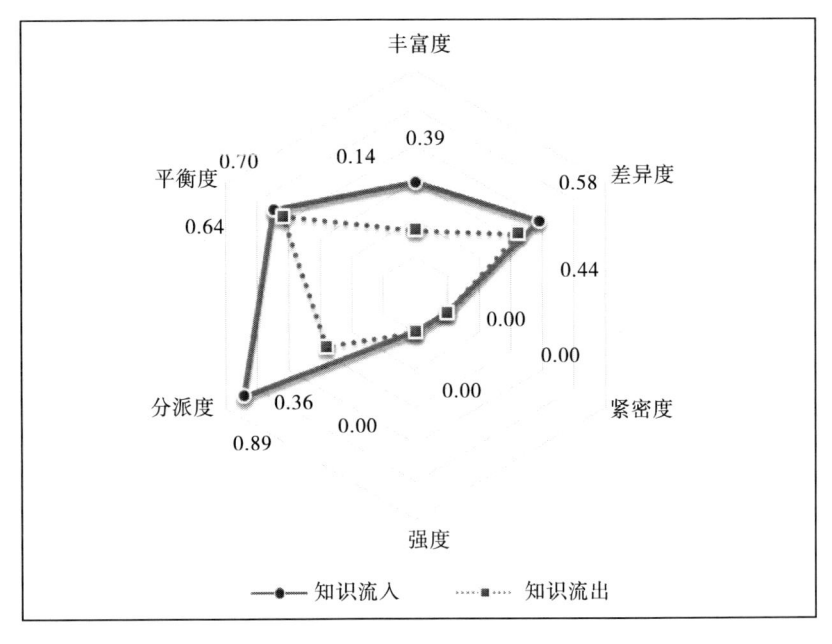

图13 1986—1990年我国体育学学科交叉测度指标

比有所下降，分派度的降低说明体育学在和外部学科交叉的过程中体现出来的开放性所有降低，相对于外部学科知识流入量，体育学内部知识流动量的增速更快。

从知识流出学科交叉各项测度指标来看，和上一时期相比，学科多样性指标发生了较大的变化。首先是丰富度和差异度在逐渐增大，这表明了体育学知识被更多的学科引用，并且这些知识受体学科不再是清一色的自然学科，教育学、心理学、轻工业手工业等学科都开始从体育学领域吸收知识，学科交叉的跨度变大。平衡度增幅较大，表明知识流出系统的混乱度在逐步降低，知识流出量的分布由混乱向着逐渐有序的方向发展。和知识流入的学科交叉多样性指标横向比较来看，这一时期无论是从学科交叉的丰富度还是差异度都还是存在一定差距，知识流出的平衡度也没有知识流入的平衡度高。从学科聚合性指标来看，变化并不大。学科交叉网络的密度仍然为0，表明这一时期学科之间仍然未建立起普遍的联系，以体育学为核心的学科交叉网络对学科的知识交流影响较小。和上一时期相比，强度指标小幅上升。随着我国科技事业在逐步复苏，学科之间的交流逐渐变得频繁，综合研究能力不断提升，体育学呈现出和其他学科交叉融合的发展趋势。从学科交叉的分派度来看，这一时期同比有所增长，体育学向外部学科输出知识量增速大于学科内部知识流量增速。这主要是由于我国体育学处于恢复、重建的初期，学科知识的体量还处于缓慢增长阶段，使得学科内部的知识流量增幅较小。

四、1991—1995年我国体育学学科交叉发展态势

在经历了20世纪80年代的恢复与发展之后，我国体育学在90年代逐渐步入了高速发展期。在这一时期我国体育自然科学进

一步完善，运动解剖学、运动生理学、运动生物化学、运动生物力学、运动医学、运动训练学等体育自然学科理论进一步深化，体育自然科学的学科体系已经基本形成。而体育人文社会科学也从原有体育理论分化出来，逐渐发展成为包含众多分支学科的知识体系。

图14显示出这一时期的知识流入学科交叉测度指标和前两个时期相比发生了较大的变化。从学科多样性指标来看，平衡度继续增加，而丰富度和差异度持续增加，分别为0.66和0.58。学科体系的逐渐完善使得体育学的研究领域相对稳定，学科知识流入的平衡度逐渐增加，"偏科"的现象逐渐减少，体育学和外部学科之间的关系趋于稳定。此外，丰富度和差异度的增加说明了体育学学科交叉所涉及的学科数量以及学科类型的跨度也在持续增大。体育作为一种社会文化现象，能够从多学科的视角来对其进行研究，这使得体育学在发展过程中通过分化、交叉、综合，形成了一门门充满生命力的体育新兴学科。在"大科学"背景下，与临近学科进行交叉已经满足不了学科创新的需求，大跨度的交叉是实现学术创新的有效途径。从学科交叉聚合性指标来看，网络密度继续增大，强度增强，分派度继续降低。网络密度增加说明这一时期体育学学科交叉的趋势越发深化，涉及的学科数量更多，学科之间的互动更加频繁，信息流通更加容易。学科交叉强度值升高表明了体育学消化、吸收外部学科知识的能力也在逐渐增强，学科交叉更加深化。从分派度的原始数据来看，这一时期 *EI* 指数由正转负，说明随着体育学知识体量的增加，学科体系的完善，体育学内部知识的流量已经超过外部学科知识流入量，学科日趋成熟。但这也提示我们体育学的开放性下降，吸收外部知识的意愿降低。

从知识流出视角来看，学科交叉多样性指标的变化趋势也是线性的，平衡度继续增加，丰富度和差异性持续增高。体育学的发展经历了20世纪80年代的累积、沉淀，创立、引进了许多新的学科，如体育统计学、体育管理学、体育美学、运动训练学等。体育学在原有二级学科的基础上也分化出许多三级学科，如群众体育学、体育哲学等。虽然学科体系还不是很完善，存在争议，但是体育学作为一门横跨自然科学和人文社会科学的综合性学科，已经得到普遍认可，学科的基本框架也基本成型。这使得20世纪80年代学科交叉不平衡的现象得到缓和，体育学和外部学科之间的联系趋于稳定，体育学知识集中向某一个学科输出的可能性降低。而丰富度和差异度的增加也说明体育学的影响力在逐步扩大，学科理论和知识得到越来越多外部学科的认同。从学科交叉的聚合性来看，学科交叉网络密度和学科交叉强度指数都有所增长。网络密度虽然增幅不大，但这也显示出学科之间联系越来

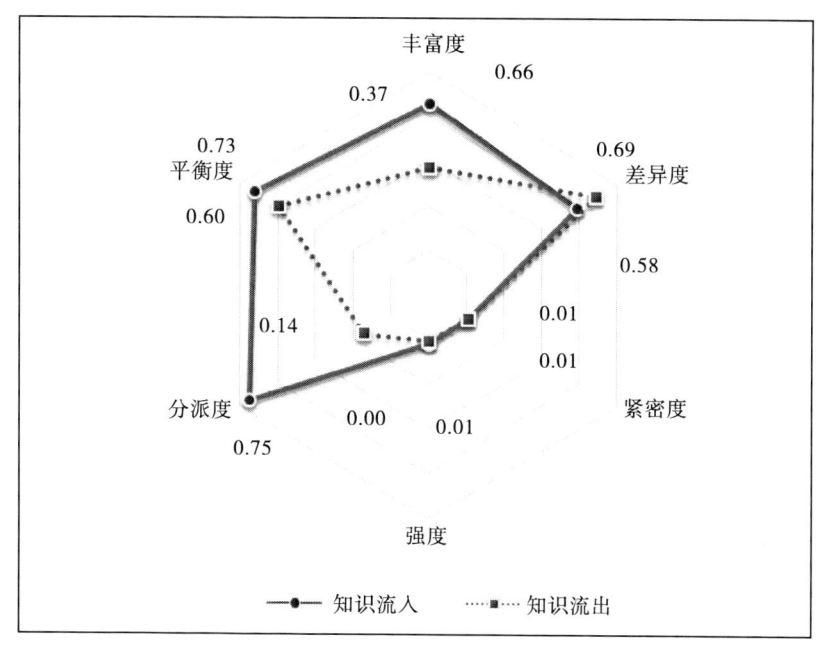

图14　1991—1995年我国体育学学科交叉测度指标

越密切，信息流通越发流畅。随着密度的增加，学科之间产生了普遍的联系，学科交叉越来越频繁。交叉强度的增加说明了体育学向外部输出知识量在逐渐提高，对其他学科的影响力在稳步增强，跨学科知识交流越来越活跃。值得一提的是，这一时期学科的分派度转变了增长趋势，环比下降。结合第一节知识产量和知识流量的分析结果来看，造成分派度开始下降的原因主要是由于进入20世纪90年代以后我国体育学逐渐进入指数增长期，学科知识体量的快速增长使得学科内部知识的流动量增速明显超过知识流出量增速。这也反映了体育学对外部学科的影响力有限，外部学科和体育学进行交叉融合的意愿并不强。

五、1996—2000年我国体育学学科交叉发展态势

1996—2000年是我国体育科学事业高速发展时期，从体育发展战略来看，1995年"两个计划"的出台为这一阶段我国体育学发展指明了方向。从学科建设来看，1996年9月，国家社科基金将体育学作为一级学科独立资助，表明我国体育学的学科地位得到前所未有的提升。1997年《授予博士、硕士学位和培养研究生的学科、专业目录》将体育学专业调整为体育教育训练学、体育人文社会学、运动人体科学、民主传统体育学4个二级学科，1998年《普通高等学校本科专业目录》将体育学专业调整为体育教育、运动训练、社会体育、运动人体科学、民族传统体育5个二级学科，专业设置趋于一致，标志着我国学科体系在科学化和规范化方面取得了长足的进步，学科体系也趋于完善[①]。这一时期我国体育科学研究规模迅速扩大，学科知识体量呈指数增加，体育学和外部学科知识交流也越来越频繁。

---

①鲁长芬.中国体育学科体系研究述评[J].体育学刊，2007（6）：1-6.

如图15所示，从知识流入视角下学科交叉的多样性来看，这一时期我国体育学学制交叉的平衡度标准值为0.74，说明这一阶段供体学科的知识流入量比例趋于平衡，整个学科交叉系统的混乱度降低，体育学外部学科的关系进入一个相对稳定的时期。这一时期的丰富度和差异度还是呈现出持续增长的态势，表明与体育学发生交叉的学科数量不断增加，许多距离相对较远的学科也被同时整合进学科交叉网络中，如企业经济、中药学等。从学科聚合性指标来看，学科交叉的紧密度和强度继续增加，而分派度环比持续下降。经历了近20年的发展，我国科学事业取得了长足的进步，学科与学科之间的交流越来越频繁。尽管我们所分析的是体育学的亲缘学科网络，但是这些亲缘学科之间并不一定要通过体育学这一节点才能产生信息交流，大部分学科之间都能直接

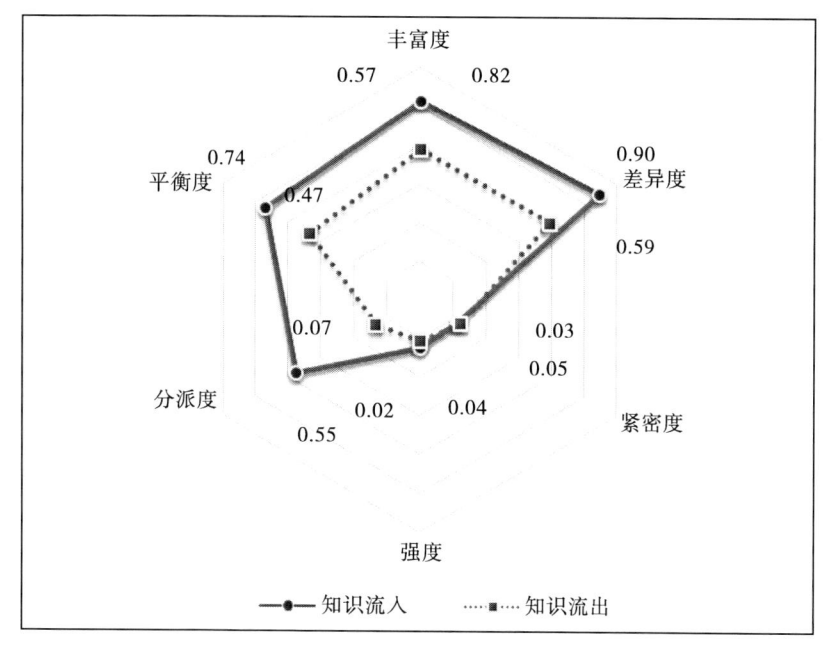

图15　1996—2000年我国体育学学科交叉测度指标

取得联系，学科交叉网络向着高密度、全互通网络方向发展。在这种发展趋势下，体育学和外部学科交叉的强度也进一步增加，每一个学科流入体育学的知识量都呈快速增长趋势。从分派度的原始值（EI指数）来看，这一阶段和上一阶段一样，EI指数仍为负值，表明学科外部知识流量小于内部知识流量。说明经历了近20年的发展，体育学学科知识体量增加，学术研究趋于成熟，学术研究的开展更加依赖本学科的知识。但要注意学科开放性的降低意味着体育学辐集外部学科知识的意愿不足，不利于跨学科交流，有碍学术创新，制约学科的发展。

从知识流出的视角来看，这一时期学科交叉的多样性指标也有所变化，学科交叉环比有所降低，表明学科知识流出继续向着有序化的方向发展，进入一个稳定期。从丰富度指标来看，学科交叉的丰富度为0.57，保持增长态势。知识流出涉及学科的数量在不断增加，体育学知识影响力在不断扩大。差异度为0.59，和上一时期相比有所下降。结合后面几个时期的数据原始值来看，从这一时期开始，学科交叉的差异度不再呈线性增长，而是在一定的数值区间内浮动。出现这种情况有两种可能，一是体育学知识流出的受体学科数量虽然在持续增长，但是这些受体学科都是固定属于某一学科群，受体学科之间的"距离"趋于稳定。如医学部类中的军事医学与卫生、生物医学工程虽然都是这一时期新增的受体学科，但是这些学科还是属于医学部类，受体学科之间的跨度并没有增大。另一个原因可能是由于在现代科学聚合化发展的趋势作用下，学科与学科之间的关系更加密切，以前距离相对较远的学科都产生了广泛的联系，如生物工程哲学、能源社会学、科学语言学等。结合这一时期其他指标变化的趋势，相比之下我们更加倾向于接受后一种解释。此外，从这一时期的聚合性指标来看，强度和紧密度都在稳步提升，表明体育学知识输出量在持续增长，而知识受体学科不仅和体育学学科交叉更加紧密，知识受体学科之间的知识交流也越来越频繁。学科交叉的分派度持续下降，体育学科内部的知识流量增速要高于外部学科知识流量增速。

六、2001—2005年我国体育学学科交叉发展态势

进入21世纪，在"两个计划"的引领下，新世纪我国体育科学继续保持着迅猛发展的趋势。2001年我国获得北京奥运会举办权，促进了我国体育事业加速发展，体育科技工作也受到前所未有的重视[①]。《2001—2010年体育科技发展规划》也提出要建立适应社会主义市场经济体制和体育事业发展、与体育运动实践密切结合、结构优化、布局合理、精干高效、纵深配置、全面开放的体育科技服务体系和与之相适应的体育科技管理体制及运行机制，全面推进体育科技进步，在增强人民体质和提高运动技术水平中发挥越来越重要的作用。20世纪就有学者提出"交叉科学的发展是历史的必然，具有强大的生命力。""本世纪末到下一个世纪初将是交叉科学时代。"[②]进入新世纪，在科学聚合化发展背景下，学科交叉成为科学研究的普遍现象，体育学和其他学科一样必然会和更多的学科产生联系，学科交叉向着多样性的方向发展。现代科学技术的迅猛发展，对体育产生了前所未有的影响。体育学也在高度分化的基础上体现出越来越明显的聚合化趋势，从体育学4个二级学科的设置就可以看到，除了运动人体科

[①]蒋志学. 抓住2008年北京奥运会的重大机遇 全面提升我国体育科技整体实力——在第八届全国体育科学大会上的主题报告［J］.体育科学，2007（11）：4-8.
[②]刘仲林. 交叉科学时代的交叉研究［J］.科学学研究，1993（2）：9-16.

学具有鲜明的自然科学属性以外，其他三个二级学科都属于综合学科，体育学的学科交叉特征不断凸显。

如图16所示，从这一时期学科知识输入各项交叉指标来看，和上一时期相比变化并不大，但是趋势有所转变。从表征学科交叉多样性的指标来看，从这一时期开始，平衡度不再一味下降，开始变为在一定的区间值浮动。表明了经过20年的发展，体育学学科交叉的知识流入分布逐渐变得稳定，体育学和外部学科形成了较为稳固的关系，学科交叉处于相对平衡状态。这一时期差异度和丰富度继续增加，但差异度指标的增速放缓。表明体育学吸收外部学科知识量还在不断增加，但是涉及的学科已经逐渐覆盖了全部科学领域，增加的空间也不大。造成这种现象还有一个原因是由于学科之间的交流越来越密切，以往

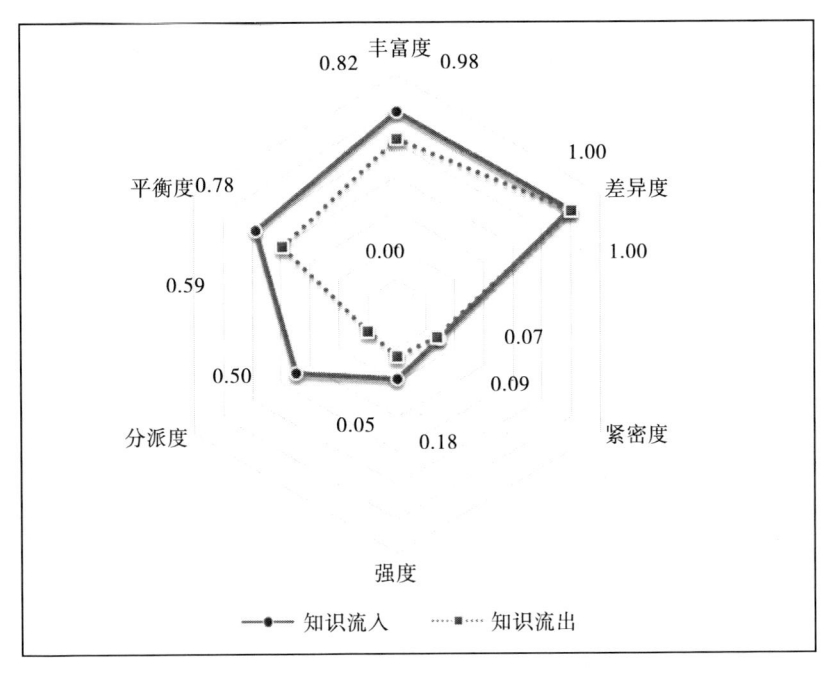

图16　2001—2005年我国体育学学科交叉测度指标

距离较远的学科如今也产生了广泛的联系,学科之间知识流动的距离变短,表现出来学科差异性也在降低。从聚合性指标来看,分派度环比下降,说明体育学吸收外部学科知识的意愿在逐渐减弱,学科开放性持续下降。学科交叉密度和强度还是保持持续增长的态势,尤其是强度指标加速增长。表明了在现代科学综合、分化、再综合的发展趋势下,学科交叉成为体育学创新、保持生命力的主要途径,体育学与外部学科之间的交流越来越密切。

从知识输入指标来看,学科平衡度继续增加,但增加有所缓解,丰富度、差异度指标继续增大。这一时期体育学知识输出量和输入量一样,知识量的分配趋于稳定,通过知识输出的方式和其他学科形成的交叉关系逐渐稳固。而知识输出所覆盖的学科数量也在不断增加,知识受体学科的差异性不断增大,表明了体育学学科交叉的范围在不断扩大,学科影响力也在不断增强。和学科交叉多样性指标相比,学科交叉聚合性指标的变化幅度较小。紧密度、强度环比有所增加,而分派度继续下降。表明体育学知识流出覆盖面在快速增加,但是对于每个学科知识流出量的增速并不快。和内部知识流量相比,体育学向外部学科知识输出量的增速较慢,学科内部交叉趋势比体育学与外部学科交叉趋势更为明显,学科的开放性进一步降低。

七、2006—2010年我国体育学学科交叉发展态势

2001—2009年是中国体育以科学发展观为统领,借举办北京奥运会之机全面发展的时期,也是中国特色体育发展道路进入成熟的时期。进入新世纪,党的十六大提出了全面建设小康社会,到2020年全民健康素质明显提高,形成完善的全民健身体

系，要努力办好北京奥运会①。从政策导向来看，体育事业不仅要满足政治需求，更要注重保障人的全面发展，而"科技兴体"是实现这一系列目标的根本保障。这一时期计算机和互联网广泛普及，信息科技高速发展，为人们获取信息提供了极大的便利。信息社会的到来使得学者的学术视野被进一步拓宽，跨学科信息交流更加容易，学科与学科之间的联系更加紧密，学科交叉成为一种普遍的学术现象。这一时期无论是从体育运动实践需要还是从整个科学发展轨迹来看，体育学和外部学科的交叉融合呈现出强度更大、范围更广、速度更快的发展趋势。

如图17所示，从知识流入学科交叉的各项测度指标来看，这一时期各项指标变化幅度开始增大。学科丰富度为1，增长至最高值。结合这一时期体育学引用学科的数量来看，已经达到167个，辐集知识范围涵盖了所有的学科。尽管体育学和部分学科交叉度还比较低，但体育学本身具有的综合学科性质使其已经能够和所有学科发生交叉。从学科交叉差异度指标来看，学科差异度开始持续下降，结合其他指标来看，这种差异度下降的原因并不是由于体育学学科交叉范围仅局限于某一些关系紧密的学科，而是由于学科交叉在科学研究中已经成为一种非常普遍的现象，和以前相比，学科与学科之间的距离被缩短。从学科丰富度来看，体育学吸收知识的范围已经涉及了所有的学科，但是由于这些学科联系变得越来越密切，体育学学科交叉的差异度指标反而逐渐降低。这一时期的平衡度和上一时期基本持平，学科交叉知识流入量的分布在一定曲线上浮动，流量分布处于相对稳定的状态，体育学和外部学科的交叉关系日趋稳定。从学科交叉的聚合性指标来看，这一时期各项指标也产生了较大的变化。交叉强度指标

---

① 郝勤. 论中国特色体育发展道路的历程、内涵及基本经验 [J]. 体育科学，2009（10）：3-8，36.

增速明显，增幅达到了64%，表明体育学和外部学科之间的知识交流量越来越大，学科交叉继续深化。从学科交叉紧密度指标来看，这一时期也开始呈现出加速增长的趋势。和体育学发生交叉的学科之间的知识流量越来越大，联系越发密切。相比之下，分派度继续下降，表明体育学内部知识流量增速还是要大于体育学和外部学科之间的知识流量，吸收外部学科知识的意愿依然不足。

从知识流出的学科交叉各项指标来看，这一时期产生了较大的变化。这一阶段的学科交叉丰富度继续增加，从知识流出涵盖学科的数量来看，达到了163个，基本上囊括了所有的学科。差异度指标在这一阶段开始下降，和前面知识流入一样，造成这一现象的原因是由于学科与学科之间形成了普遍的联系，学科之间

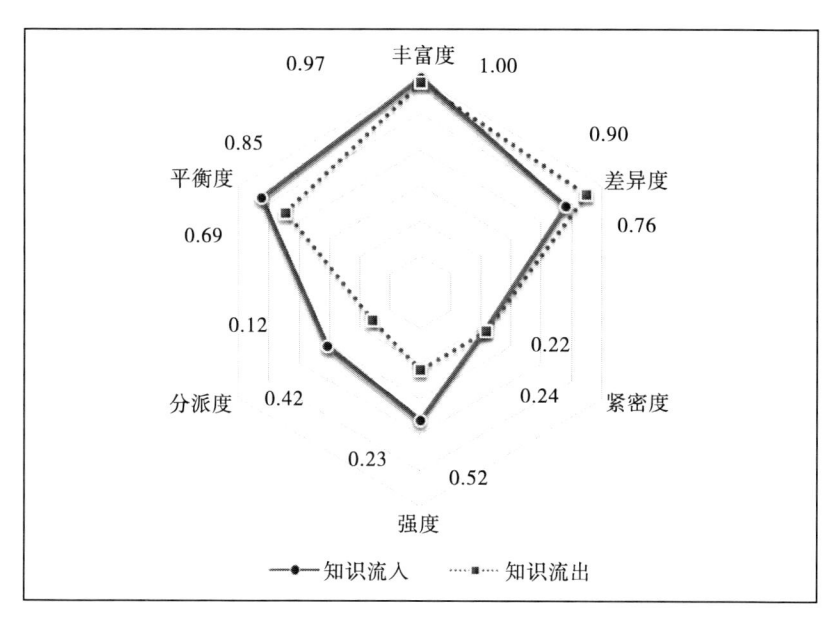

图17 2006—2010年我国体育学学科交叉测度指标

的距离缩短所造成的。平衡度指标在这一时期开始趋于稳定，说明体育学和外部学科的交叉关系也逐渐变得稳固。从学科交叉的聚合性各项指标来看，学科交叉的紧密度和强度指标都开始快速增长，体育学输出外部学科的知识量在持续增加，学科交叉逐渐深化，学科影响力也在逐渐提升。由于这一时期体育学知识体系的逐渐成熟以及北京奥运会的举办引发的学术狂欢，越来越多的外部学科开始从自身学科视角研究体育现象，开始有意识地吸收体育学知识，使得体育学知识流出量不断增加。而这一阶段体育学知识产量进入了逻辑增长期，知识总量增速放缓，学科内部知识流量趋于稳定。多重因素导致了体育学向外部学科输出知识流量的增速开始超过内部知识流量的增速，分派度指数开始触底反弹。

八、2011—2015年我国体育学学科交叉发展态势

2011—2015年是我国"十二五"规划发展的周期，是社会实现科学发展、和谐发展的关键五年[①]。在国家战略的促进下，我国科学事业加速发展，而计算机、互联网的广泛普及提高了知识流通的效率，学科交叉进一步深化。从体育学学科交叉的各项指标来看，这一时期知识流动各项指标都开始趋于稳定。

从知识流入的视角来看，平衡度已经连续3个阶段缓慢增加（图18）。造成这种现象的原因是由于学科知识流量快速增长以及研究热点的切换所致，在这种外在变量的影响下学科知识流量分布的稳定性会遭到一定程度的破坏，使得表征系统混乱程度的熵值增加，总体来看平衡度还是在一定的范围波动。学科丰富度

---

① 蒋志学. 促进体育科技创新，推动体育强国建设——在第九届全国体育科学大会上的主题报告[J]. 体育科学，2012（1）：3-7, 39.

指标并没有太大的变化,从上一时期开始体育学已经和所有学科发生了交叉。差异度的继续下降说明学科之间的交流更加频繁,学科之间的联系越来越密切。从学科交叉的聚合性指标来看,学科交叉的紧密度和强度继续增加。尤其是紧密度,增幅是所有阶段中最大的。表明在现代科学技术高度分化和高度综合的趋势下,多学科交叉是目前科学研究的共识和特征,学科之间的交流更加频繁、更加深化。这一时期分派度指标尽管依然是负数,但是已经开始触底反弹。学科要发展,要保持自身的活力,就要突破边界的限制,不断地创新[①]。体育研究者也逐步认识到学科交叉研究的重要性,认为系统综合是体育科学发展的主

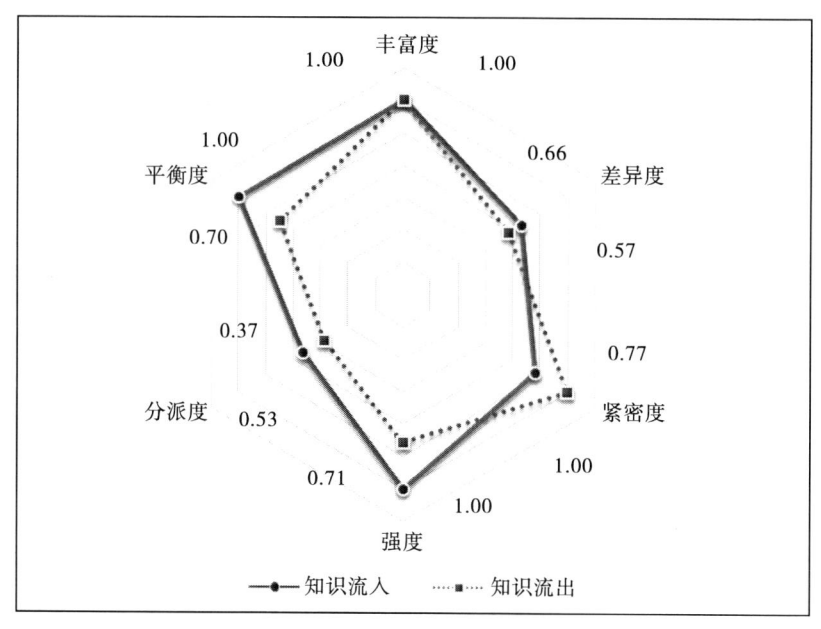

图18 2011—2015年我国体育学学科交叉测度指标

---

① 曹玉冰. 体育科学学科边界问题的跨学科认识[J]. 武汉体育学院学报,2013(10):10-13,62.

要趋势，多学科、多种交叉和渗透是体育科学研究方法的主要特性[①]。从这一时期开始，体育学吸收外部学科知识流量的增速已经超过体育学内部知识流量的增速，体育学跨学科吸收知识的意愿在逐步增强，学科开放性逐渐增加。

从知识流出视角来看，丰富度指标达到峰值，这一时期所有的学科都从体育学吸收过知识，体育学科的影响范围进一步扩大。学科交叉的差异度指标继续下降，和上一阶段一样，这是在现代科学聚合化发展背景下体育学科学体系表现出来的特征之一。从学科交叉的平衡度来看，这一时期平衡度增幅放缓，说明了体育学知识流出量的分布已经趋于稳定，交叉学科的种类和相互间的交叉关系都相对稳固。从学科交叉的聚合性指标来看，知识流出视角下学科交叉的强度、紧密度都呈现出快速增长的趋势。学科交叉成为普遍趋势的大背景下，体育学不仅通过广泛、大量地辐集其他学科的知识来寻求学术创新，还能够通过对其他学科输出知识的方式为其他学科知识创新提供帮助。而这一时期体育学的知识输入和输出比率已经由最初的4.9下降至1.4，表明体育学的学科地位在逐步提升，学科的影响力在逐渐增大。此外，分派度指标和上一时期一样，仍然保持增长的态势，体育学的开放性逐步提高，和外部学科跨学科交融趋势明显。

从我国体育学学科交叉雷达图30年的变化趋势可以直观地看出，1981—1985年，输入和输出雷达图重合面积较小，之后两者各项指标逐渐接近，到2011—2015年时输入和输出雷达图的面积基本重合。表明知识流入视角和知识流出视角下的学科交叉指标存在趋同化的现象。造成这种现象有两个原因，一是从整

[①] 李永宪，刘波，肖宇.体育科学跨学科研究初探［J］.体育学刊，2010（8）：11-16.

个科学体系来看，学科交叉作为人类由来已久的探索、解决学术问题的方式，在科学聚合化发展趋势下作用尤为凸显，几乎每个学科都或多或少地参与其中，学科之间的知识流动和以往相比，涉及面更广、体量更大、速度更快。使得无论从知识流出视角还是知识流入视角来看，尽管指标数值不一样，但是学科交叉发展趋势是一致的。从体育学自身来看，在发展初期由于学科自身理论的不成熟，学科知识流动系统较为混乱，知识输出和输入极不平衡，使得输出和输入指标存在较大差异。但是这种差异是暂时的，因为决定学科间知识流动特征的决定性因素是学科之间的可通约性（可通约性是指不同学科在学科性质、研究范式、研究方法、理论一体化程度等方面的相似程度，相似度越高，学科之间的可通约性就越高）。随着体育学的逐渐成熟，知识输出量增大，在学科之间的可通约性规制下，学科知识输入各项指标必然和输出各项指标向着同一方向发展。

第五节　基于知识流动网络对我国体育学学科交叉结构演化的考察

一、研究方法和数据的获取

和上一节一样，以5年为单位将我国体育学发展历程分为7个阶段。在中国引文数据库下载7个阶段体育学科学知识流动数据，由于体育学科学交叉目标学科较多，如果选取全部168个学科进行社会网络分析，会造成网络节点过多，无法清晰地展示学科交叉网络结构的现象。因此，我们依据经济学的"二八定律"（"二八定律"是19世纪末20世纪初意大利经济学家帕雷托发现的。他认为，在任何一组东西中，最重要的只占其中一小部分，约20%，其余80%尽管是多数，却是次要的，因此又称"帕累托法则"[①]），选取体育学知识流量排名前20%的亲缘学科构建知识流动矩阵，利用Ucinet 6、Netdraw软件进行社会网络分析并绘制每一时段的学科交叉网络图。设置节点大小与节点度数成正比，利用软件中的Iterative matric MDS功能对网络节点进行布局，将节点的关系投射至二维平面图，用节点间的距离来映射节点关系。在Iterative matric MDS布局下，节点之间的距离越近说明节点之间的关系就越密切，距离相近的一组学科就能够组成一个学科群（聚类）。这样不仅能够从网络图中看到体育学和其他学科的关系，还能看到体育学和哪些学科群形成固定的联系，以及这些学科群内部、外部的联系紧密程度。通过对网络图的历时性比较，还能够推测出各个学科群形成的轨迹。

二、知识流入视角下我国学科交叉结构演化

（一）1981—1985年

从这一时期体育学学科交叉的网络结构来看，这一时期的网络节点少，密度低，能够直观地从网络图中了解网络的大致结构（图19）。这一时期体育学知识供体学科数量为62个，亲缘学科数量为12个。如图19所示，体育学和生物学的关系最为密切，其次是特种医学、数学、基础医学、教育理论与教育管理。在中国知网的学科分类中，生理学、生物化学、人类学都被划入生物

[①] 编者. 二八定律：百度百科 [EB/OL]. [2016-03-03]. https: //baike.baidu.com/item/%E4%BA%8C%E5%85%AB%E5%AE%9A%E5%BE%8B/747076?fr=aladdin.

学，这些学科都和体育学的关系非常密切，生物学向体育输出的知识量是最大的。数学是科学研究定量分析的基础，体育学研究中对数学的依赖度也较高。从学科属性来看，大部分学科都属于自然科学范畴，在12个网络节点中，仅有教育理论与教育管理、哲学两个学科属于人文社会科学。表明这一时期体育学学科交叉跨度较小，主要是和自然科学发生交叉，学科之间的知识流动距离较短。从网络中的聚类来看，这一时期形成了两个聚类，一是医学生物学聚类，这一个聚类包含了生物学、基础医学、临床医学、心血管系统、预防医学与卫生学、中医学6个学科。另一个则是教育学、心理学聚类，只包括心理学和教育理论与教育管理2个学科。造成这种现象主要是由于在20世纪80年代科学事业恢复的初期，我国体育学术研究受苏联模式影响较大，主要是从生物学、医学、教育学的视角来研究体育。因此体育学和医学、生物学、教育学的关系较为密切，医学、生物学学科群和教育学、心理学学科群成为最早的体育学知识供体学科群。

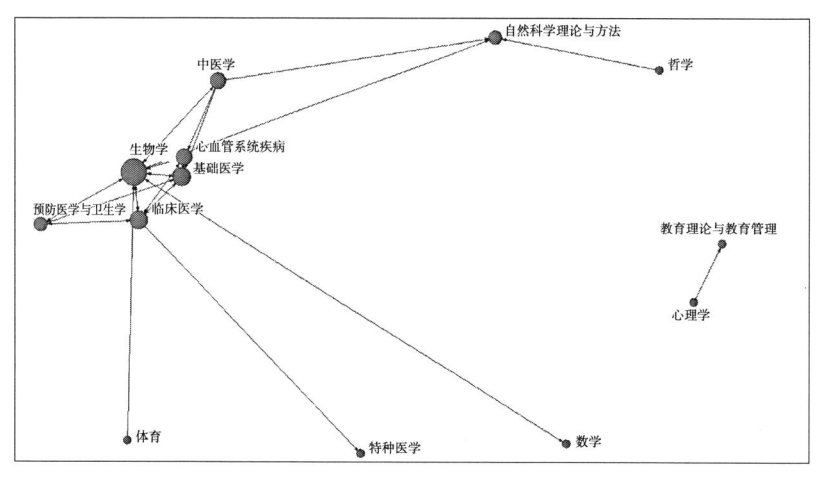

图19 1981—1985年体育学知识供体学科交叉网络结构

（二）1986—1990年

尽管在20世纪80年代初期体育学知识体量快速增长，但是由于经济体制改革的影响，20世纪80年代后期体育学知识体量的增速放缓，这一阶段和上一阶段相比，学科交叉网络结构变化并不大。从整体网的特征来看，网络结构比较简单，节点少，密度低。这一时期体育学知识供体学科数量增加至78个，亲缘学科数量为13个。网络节点的构成也有一些变化，增加了社会学及统计学和自然科学理论与方法两个学科，而临床医学并未出现在知识流动网络中。从体育学和其他学科的交叉关系来看，这一时期体育学和特种医学关系最为密切，其次是生物学和心理学（图20）。结合各个学科知识流入量的百分比来看，特种医学、生物学、心理学三门学科就占到了知识流量的47.7%，表明了人体科学作为体育学的基础学科地位还是没有改变。从网络中聚类来看，这一时期形成了3个学科群，一个是医学、生物学学科群，和上一时期相比，医学、生物学学科群变化并不大，只是减少了临床医学。另一个学科群是教育学、心理学学科群，和上一时期包含的学科相同。20世纪80年代也是我国运动心理学快速发展的时期，1986年中国运动心理学学会（China Sport Psychology Society）作为会员加入国际运动心理学会，这一时期中国运动心理学在运动员心理评定、心理选材和心理训练、心理咨询等方面取得了丰硕的研究成果[1]。这一系列成绩的实现离不开母学科心理学的知识输入，这一阶段体育学大量吸收了心理学的知识，心理学的知识流量快速增长。值得注意的是，这一时期出现了一个新的学科聚类，包括哲学、自然科学理论与方法、科学研究管

---

[1] 张力为，毛志雄. 运动心理学［M］. 上海：华东师范大学出版社，2018：8.

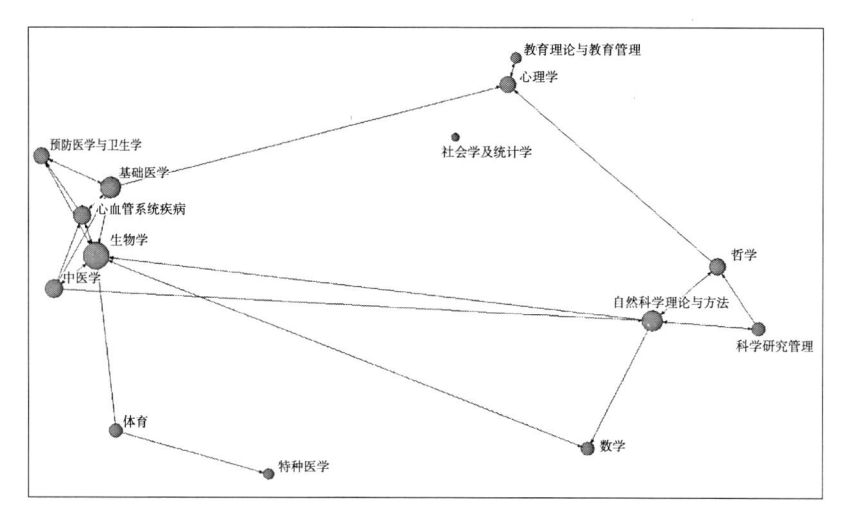

图20　1986—1990年体育学知识供体学科交叉网络结构

理。从这个聚类中包含的学科来看，大部分属于人文类的学科，表明这一时期学者们对于体育理论的探讨在不断深化。

（三）1991—1995年

进入20世纪90年代，无论是从知识体量还是知识流量来看，我国体育学期进入了高速发展阶段。从学科交叉网络来看，这一时期的网络结构更加复杂，整体网的密度的增幅也非常明显，由上一时期的70.2增加至114.8。学科交叉范围进一步扩大，目标学科的数量达到了117个，亲缘学科数量达到了24个。从图21中网络节点的构成来看，与体育学关系较为密切的学科依然还是人体科学，包括医学、生物学、心理学、教育学。

如图21所示，这一时期形成了三个主要的聚类。一个是医学、生物学聚类，这一时期的医学、生物学学科群规模更大，联系更加密切。从学科群的构成来看，和上一时期相比新增了特种医学、外科学、生物医学工程、临床医学4个学科。在"国家体育科技工作面向运动训练主战场"和"奥运、亚运科研攻关"的战略指导下，训练监控、运动营养、伤病防治、体能与疲劳恢复等领域开始受到重视。《全民健身计划》的颁布也使如何提高国民体质、增进国民健康水平成为了研究热点。这都有力地促进了运动人体科学的发展，体育学和医学、生物学学科交叉范围进一步扩大、学科交叉更加深化。另一个聚类是教育学、心理学聚类，这一时期教育学、心理学聚类中新增了中等教育、高等教育2个学科。学校体育是竞技体育和社会体育的基础，随着学术研究的分化、融合，学校体育教育研究由大一统的课程论和教育学进一步分化为针对不同群体的体育教育研究，高等教育和中等教育成为了这一时期主要的关注对象。和上一时期一样，网络中也出现了人文学科聚类，聚类所包含的学科也和上一时期相同，说明理论研究继续得到学者们的重视。此外，网络中还增加了许多没有形成聚类的新节点，如非线性科学和系统科学、管理学、

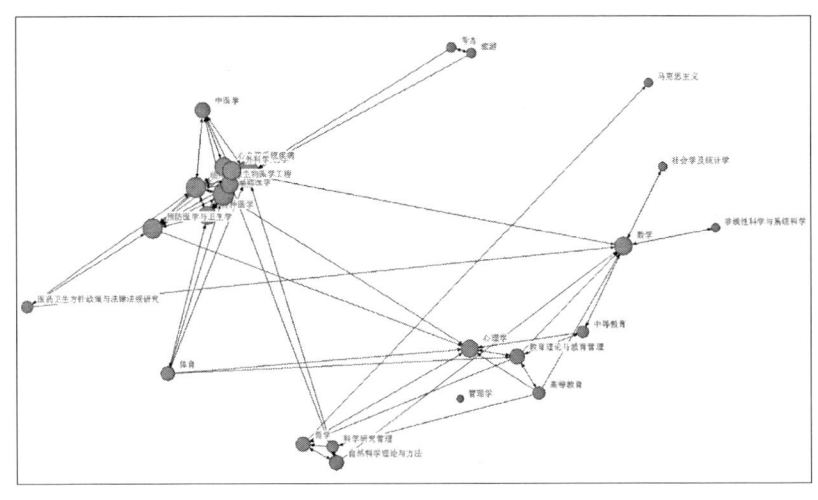

图21　1991—1995年体育学知识供体学科交叉网络结构

旅游、考古学。虽然这些学科的知识流入量排名相对靠后，但是新学科的出现说明了体育学跨学科知识交流的范围进一步加大，许多"远缘"学科也陆续和体育学发生交叉。而新增的节点很多都是属于人文社会科学范畴的学科，这说明体育人文社会科学研究得到进一步的重视。值得注意的是，体育学已经开始吸收一些具有方法论性质的学科知识，如非线性科学与系统科学。体育科研工作者已经认识到观察法、实验法、调查法等传统方法过于单一，也过于落后。随着20世纪80年代我国科学界对于"老三论""新三论"的介绍和引进，体育科研工作者也对这些新知识和新方法有了一定的认识，并逐渐运用到体育学术研究中来。此外，体育学和统计学、数学等学科产生交叉也显示出量化研究的方法逐步渗透体育学的研究领域。这种对于新方法的追求一是为了满足学术研究的需求，二是体现出学者们已经具有学科反思意识，开始有意识地从元研究层面对体育学方法论进行探讨。

（四）1996—2000年

这一时期知识供体学科数量达到了141个，亲缘学科数量为28个。从亲缘学科交叉网络来看，和上一时期相比网络节点数量增加了4个，但是网络密度由上一时期的114.8增加至382.3，网络密度增量要远高于节点增速。学科交叉成了体育科学研究中的普遍趋势，每一门学科都和外部学科的关系越来越密切，学科交叉的跨度、强度在不断地增加，体现出了当代科学发展就是学科在高度分化的基础上通过学科交叉实现高度综合的特征。从图22中网络的节点位置可以看到，医学、教育学、心理学依然还是体育学的主要知识供体学科，和体育学关系最为密切。和上一时期相比，这一时期的亲缘学科增加了经济理论及经济思想史、中国政治与国际政治、中药学、经济体制改革、计算机软件及计算机应用、企业经济、宏观经济管理与可持续发展。从增加的学科来看,属于经济学部类的学科有4个,且大部分都属于宏观经济学的范畴。从这一时期网络的聚类来看,除了之前的医学、生物学学科群和教育学、心理学学科群以外,这一时期突现了一个新的聚类——经济学学科群。体育学大量吸收经济学知识是有其历史必然性的。1992年党的十四大提出的经济体制改革的目标是建立社会主义市场经济体制,在经济体制改革浪潮推动下,体育实践中出现了大量的经济问题需要研究和解答,这为体育科学研究提供了丰富的研究课题,为了解决这些问题,学者们必须依托母学科的理论和方法来解释日益复杂的体育经济现象。从经济学本身来看,经济学近几十年不断向其他学科渗透和扩张,经济学界称这种现象为"经济学帝国主义"[1]。在这种学科内部扩张和外部渗透的双重作用力的影响下,体育学和经济学的互动越来越频繁、密切。1998年版的《中华人民共和国国家标准学科分类与代码》首次将体育经济学列为体育科学下属的12个二级学科之一,标志着体育经济学作为独立的学科已经得到国家权威部门的认可[2]。这一时期网络中还出现了一个较小的聚类——社会学、政治学学科群,这一学科群包括了中国政治与国际政治、社会学及统计学、哲学、马克思主义。在改革开放初期,体育充当了"让中国走向世界,让世界了解中国"的开路先锋[3]。在"改革开放、解放思想"的指导思想引领下和全球化背景下,我国学者已经开始跳出原有的框架,不仅认识到体育具有健身、育人的功能,还注意到体育具有一定的政治、经济、文化等社会功能,体育能够以国家"软实力"的形态对政

---

[1] 杨玉生,杨戈."经济学帝国主义"评析[J].经济学动态,2001(1):48-53.
[2] 钟天朗.体育经济学概论[M].上海:复旦大学出版社,2010:13.
[3] 胡小明.新世纪——中国体育的理论创新[J].体育文化导刊,2002(1):4-7.

治及国际关系施加重大的影响。[①]、[②]、[③]在这种背景下，对于体育尤其是竞技体育的政治功能和社会功能的探讨也逐渐成为热点，特别是在奥运周期中这种迹象尤盛。此外，计算机学科也首次出现在网络中，表明体育学在这一时期和计算机科技的联系越来越密切。20世纪末，随着互联网的普及、信息科技的发展，计算机在体育中的应用也越来越普及，尤其是在科学研究方面越来越受到研究者的重视。[④]以计算机技术为中心的高新技术手段在体育中心的应用将促进整个体育运动产生革命性的变化。[⑤]这使得体

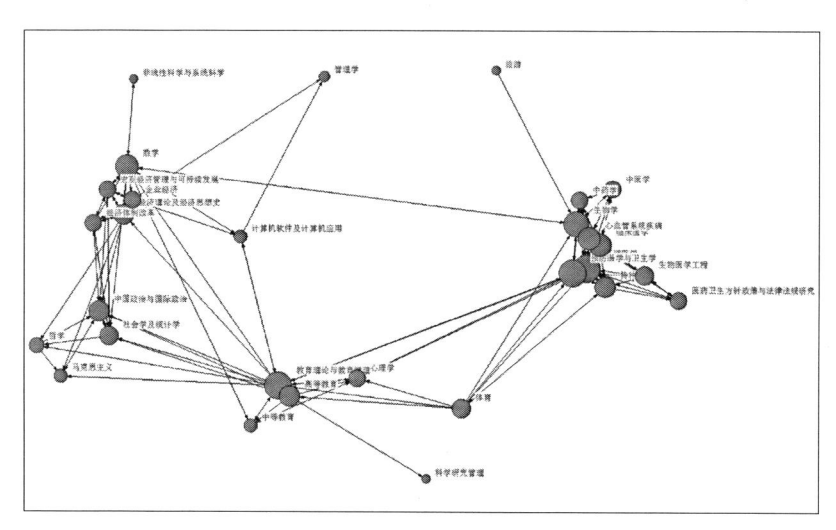

图22　1996—2000年体育学知识供体学科交叉网络结构

[①]刘光涛.全球化与体育政治功能转变初探［J］.北京体育大学学报，2004（4）：448-449，457.
[②]刘纯献.我国体育政治软实力研究［J］.体育文化导刊，2011（5）：1-5.
[③]唐宏贵.试论社会主义初级阶段的体育政治研究［J］.武汉体育学院学报，1989（2）：74-75.
[④]张辉，马德云.德国"体育计算机应用"学科的发展与我国体育高等院校开设"体育计算机应用"系统课程的构想［J］.山东体育学院学报，2006（6）：99-101.
[⑤]李元伟.科技与体育——关于新世纪体育科学技术发展问题［J］.中国体育科技，2002（6）：3-8，19.

育学科和计算机学科之间的渗透、融合趋势越发明显。

（五）2001—2005年

这一时期体育一共向164个学科吸收过知识，基本上涵盖了所有的学科，亲缘学科的数量为33个，比上一时期多出5个，网络密度由上一时期的382.4增加至1197.96，网络密度增长幅度明显超过节点增加幅度。随着科学研究的深入，学科交叉向着纵深化方向发展，也就是在原有学科交叉的基础上持续深入地研究。体育学也是这样，在学科发展的初期，体育学通过广泛地和其他学科产生交叉，由此获得学术启迪，创造新的知识增长点和把握新的科学前沿。随着学科不断成熟，通过这种简单的交叉行为已经无法满足知识创新的需要，只有在某一个方向持续、深入地挖掘，才能够把握科学研究的前沿，实现知识创新。体育学的学科交叉也体现出纵深化发展的趋势，开始频繁地和二级学科、三级学科交叉，甚至在更加细分的研究领域产生联系。从新增的供体学科来看，和上一时期相比，这一时期新增了文化、贸易经济、内分泌腺及全身性疾病、新闻与传媒、成人教育与特殊教育、美学、图书情报与数字图书馆、市场研究与信息。大部分新增学科都属于人文社会科学范畴，新增的自然科学只有内分泌腺及全身性疾病一个。可见推动体育学学科交叉持续发展的动力主要还是源于体育人文社会学研究，而体育学和自然学科的交叉主要还是在医学、生物学以及一些基础理论学科之间开展。而像农学、工程技术等学科由于与体育学在研究对象、研究方法、研究范式等方面存在较大差异，学科之间相互通约的可能性较小，学科之间鲜有交叉。

从网络中的学科群来看，一共形成了4个聚类。医学、生物学学科群还是联系最为紧密的学科群，这一时期体育学和这一学科群的联系尤为密切，表明运动人体科学依然受到学界的高度重视。进入21世纪，国家为了备战雅典、北京奥运会，制定了一系列的文件，如《奥运（2008）科技行动计划》《奥运争光计划》《2001—2010年体育科技发展规划》。2000年后，国家体育总局围绕着夏冬两季奥运会科技备战，对有突出贡献的科研团队和个人实行奖励和表彰。在这些政策的刺激下，力量训练、体能恢复、科研测试、兴奋剂检测、医疗康复器械等方面的研究得到高度重视，也取得了许多优秀的成果。另外，全民健身的开展也离不开体育科技的支持，国家出台的《全民健身计划科技工程》就是为了保障《全民健身计划纲要》的顺利实施而出台的配套科学技术系统。可以说"两个计划"的实现都离不开体育科学的支持，尤其是运动人体科学在其中起着非常重要的作用。此外，从图23中可以看到，经济学学科群继续发展壮大，新增了市场研究与信息、贸易经济2个学科，随着经济学知识持续向体育学渗透，体育经济学由研究前沿转化为研究热点，并逐渐转变成了一个较为成熟的研究领域。教育学、心理学学科群这一时期新增了成人教育与特殊教育，说明体育教育学研究领域不断细分，研究对象的覆盖面不断扩大。相比之下，社会学政治学学科群的规模一直比较小，这一时期文化取代了马克思主义，成为学科群的一员，说明这一学科群的结构并不稳定。除了网络中的聚类以外，还存在一些零散的节点，如美学、旅游、图书情报与数字图书馆、新闻与传媒、市场研究与信息等。随着体育文化交流的日益增加，国外丰富的体育理念和思想传入我国，使我国对于体育的理解发生了深刻的变化，人们开始从人类文化的高度重新认识体育的本质和内涵[①]。学者们的学术视野在不断扩大，通过和不同学科之间产生交叉，创造了许多新的知识生长点。此外，2008年

---

① 胡小明. 新世纪——中国体育的理论创新［J］. 体育文化导刊，2002（1）：4-7.

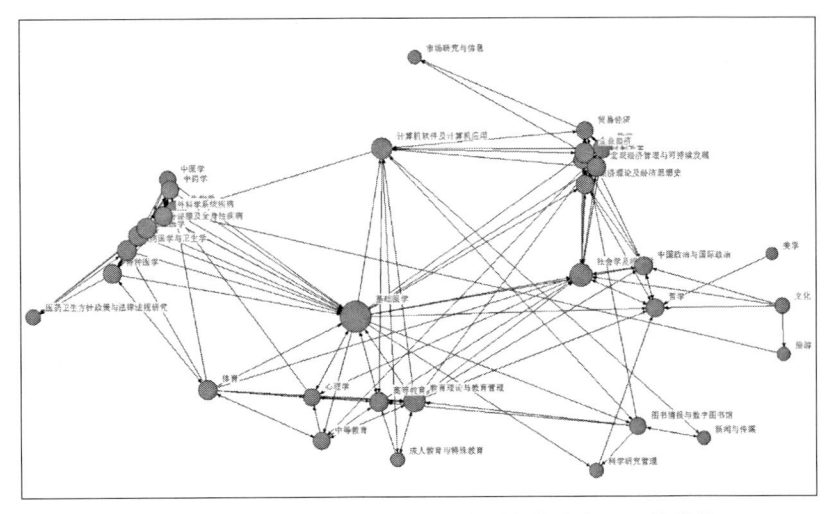

图23 2001—2005年体育学知识供体学科交叉网络结构

奥运会的申办成功，围绕着如何举办一届成功的奥运会给学者们提出了许多新的研究课题，而这些问题导向的课题仅依靠单一学科是无法完成的，这使得体育学多学科交叉综合研究成为普遍趋势。

（六）2006—2010年

这一阶段体育学吸收知识的范围扩展至167个，涵盖了所有的学科，亲缘学科的数量增加至34个，网络密度也由上一时期的1197.96增加至2791，增幅明显。从图24中可以看到，这一时期的聚类和上一时期一样，分别是医学、生物学聚类、教育学、心理学聚类、经济学聚类、社会学与政治学聚类，表明体育学主要还是和这4个聚类中的学科产生交叉。与上一时期相比，体育学和医学、生物学聚类联系还是非常密切。这主要是由于这一时期还处于北京奥运会周期，国家科技政策还是面向竞技体育主战场，运动人体科学研究得到高度重视。这一时期经济学聚类规模继续增大，市场信息研究、旅游被整合进这一聚类，而服务业经济虽然还没有被整合进聚类，但是也开始出现在网络中。表明体育经济学是近年来我国体育社会科学研究领域一门非常活跃的学科，在社会主义市场经济体制下，体育市场化、产业化成为必然，在这一过程中会涌现出大量的问题，这就需要借助经济学的理论来为我们提供解决方法和决策参考，这使得体育经济学具有非常大的应用价值。在社会学政治学聚类中，新增了行政法及地方法、中国政治与国际政治两个学科，而原有的哲学不在聚类中，这再次说明这一学科群的结构不够稳定，社会学（这里的社会学是狭义的社会学，而不是指整个社会科学）本身的凝聚力不够强，体育学和社会学发生交叉的接触点不多。教育学聚类这一时期内部联系更加紧密，初等教育、音乐舞蹈等学科虽然没有被整合进聚类中，但是已经和这一学科群产生了一定的联系，表明体育学和教育学的交叉更加深化，学科之间的交融点越来越多。

从亲缘学科的构成来看，这一时期新增的学科全部属于人文社会类学科，之所以出现这种现象，一是我国的体育科技战略推

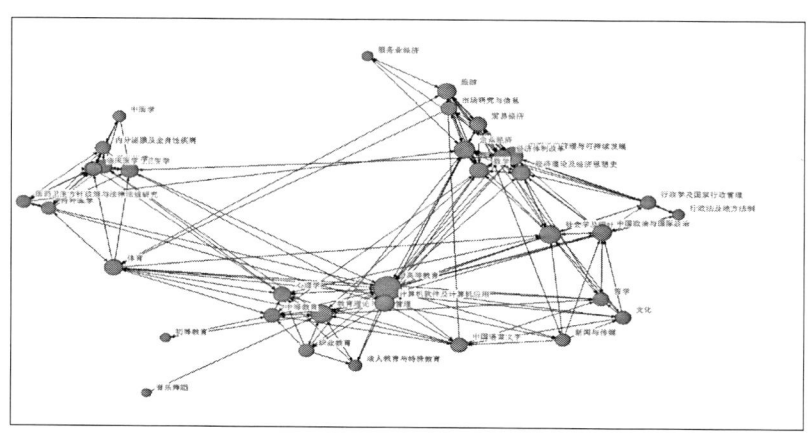

图24 2006—2010年体育学知识供体学科交叉网络结构

动的结果，二是适应社会政治经济形势的需要。2004年，国家体育总局下发了《国家体育总局关于进一步繁荣发展体育社会科学的意见》，确立了新时期繁荣发展体育社会科学的总体目标，建立具有中国特色的体育社会科学体系[①]。在这一战略大背景下，我国体育人文社会科学研究队伍不断壮大、投入不断增多、管理不断完善、优秀成果不断涌现、学科体系也初步形成。这一时期还是我国体育在全面建设小康社会大背景下以北京奥运会为契机带动体育事业大发展时期[②]。在体育科技面向竞技体育主战场的同时，除了对于如何实现"绿色奥运""人文奥运""科技奥运"等问题的探讨之外，学界也开始讨论后奥运时代中国体育如何实现从"体育大国"向"体育强国"迈进以及在全面实现小康社会背景下群众体育与竞技体育协调发展等问题，人文社会科学所具有的科学认识、价值导向、管理决策、反思批判等功能能够帮助我们更好地面对体育实践多元化带来的困惑和难题。在现实需求的推动下，研究者们需要借鉴多学科的知识，从哲学、社会学、管理学、经济学、法学等视角对我国体育实践进行多维分析，使体育学和人文社会科学部类的学科交叉更加深化。

（七）2011—2015年

国家体育总局"十二五"规划明确提出"科教兴体、人才强体"，坚持体育事业发展要依靠科学技术进步，科学技术必须发挥先导作用[③]。在建设体育强国的战略方针指导下，我国体育科

[①] 国家体育总局. 改革开放30年的中国体育［M］. 北京：人民体育出版社，2008：212.
[②] 郝勤. 论中国特色体育发展道路的历程、内涵及基本经验［J］. 体育科学，2009（10）：3-8，36.
[③] 蒋志学. 促进体育科技创新，推动体育强国建设——在第九届全国体育科学大会上的主题报告［J］. 体育科学，2012（1）：3-7，39.

技事业保持快速发展的势头，体育学和外部学科之间的交流更加深化。如图25所示，和上一时期一样，体育学在这一时期学科交叉范围覆盖了所有的167个学科，网络节点数量也相差无几。网络密度增幅非常大，是上一时期的三倍，学科之间的知识流量越来越大，不同学科之间的交叉融合成为了现代科学发展的必然趋势。从网络中的聚类来看，有3个聚类较为明显，分别是医学、生物学聚类、教育学、心理学聚类、经济学聚类。所有聚类中，医学、生物学聚类学科联系依然是最为紧密的，体现出高度综合的趋势。相比之下，经济学聚类和教育学、心理学聚类学科内部联系较为松散，两个聚类之间的联系也越来越紧密。与上一时期相比，社会学政治学聚类学科数量减少，仅有行政学级国家行政管理、中国政治与国际政治、经济体制改革三个学科联系较为紧密，并且和经济学距离逐渐靠拢。结合社会网络分析的结果发现，造成这种现象的原因并不是由于学科群内部的联系疏远所致，而是由于这一时期网络密度增幅非常大，学科和学科之间都

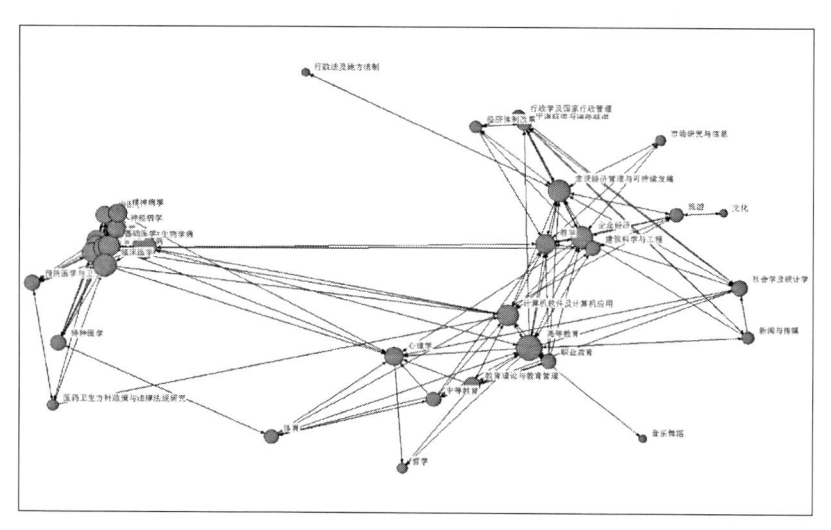

图25 2011—2015年体育学知识供体学科交叉网络结构

形成普遍的联系，并且知识流量也非常大，学科之间的交叉趋势越来越明显。不仅某一聚类内部的学科之间的联系越来越紧密，不同聚类学科之间也形成了广泛的交叉关系。现代科学发展的趋势是在高度分化的基础上高度交叉融合，学科之间的边界越来越淡化，这种趋势在人文社会科学中越发明显。这最终可能会导致体育学学科交叉网络最后形成两个聚类，一是自然学科聚类，主要是以医学生物学为核心，二是人文社会科学聚类，以教育学、经济学为核心。

三、知识流出视角下我国学科交叉结构演化

（一）1981—1985年

和知识流入相比，改革开放初期体育学科知识流出视角下的学科交叉网络规模非常小。这一时期体育学知识受体学科的数量仅为20个，亲缘学科界定为4个，学科交叉网络规模非常小。从图26中可以看到，4个节点分别为特种医学、生物学、心血管系统疾病、数学。在知识受体学科中，特种医学、生物学、心血管疾病属于人体科学，数学作为基础科学能够和绝大部分学科产生联系，交叉网络节点性质都较为相似。表明了体育学知识输出范围较小，和自然科学的关系更为密切。和知识流入网络结构图横向比较来看，尽管网络密度相差无几，学科交叉网络大部分都是自然学科，但是网络规模却要小很多。这一时期体育学在整个科学体系中影响力较小，仅有几个学科会从体育学领域辐集知识。此外，这一时期网络中并没有出现聚类，表明这一时期网络节点的联系普遍较弱，综合化趋势并不明显。

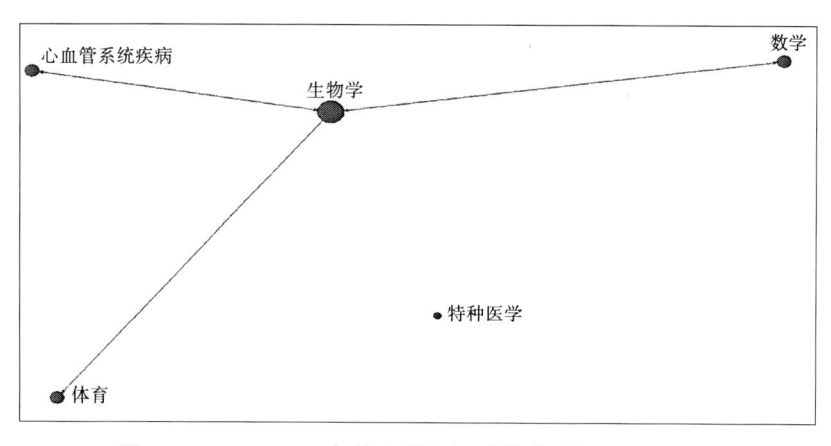

图26　1981—1985年体育学知识受体学科交叉网络结构

（二）1986—1990年

和上一时期相比，体育学学科知识流出的受体学科数量由20个增加至41个，选取前20%的学科绘制学科交叉网络图（图27）。从学科交叉网络来看，首先和上一时期相比，网络中节点数量由5个增加至9个，网络密度由40.3增加至55.1。网络规模和网络密度都增幅不大，但还是可以看出体育学学科的影响力有所提升，越来越多的学科开始从体育学科领域内辐集知识。从网络节点构成来看，和上一时期相比增加了心理学、高等教育、中等教育以及轻工业手工业等学科。在网络中体育学和特种医学、心理学联系较为紧密，而生物学、预防医学与卫生学、轻工业手工业等学科的距离也逐渐靠拢，和知识流入网络相比，分化趋势并不明显。从学科性质来看，这一时期体育学知识输出学科不再是清一色的自然科学，中等教育、高等教育、轻工业手工业等学科也出现在学科交叉网络中。在学科交叉丰富度、差异度增

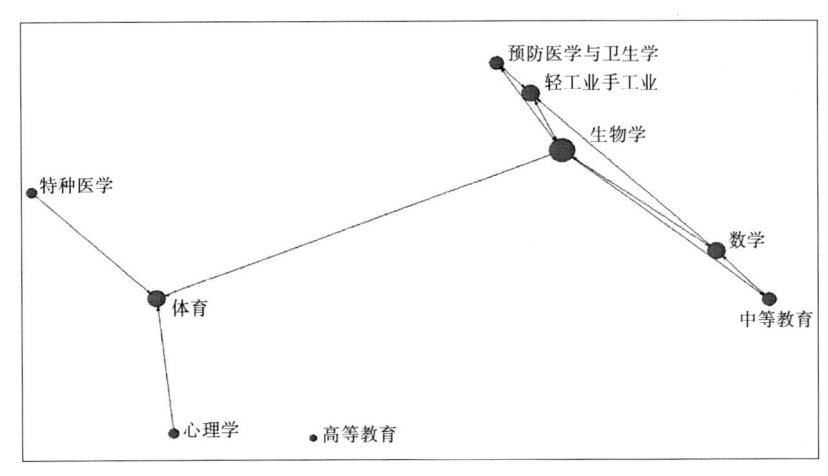

图27 1986—1990年体育学知识受体学科交叉网络结构

加的情况下，部分性质迥异的学科被整合进学科交叉网络，这些学科由于距离较远，无法直接形成联系。这表明了体育学知识输出的范围在不断增大，影响力在逐渐增加。但从整体来看，由于学科处于重建初期，体育学还不够成熟，学科知识输出还比较混乱，并没有形成固定的知识受体学科群，和外部学科之间的交叉关系不够稳定。

（三）1991—1995年

进入20世纪90年代以后，体育在我国社会生活中的地位逐渐上升，体育与社会诸因素的联系日益密切和显现。要深刻理解体育现象，要回答体育运动前进中提出的新问题，仅仅从生物学角度来观察是远远不够的，必须跃升到社会学、政治学、经济学、伦理学、心理学、哲学等层面来考察，进行全方位的研究。这样才能深刻揭示体育的本质和规律，找到体育领域诸多现实问题和理论问题的答案[①]。在这一过程中，体育学辐集了相关学科的知识来解释日益多样化的体育现象，随着体育学的成熟，学术研究形成的新理论、新知识又能够反过来影响、丰富母学科的理论体系，这时候体育学和母学科的知识流动不再是单向度的，学科之间的知识流动循环往复，在这个循环过程中实现了知识的创新、理论的深化。这一时期知识受体学科的数量增加至75个，环比增长45%。从图28中可以很直观地看到，和上一时期相比整个网络的规模要更大，密度要更高，学科之间的知识流通更容易，学科交叉网络呈现出结构化、聚合化的发展趋势。体育学知识流出量最大受体学科依然是特种医学，占总被引量的18%，其次是中等教育（11%）、生物学（9%）、心理学（6%）、高等教育（5%），说明这些学科和体育学的关系较为密切，受体育学的影响较大。与上一时期相比，这一时期新增了基础医学、教育理论与教育管理、力学、临床医学、图书情报与数字图书馆、外科学、中医学、自动化技术7个学科。这些学科中，大部分都属于体育学传统的亲缘学科部类，如医学、教育学，但也出现了力学、图书情报与数字图书馆、自动化技术这些和体育学关系较为疏远的"远缘学科"。表明体育学的影响力的扩大不仅表现在知识输出量的增加，还体现出了知识输出覆盖面也在扩大。从网络中的聚类来看，这一时期受体学科网络中出现了两个聚类，一个是医学、生物学聚类，这个聚类内部学科联系比较紧密，另一个是教育学、心理学聚类，聚类内部学科之间联系相对较少。这一时期受体网络中的聚类和上一时期供体网络的聚类相似度较高，提示我们学科之间的知识交流可能存在一种互惠现象。也就是说，体育学学科交叉知识流动都是双向的，一般都是体育学先吸

[①] 张岩. 我国体育社会科学的崛起［J］. 体育科学，1992（3）：1-4，8，92.

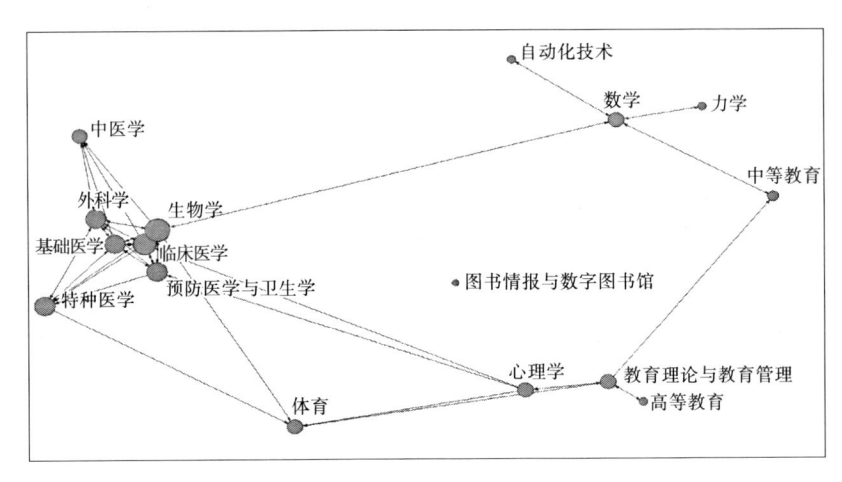

图28　1991—1995年体育学知识受体学科交叉网络结构

收母学科的知识，形成新的学科或者新的研究领域，等这一学科或者领域发展成熟以后，母学科又反过来吸收体育学的知识。

（四）1996—2000年

这一时期共有104个学科吸收了体育学的知识，从学科交叉网络来看，表征亲缘学科的节点数量为21个，比上一时期增加6个。相比之下，这一时期网络密度增加趋势更加明显，由上一阶段的183.9增加至615.4，和同期知识供体学科的交叉网络密度（382.4）相比，网络密度要高出很多。表明知识受体学科之间的联系比供体学科更加紧密，造成这种现象的原因主要是由于体育学辐集知识的范围要比辐射范围更广。知识受体学科数量少、距离近，学科之间联系更为紧密。相比之下，知识供体学科数量多，学科之间的跨度更大，学科之间的联系相对更加疏远。从图29中网络节点构成来看，和体育学关系最为密切的学科依然是特种医学、教育学、生物学、心理学，体育学对这些学科的影响较大。从网络中的聚类可以看到，这一时期医学、生物学学科群规模开始扩大，新增了中药学、医药卫生方针政策与法律法规研究、军事医学与卫生、生物医学工程4个学科，表明体育学对于医学的影响范围在逐渐扩大，而医学、生物学聚类内部的学科群之间的联系也越来越密切。这一时期教育学、心理学聚类将中等教育纳入聚类中，学科群已经初具规模。和医学、生物学聚类相比，这一时期体育学和教育学、心理学聚类的距离更近，体育学向这一聚类输出的知识量更大，联系更为紧密。除了传统的医学部类和教育学部类下的学科，一些新学科也出现在交叉网络中，如市场研究与信息、旅游、计算机软件及计算机应用等。表明随着体育学学术研究的演进，理论不断丰富，体育学的影响范围在进一步扩大，除了一些传统的知识互惠型学科，许多不同性质的学科也开始吸收体育学的知识和理论，其中既有属于社会科学范畴的学科，如旅游学、军事学，也有属于自然科学范畴的学科，如计算机软件及计算机应用。

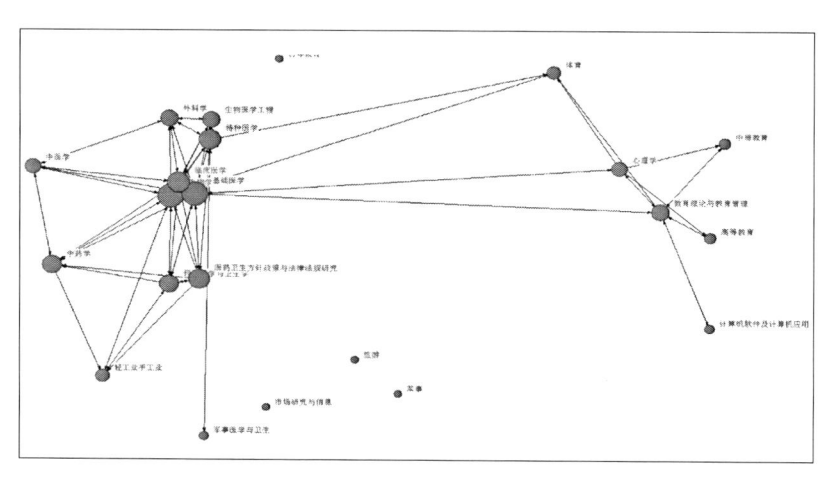

图29　1996—2000年体育学知识受体学科交叉网络结构

（五）2001—2005年

这一时期体育学知识受体学科一共有141个，亲缘学科数量达到了28个，学科交叉数量持续增加，覆盖面更广。网络密度也有所增加，从615.4增加至958.5，学科之间的信息交流量也逐渐增大。从图30中可以看到，体育、高等教育、心理学处于学科交叉网络的核心，表明这3个学科在学科交叉网络中处于枢纽地位，和绝大部分学科都发生过交叉。与上一时期相比，新增的学科包括服务业经济、贸易经济、经济体制改革、行政法及地方法制、图书情报与数字图书馆、公安、音乐舞蹈、新闻与传媒、内分泌腺及全身性疾病、资源科学、成人教育与特殊教育。新增的学科大部分属于人文社会科学领域，如经济学、传播学，属于自然科学的只有图书情报与数字图书馆和内分泌腺及全身性疾病。表明体育人文社会科学的影响力在不断增大，部分理论已经能够开始反哺母学科。从各个学科的距离来看，医学、生物学依然形成了一个聚类，且学科之间的距离非常近。教育学、心理学聚类的规模在继续扩大，新增了成人教育与特殊教育，此外还纳入了初等教育，越来越多的教育学分支学科开始吸收体育学的知识，体育学影响力进一步扩大。这一时期经济学聚类初现雏形，市场研究与信息、贸易经济、经济体制改革3个学科形成了较为紧密的联系。说明随着体育经济学研究逐渐成熟，体育学也开始反哺母学科，开始向经济学输出知识。此外，在图谱最左边，计算机软件与计算机应用、图书情报与数字图书馆、新闻与传媒也形成了一个小的聚类，这3个学科在中国知网学科专题中都被划入信息科技学科门类下。表明这一时期随着计算机、互联网的普及，体育学和信息科技学学科群的联系也开始变得密切。

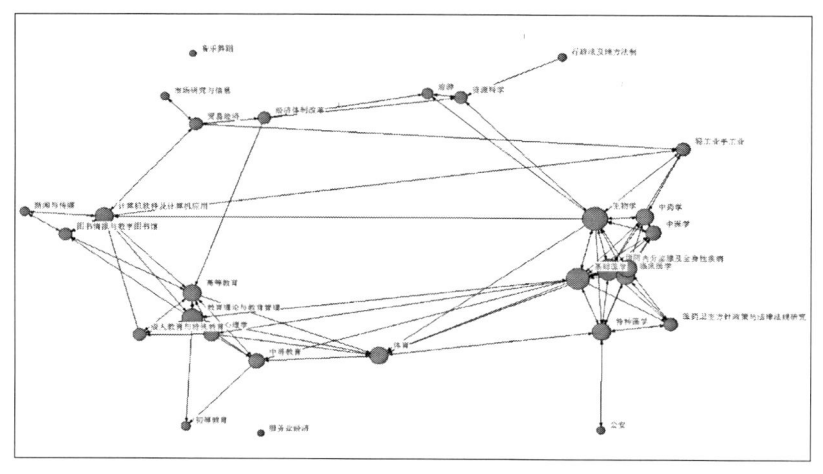

图30 2001—2005年体育学知识受体学科交叉网络结构

（六）2006—2010年

2006—2010年这一时期属于北京奥运会周期，作为在中国举办的最大规模的体育盛会，体育在这一时期引起各行各业的普遍关注。在科学研究领域也是一样，在国家科技战略的支持下，体育逐渐成为这一时期学术界普遍关注的热点。这一阶段体育学知识受体学科达到了163个，知识输出范围基本上覆盖了所有学科。学科交叉网络密度为2971，节点数量达到了32个。从网络结构来看（图31），形成3个主要的聚类，分别是医学、生物学聚类、教育学、心理学聚类、经济学聚类，和上一时期相同。3个聚类中，医学、生物学聚类和教育学、心理学聚类的变化并不大，经济学聚类新增了投资、工业经济、宏观经济管理与可持续发展、企业经济，并且这些学科之间的距离和上一时期相比更加靠近。随着体育经济学从研究前沿逐渐转化成为一个稳定的研究领域，经济学对于体育学而言不再是单向的知识供体学科，经济学也能够成为体育学的知识受体。这种双向的知识流通加深了学科之间的融合，为知识创新提供了有利的条件。此外，在图谱的左下角还有文化、新闻、图书馆情报与数字图书馆、计算机科学形成了一个小规模的聚类。这一时期还处于2008年北京奥运会周期，奥运会不仅是体育盛会，还是文化传播的一个非常好的平台。在体育学众多学科中，体育人文社会学和民族传统体育学不仅承载着科学研究的使命，还具备文化传播的功能，如民族体育文化学和体育史学承担着积淀和传承文化的作用，而比较体育学、奥林匹克学就承担着国际文化交流、沟通的作用[①]。因此，在这一时期文化、传媒等行业对于体育的关注度也比较高。

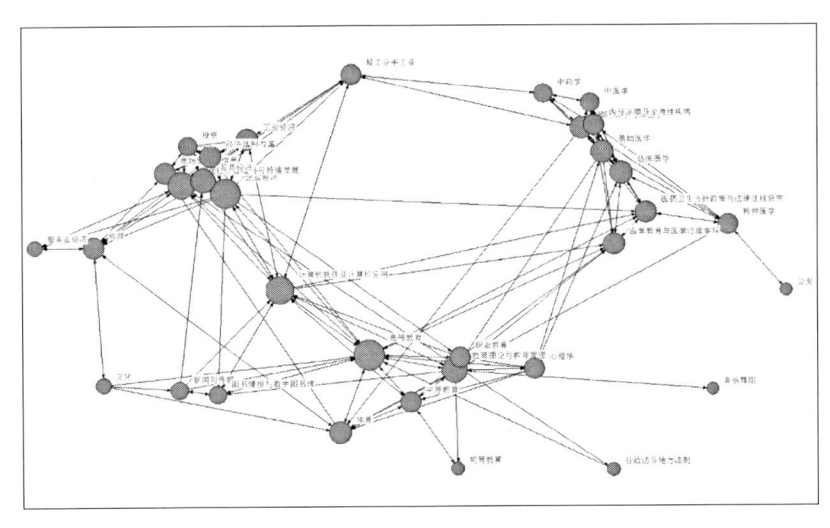

图31 2006—2010年体育学知识受体学科交叉网络结构

---

① 刘一民，曹莉. 体育人文社会学的功能——体育人文社会学元问题研究之三[J]. 武汉体育学院学报，2008，5：20-24，46.

（七）2011—2015年

从这一时期体育学知识流出所涉及的学科来看，数量达到了167个，知识输出范围涵盖了所有学科。从学科交叉网络特征来看（图32），网络中共有34个节点，网络密度为12335。从网络特征纵向演变来看，网络节点数量是1981—1985年时段的7倍，而网络规模则是当时的300倍，由最初分散的学科网络发展到形成包含固定学科群落的较为稳定的网络结构。这表明了近30年来，学科之间的联系越来越密切，在这一过程中，体育学的影响力也在不断提升，从之前只对医学、生物学、教育学等学科进行知识输出，发展至对全部学科都有知识输出。这一时期网络中形成了3个主要的聚类，医学、生物学聚类、教育学聚类、经济学聚类，表明体育学主要还是向这3个学科群输出知识。这一时期医学、生物学聚类的联系比上一时期更加紧密，并且新增了许多学科，如心血管系统疾病、神经病学、肿瘤学等。在2008年奥运会后，国人对于金牌的追求更加理性，运动人体科学研究的关注点从提高运动成绩转向"运动与健康"这一主题[①]。从体育学和各个聚类的距离来看，体育学依旧和教育学、心理学聚类联系更加密切，说明这一学科群吸收体育学的知识量最大，和体育学学科交叉最为密切。值得一提的是，这一时期和同期的知识流入网络一样，教育学、心理学聚类和经济学聚类的内部学科联系没有上一时期密切，这两个聚类之间的联系反而越来越密切。表明学科边界在不断淡化，学科交叉的跨度增大，学科交叉成为了科学研

---

①冯炜权. 加强运动人体科学研究，适应国际最新发展[J]. 体育与科学，2013，34（1）：17-18.

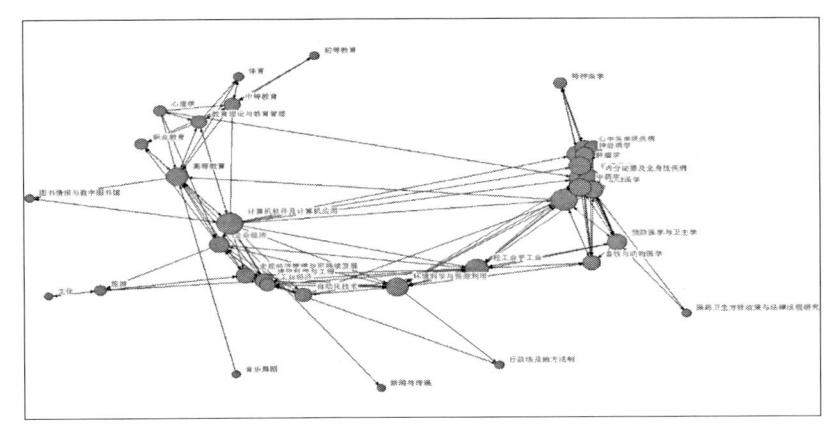

图32　2011—2015年体育学知识受体学科交叉网络结构

究中的普遍现象。与上一时期相比，以文化、传播为核心的小规模聚类不再出现，这验证了之前所述的这种聚类的出现是特定历史时期的特殊现象。

四、对于我国体育学学科体系的探讨

国内外许多学者对体育学的学科体系进行过研究，研究成果也比较丰富，但是对于体育学学科体系并未达成共识。造成这种现象的主要原因是学者们普遍采用规范研究的方式，自上而下地构建体育学学科体系。通过这种方式所构建的学科体系是体育学的"应然状态"，不同的分类标准所形成的学科体系截然不同。此外，研究者在构建体育学学科体系时，研究关注点主要集中在体育学学科本体，忽略了体育学与其他学科之间的关系。体育学本身是综合性的交叉学科，研究领域横跨了自然科学、人文科学、社会科学，任何一个标准都无法完全关照体育学知识体系，仅对本学科知识进行考察，依据学科内部知识的共性来构建学科体系显然是很难有说服力的。德国著名学者H.哈格在1992年提出了体育学学科体系构建的5种模式，指出可以根据母学科知识结构来考虑构建体育学学科体系[①]。2004年H.哈格提出以学科组群的方式来构建体育学的学科体系，将体育学分为4个学科基础群组，分别是医学和自然学科基础群，政治、经济、法律和管理类基础群，哲学、信息科学、历史学基础群，行为科学、社会科学、教育学基础群[②]。H.哈格的体育学学科分类思想为确定我国体育学学科体系提供了一个有益的参考。但是和其他学者一样，H.哈格对于体育学学科体系的研究主要采用规范研究的方式，利用演绎和归纳等方法，在理论层面描绘体育学的"应然状态"，据此自上而下地构建出体育学的学科体系。这种建立在思辨哲学、先验哲学基础上的规范研究在研究的精确性、可证伪性、科学性等方面都存在一定的缺陷，容易造成理论脱离实际的现象。对此，我们应着眼于体育学知识结构的"实然状态"，采用实证主义的研究进路，依据量化分析的结果提炼体育学学科分类模式，通过自下而上的路径构建出体育学学科体系。在本章的学科交叉结构的相关研究中，我们考察了改革开放以来我国体育学和外部学科之间的知识流动的演变，勾画出不同时期的学科交叉结构图。这种基于学科知识流动所形成的体育学和外部学科之间的知识结构图谱可以直观地显示出体育学相关学科之间的联系，也就是H.哈格所说的体育学母学科的知识组织结构，这为我们构建体育学的学科体系提供了依据。在实证的基础上，我们以H.哈格提出的学科分类思想为参考，从体育学和外部学科之

[①] Hagg H, Grupe O, Kirsch A. Sports Science in Germany [M]. Berlin: Spinger-Verlag, 1992: 1-2.
[②] Hagg H. Research Methodology for Sports and Exercise Science: A Comprehensive Introduction for Study and Research [M]. Berlin: Verlag Karl Hofmann, 2004: 14-18.

间的交叉关系入手，根据本章对于体育学知识供体学科和知识受体学科学科结构演化分析的结果，梳理出演化过程中出现的学科聚类群，由此勾勒出体育学学科体系的框架，并将相应的二级学科进行归类。通过对本章我国体育学学科交叉结构演化的梳理，我们发现在演化的过程中一共出现过6个学科聚类，以此为依据将体育学母学科的知识结构划分为6个学科群，还增加1个"其他学科群组"，为体育学新兴学科的设置留有空间。此外，不同的学科群聚类在演化过程中出现的次数并不一样，说明不同学科群组作为体育学母学科的稳定性也存在差异。因此，对于体育学学科体系并没有做层次上的划分，而是根据学科群聚类出现的次数来确定不同学科群组的稳定性。如图33所示，依据体育学和外部

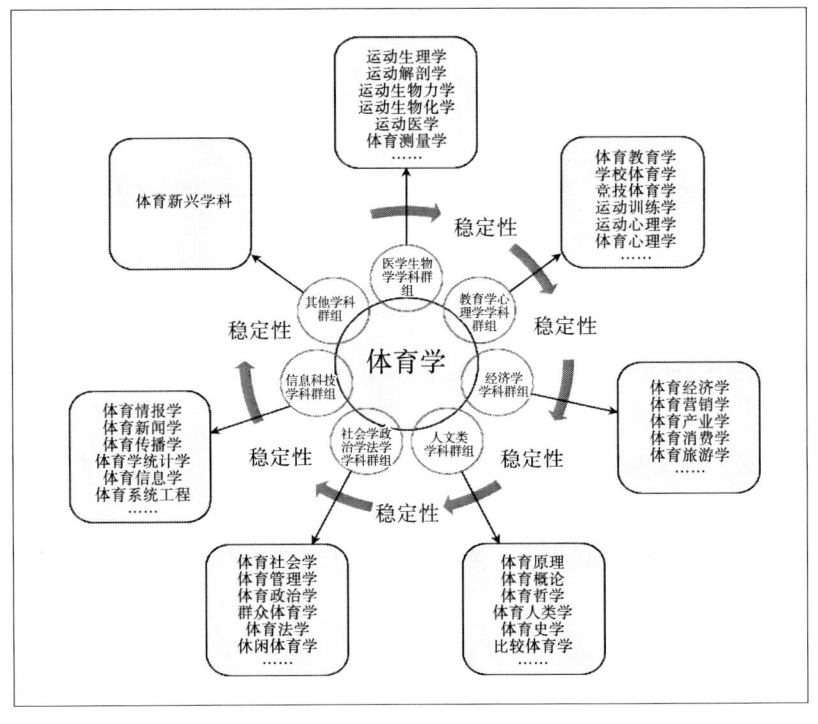

图33 本研究构建的体育学学科体系

学科的交叉关系将体育学学科体系分为7个群组，沿着顺时针箭头方向学科群组的稳定性逐渐降低。首先是医学、生物学学科群组的稳定性最高，其次是教育学、心理学学科群组、经济学学科群组、人文类学科群组、社会学、政治学、法学学科群组、信息科技学科群组、其他学科群组。在确定交叉学科群组的基础上，不同的分支学科或者研究领域则根据相应的母学科纳入不同的学科群组，形成了体育学的不同分支学科。

第六节 基于学科分类对我国体育学亲缘学科演化的考察

一、研究方法和数据的获取

为了进一步对体育学学科交叉知识演化进行分析，采用托尼·比彻的学科分类理论对体育学的亲缘学科进行分类。在托尼·比彻的学科分类理论中，他摒弃了传统单向度的学科分类方法，增加了一个分类维度，将学科分为软/硬和纯/应用两个维度。其中硬/软维度是以该领域内所有学者对某一特定理论体系或研究范式的认同程度来描述学科属性的一个指标，认同度高，则硬度高，软度低；认同度低，则硬度低，软度高。纯/应用维度描述的是该学科领域的研究问题应用于实践的程度。纯度比较高的学科体系的构建往往需要依赖前人的知识体系并吸取相关学科知识，按照线性、逻辑的模式加以累积，遵循以理论为导向形成知识体系的路线。而应用度较高的学科的许多概念和理论源于实践，这类学科体系的构建倾向于以实际需求为导向，由实践推动理论的方式而形成，即遵循"由下至上"的路线[①]。传统的学科分类方式大部分都是一维的、单向度的，如将学科分为自然学科、人文学科、社会学科。在科学聚合化发展趋势的当代，采用传统的单向度的方式无法对具有跨学科性质的学科进行合理的定位。托尼·比彻的学科分类方式本质上是对C.P.斯诺"两种文化"的否定，在"人文学科"和"科学学科"之间架设起相互联系的桥梁。托尼·比彻通过增加一个学科分类的维度，使得整个人类学科跨越了"人文学科"与"科学学科"之间的鸿沟，形成一个完整的学科分类逻辑链条，也使我们能够更加准确、更加细致地对学科进行归类。相比其他一维化的分类方式，这种分类理论能够帮助我们更加清晰地认识某一学科在学科体系中的位置以及学科性质。

和上一节一样，依据"帕累托法则"筛选出体育学知识流量排名前20%的学科，结合托尼·比彻的学科分类理论对这些学科进行分类，将相关学科分为硬–纯学科、硬–应用学科、软–纯学科、软–应用学科四种类型，将统计结果汇总制表。结合前两节获取的相关数据，对体育学亲缘学科类型的演变进行历时性分析，考察体育学亲缘的演化特征，为体育学学科交叉结构的探讨提供实证依据。为了更加直观地显示不同时期的体育学知识供体学科的类别，绘制基于托尼·比彻学科分类的象限图。如图34所示，在象限图中，横坐标代表学科的软/硬维度，由左向右硬度逐渐增加，软度降低；纵坐标代表学科的纯/应用维度，由下向上应用度逐渐增加，纯度降低。在象限图中，第一象限代表硬–应用学科，第二象限代表软–应用学科，第三象限代表纯–软学科，第四象限代表纯–硬学科。通过统计不同时期体育学知识流

[①]蒋洪池. 托尼·比彻的学科分类观及其价值探析［J］. 高等教育研究，2008（5）：93-98.

入学科类别占比，确定每一时期体育学知识供体学科在象限图中的位置。结合象限图和不同时期体育学亲缘学科的分类占比情况，分阶段对体育学亲缘学科的变化趋势进行探讨。需要说明的是，在本节中我们对亲缘学科类别从知识流入和知识流出两个视角进行分析。

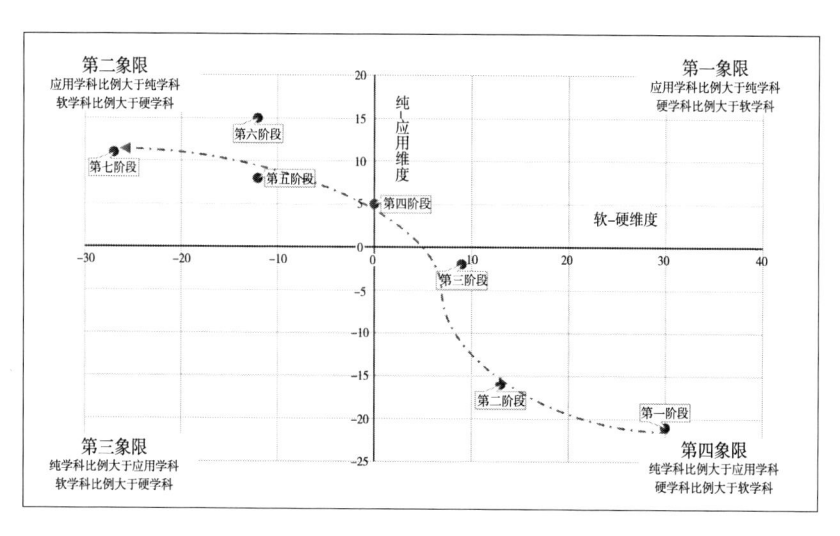

图34 不同时期体育学知识供体学科象限分布

二、知识流入视角下我国体育学亲缘学科演化

计算表5中不同时期知识受体学科的分类占比，并将硬学科平均值48%和应用学科平均值70%作为坐标的交点，做出7个阶段体育学知识供体学科不同类别占比的象限坐标图（图34）。在图34中，为了和其他参数相区别，坐标点命名用中文数字，坐标点一至七阶段分别代表以5年为标准对1981—2015年进行划分的7个阶段。

表5 不同类型知识受体学科占比

时间段	软-纯学科	软-应用学科	硬-纯学科	硬-应用学科
1981—1985年	16%	6%	35%	43%
1986—1990年	23%	16%	23%	38%
1991—1995年	17%	26%	15%	42%
1996—2000年	14%	38%	11%	37%
2001—2005年	14%	50%	8%	28%
2006—2010年	15%	64%	4%	17%
2011—2015年	11%	53%	4%	32%

（一）1981—1985年

如图34所示，在这一时期体育学的供体学科处于第四象限，说明纯-硬学科是体育学主要的知识供体学科。从表5也可以看到，首先与体育学关系最为密切的是"硬-应用学科"，占比43%，其次是"硬-纯学科""软-纯学科""软-应用学科"，分别占比35%、16%、6%。从学科类别的软-硬维度来看，体育学和认同度较高的"硬"学科之间的联系更加紧密（78%），而和认同度较低的"软"学科之间的联系较少（22%）。与体育学联系较为密切的"硬学科"包括实践性较强的医学和理论较强的生物学。从体育学学科史的梳理可以发现体育科学研究最早就是萌芽于医学、生理学、教育学、历史学等古老学科。体育学科学化的进程中，医学、生理学一直都是作为稳定的知识供体而存在的，因此和这两个学科之间的知识流动也更为频繁。而体育学和软学科的联系较少则表明受到改革开放以前体育科学研究过于倚重自然学科的惯性思维影响，体育人文社会科学遭到忽视。特别是体育社会科学，由于母学科社会科学研究在很长一段时间里被中断，这一时期社会科学自身都是在理论准备不成熟的情况下恢复和重建的[①]。因此，体育社会学科研究基本上处于空白阶段。而从纯-应用维度来看，体育学对于纯学科和应用学科的知识辐集量相差无几，分别为51%和49%。体育学研究的逻辑起点是"体育行为"[②]如何指导体育实践是体育学术研究的终极目的，这决定了体育学本身是一门实践性较强的学科，在学术研究的过程中，学者们比较注重对应用科学知识的吸纳。此外，基本理论的建设是一门学科成熟壮大的基石，特别是在学科恢复建设的初期，体育学也比较注重吸收纯学科的知识来夯实自身的理论基础。如20世纪80年代学者们对于体育学属性、概念、学科体系等理论问题大探讨就体现了早期基本理论研究的繁荣状态。

表6　1981—1985年供体学科

引用排名	学科名称	引用频次	百分比	学科类别
1	生物学	44	15.0%	硬-纯学科
2	特种医学	29	9.9%	硬-应用学科
3	数学	26	8.9%	硬-纯学科
4	基础医学	19	6.5%	硬-应用学科
5	教育理论与教育管理	12	4.1%	软-应用学科
6	心血管系统疾病	12	4.1%	硬-应用学科
7	心理学	12	4.1%	软-纯学科

---

①张向东.对我国社会学发展道路的反思［J］.宁夏社会科学，1989（2）：49-52.
②刘一民，房蕊.体育学的逻辑起点及其学科体系重建：体育行为观视角［J］.天津体育学院学报，2012，27（5）：404-407.

(续表)

引用排名	学科名称	引用频次	百分比	学科类别
8	临床医学	11	3.8%	硬-应用学科
9	哲学	10	3.4%	软-纯学科
10	自然科学理论与方法	10	3.4%	软-纯学科
11	预防医学与卫生学	8	2.7%	硬-应用学科
12	中医学	7	2.4%	硬-应用学科

（二）1986—1990年

这一时期体育学知识供体学科依然处于第四象限，但和上一时期相比，开始向着左上方的第二象限移动。从学科类别的软-硬维度来看，这一时期体育学还是和自然科学的关系更为密切，在知识供体学科中，61%的学科都属于"硬学科"。这一时期软学科的比例增幅较大，由上一阶段的22%增加至39%（表7）。从软学科的构成来看，教育学、社会学、管理学等学科都成为体育学辐集知识的对象。改革开放为我国体育社会科学的发展提供了学习和借鉴国外研究成果的机会，我国社会科学的繁荣又为体育社会科学的发展提供了理论知识的支持[①]。1985年后我国出现了一批比较有价值的体育社会学专题论文，1987年，国家体育运动委员会在《关于加强体育理论建设的决定》中提出了"有计划地加强体育社会学研究"。同年中国体育科学学会成立了体育社会学学会。这一时期社会学及统计学也出现在亲缘网

---

① 陈俊钦，黄汉升，朱昌义，等. 改革开放后我国体育社会科学发展的审视——以历届全国体育科学大会为视角[J]. 广州体育学院学报，2006（4）：1-4.

络中，尽管和其他学科的联系并不密切，但可以看到体育社会学研究已经逐渐引起学界的注意。体育学术研究从以往单一的生物学、医学、教育学的视角来研究体育现象，逐步向多学科综合的视角转变。从学科分类的纯-应用维度来看，这一时期纯学科占比46%，应用学科占比54%。与上一时期相比，纯学科的占比继续下降，体育学和应用学科的关系开始变得越来越密切。体育学跨学科研究的目的并不是为了追求某一理论上的创新，而是通过学科之间的有机融合来解决体育运动实践中所出现的问题[①]。这种以问题为导向的跨学科研究使得体育学更倾向于和应用学科产生交叉。虽然纯学科的比例有所下降，但是软-纯学科的占比有所增加。这说明体育理论研究得到重视，而原本属于体育理论研究范畴的体育人文研究也开始萌芽。

表7 1986—1990年供体学科

引用排名	学科名称	引用频次	百分比	学科类别
1	特种医学	89	13.0%	硬-应用学科
2	生物学	72	10.5%	硬-纯学科
3	心理学	64	9.4%	软-纯学科
4	教育理论与教育管理	45	6.6%	软-应用学科
5	数学	37	5.4%	硬-纯学科
6	预防医学与卫生学	30	4.4%	硬-应用学科
7	哲学	30	4.4%	软-纯学科
8	基础医学	24	3.5%	硬-应用学科
9	中医学	21	3.1%	硬-应用学科

---

① 李永宪，刘波，肖宇.体育科学跨学科研究初探［J］.体育学刊，2010，17（8）：11-16.

（续表）

引用排名	学科名称	引用频次	百分比	学科类别
10	社会学及统计学	18	2.6%	软-应用学科
11	心血管系统疾病	16	2.3%	硬-应用学科
12	自然科学理论与方法	15	2.2%	软-纯学科
13	科学研究管理	11	1.6%	软-应用学科

（三）1991—1995年

如表8所示，这一时期硬-应用学科占比最高，达到42%，其次是软-应用学科、软-纯学科、硬-纯学科，分别占比26%、17%、15%。从供体学科的类别的软-硬维度来看，软学科的数量由上一时期的39%增加至43%，硬学科的比例由61%降至57%。说明这一时期体育学和人文社会学科之间的交叉趋势明显，体育人文社会科学研究开始崛起。体育是人类的一项特殊活动和社会现象，对体育的特征可以从不同的视角进行观察和认识。从不同的角度和层次观察和认识体育，会呈现出不同的结构和特征，表现出不同的功能和性质[①]。体育的这种特性决定了研究体育现象不仅能够按照自然科学研究范式来开展，还能以人文社会科学的范式进行研究。研究范式的转变不仅有助于辐集更多的理论，还能够带来全新的研究方法。人文社会科学研究范式改变了自然科学研究方法单一的缺点，研究方法的多样性给体育学术研究注入了强大的生命力。如人类学中的田野调查法、图书情报学中的文献计量法、社会学中的质性研究法、考古学中的谱系

[①] 刘一民，曹莉. 体育人文社会学的研究对象及方法论特征——体育人文社会学元问题研究之二［J］. 武汉体育学院学报，2008（4）：16-20.

法等。这些新方法以及随之而来的理论冲击使得体育学术不断创新,更多的学者开始从事体育人文社会学研究,体育学和软学科的交叉关系越来越密切。从学科类别的纯-应用维度来看,这一时期应用学科的数量由上一时期的54%增加至68%,纯学科比例由46%降为32%。结合上两个阶段的发展趋势来看,体育学吸收应用学科的知识量逐渐增多,和应用学科的交叉越发明显。从表8中可以看到,这一时期不仅仅是医学部类的应用学科和体育学发生交叉,具有人文社会科学属性的软-应用学科如管理学、中等教育、高等教育、旅游等学科都成为了体育学知识供体学科,体现出鲜明的实用主义倾向。

表8　1991—1995年供体学科

引用排名	学科名称	引用频次	百分比	学科类别
1	特种医学	381	13.6%	硬-应用学科
2	教育理论与教育管理	263	9.4%	软-应用学科
3	生物学	238	8.5%	硬-纯学科
4	心理学	231	8.2%	软-纯学科
5	基础医学	150	5.3%	硬-应用学科
6	预防医学与卫生学	112	4.0%	硬-应用学科
7	数学	105	3.7%	硬-纯学科
8	社会学及统计学	92	3.3%	软-应用学科
9	临床医学	87	3.1%	硬-应用学科
10	中医学	64	2.3%	硬-应用学科
11	哲学	57	2.0%	软-纯学科
12	非线性科学与系统科学	55	2.0%	硬-应用学科
13	医药卫生方针政策与法律法规研究	41	1.5%	软-应用学科
14	科学研究管理	40	1.4%	软-应用学科
15	管理学	37	1.3%	软-应用学科

(续表)

引用排名	学科名称	引用频次	百分比	学科类别
16	中等教育	37	1.3%	软-应用学科
17	旅游	36	1.3%	软-应用学科
18	高等教育	36	1.3%	软-应用学科
19	马克思主义	29	1.0%	软-纯学科
20	心血管系统疾病	28	1.0%	硬-应用学科
21	生物医学工程	28	1.0%	硬-应用学科
22	自然科学理论与方法	28	1.0%	软-纯学科
23	外科学	24	0.9%	硬-应用学科
24	考古	24	0.9%	软-纯学科

（四）1996—2000年

这一时期供体学科类别已经由第四象限移至第一象限和第二象限交界处，说明应用学科在供体学科中的比例逐渐增大。从这一时期供体学科的类别来看（表9），占比最多的是软-应用学科，其次是硬-应用学科、软-纯学科、硬-纯学科。从学科的纯-应用维度来看，纯学科占比28%，应用学科占比72%。通过和前几个时期比较发现，最大的变化在于软-应用学科由最初阶段的占比最少学科群，通过近20年的发展，已经成长为体育学主要的知识输入学科群。这一类别的学科群从单一的教育学部类的学科群逐渐发展成为包含教育学、社会学、经济学、政治学等学科的庞大学科群。表明体育学术研究偏向于解决体育现实问题，对于纯理论知识的吸收意愿不足。从学科分类的软-硬维度来看，软学科占比52%，硬学科占比48%，软学科的比例首次超过硬学科。表明体育学科研究的内容在不断完善和丰富，体育人文社会学把更多有关体育的社会文化现象纳入自己的研究范畴，这就需要体育学从软度更高的人文社会科学中吸收知识，这使得体育学和软学科的交叉度更高。此外，体育经济学在这一时期成为研究热点也使得体育学更加倾向于和具有软学科属性的经济学发生交叉。

表9 1996—2000年供体学科

引用排名	学科名称	引用频次	百分比	学科类别
1	特种医学	1322	12.6%	硬-应用学科
2	教育理论与教育管理	1283	12.3%	软-应用学科
3	心理学	764	7.3%	软-纯学科
4	生物学	618	5.9%	硬-纯学科
5	基础医学	520	5.0%	硬-应用学科
6	高等教育	418	4.0%	软-应用学科
7	预防医学与卫生学	404	3.9%	硬-应用学科
8	中等教育	339	3.2%	软-应用学科
9	社会学及统计学	332	3.2%	软-应用学科
10	数学	289	2.8%	硬-纯学科
11	临床医学	223	2.1%	硬-应用学科
12	哲学	189	1.8%	软-纯学科
13	中医学	169	1.6%	硬-应用学科
14	医药卫生方针政策与法律法规研究	161	1.5%	软-应用学科
15	经济理论及经济思想史	146	1.4%	软-纯学科
16	科学研究管理	130	1.2%	软-应用学科
17	非线性科学与系统科学	121	1.2%	硬-应用学科
18	中国政治与国际政治	104	1.0%	软-应用学科
19	中药学	103	1.0%	硬-应用学科
20	经济体制改革	101	1.0%	软-应用学科

（续表）

引用排名	学科名称	引用频次	百分比	学科类别
21	心血管系统疾病	101	1.0%	硬-应用学科
22	计算机软件及计算机应用	96	0.9%	硬-应用学科
23	马克思主义	94	0.9%	软-纯学科
24	管理学	84	0.8%	软-应用学科
25	生物医学工程	82	0.8%	硬-应用学科
26	旅游	76	0.7%	软-应用学科
27	企业经济	75	0.7%	软-应用学科
28	宏观经济管理与可持续发展	74	0.7%	软-应用学科

（五）2001—2005年

图34显示，这一时期体育学供体学科开始进入第二象限，整个供体学科的性质向着软性化、应用化转变。从表10中也可以看到，这一时期软-应用学科占比最高，为50%，其次是硬-应用学科、软-纯学科、硬-纯学科，分别占比28%、14%、8%。从学科的纯-应用维度来看，纯学科占比22%，应用学科占比78%。体育学是一门实践性非常强的学科，因此体育学对于技术型、应用型知识需求量更高。在进入21世纪以后，体育学和这些学科体现出深度融合的趋势。以教育学为例，随着教育理论的深化，中等教育、高等教育、成人教育、特殊教育等分支学科也发展壮大，这为体育教育研究提供了丰富的知识养料，使得体育学和教育学之间的交叉更加深化。相比之下，体育学和一些"纯度"较高的基础理论学科之间的联系没有那么紧密。基础研究的周期长，成果回报难以立竿见影，往往容易被忽视，但是基础研究是学科发展的根本，一旦取得突破能够

引起重大的科学变革,如"红白肌学说""超量恢复理论",都有力地推动了竞技运动的发展[①]。而从学科的软-硬维度来看,软学科占比64%,硬学科占比36%。软学科的比例持续增加表明体育运动实践日益多元化,体育的人文社会功能被进一步挖掘,"软度"更高的人文社会科学类别的学科对于体育学的影响力进一步增大。

表10 2001—2005年供体学科

引用排名	学科名称	引用频次	百分比	学科类别
1	特种医学	574	20.2%	硬-应用学科
2	中等教育	328	11.5%	软-应用学科
3	生物学	327	11.5%	硬-纯学科
4	高等教育	196	6.9%	软-应用学科
5	教育理论与教育管理	175	6.1%	软-应用学科
6	心理学	146	5.1%	软-纯学科
7	基础医学	113	4.0%	硬-应用学科
8	中医学	79	2.8%	硬-应用学科
9	预防医学与卫生学	75	2.6%	硬-应用学科
10	市场研究与信息	61	2.1%	软-应用学科
11	临床医学	48	1.7%	硬-应用学科
12	中药学	44	1.5%	硬-应用学科
13	旅游	43	1.5%	软-应用学科
14	军事	29	1.0%	软-应用学科
15	医药卫生方针政策与法律法规研究	27	0.9%	软-应用学科
16	轻工业手工业	26	0.9%	硬-应用学科

[①] 李元伟. 科技与体育——关于新世纪体育科学技术发展问题 [J]. 中国体育科技,2002(6):3-8,19.

（续表）

引用排名	学科名称	引用频次	百分比	学科类别
17	外科学	24	0.8%	硬-应用学科
18	军事医学与卫生	24	0.8%	硬-应用学科
19	生物医学工程	24	0.8%	硬-应用学科
20	初等教育	23	0.8%	软-应用学科
21	计算机软件及计算机应用	22	0.8%	硬-应用学科

（六）2006—2010年

如图34所示，这一时期供体学科的位置继续向着象限图的左上方移动，说明软度和应用度继续增加。从知识供体学科的类别比例来看，软-应用学科占比最高，达到64%，其次是硬-应用学科、软-纯学科、硬-纯学科，分别占比17%、15%、4%，从供体学科的纯-应用维度来看，应用学科的比例继续增加，占比81%，纯学科占比19%（表11）。表明应用学科已经成为体育学最大的知识输入来源学科。相比于纯学科，应用学科更多是研究理论在实践中的应用，和体育学偏重于实践的属性很好地契合，应用学科逐渐发展成为体育学最大的知识供体学科群是有其必然性的。从软-硬维度来看，软学科占比继续增多，达到79%，而硬学科占比21%。从前面的分析可以看到，这一时期新增学科全部都是"软度"较高的学科，这是体育实践多元化所带来的必然结果。除了体育的健身价值和育人价值以外，体育的社会价值和人文价值被充分挖掘，无论是具有实际应用价值的法学、管理学、行政学，还是偏重于学理性或者价值探讨型的中国语言文字、音乐舞蹈，这些学科知识都能在体育学研究中找到契合点，这和体育实践的多元化发展是分不开的。

表11　2006—2010年供体学科

引用排名	学科名称	引用频次	百分比	学科类别
1	教育理论与教育管理	17659	12.7%	软-应用学科
2	中等教育	11137	8.0%	软-应用学科
3	高等教育	8796	6.3%	软-应用学科
4	心理学	7362	5.3%	软-纯学科
5	特种医学	7207	5.2%	硬-应用学科
6	社会学及统计学	5115	3.7%	软-应用学科
7	旅游	3316	2.4%	软-应用学科
8	生物学	3234	2.3%	硬-纯学科
9	哲学	3082	2.2%	软-纯学科
10	文化	2916	2.1%	软-纯学科
11	预防医学与卫生学	2885	2.1%	硬-应用学科
12	基础医学	2739	2.0%	硬-应用学科
13	中国政治与国际政治	2383	1.7%	软-应用学科
14	企业经济	2290	1.6%	软-应用学科
15	新闻与传媒	2194	1.6%	软-应用学科
16	宏观经济管理与可持续发展	1991	1.4%	软-应用学科
17	计算机软件及计算机应用	1808	1.3%	硬-应用学科
18	经济体制改革	1764	1.3%	软-应用学科
19	经济理论及经济思想史	1735	1.2%	软-纯学科
20	市场研究与信息	1593	1.1%	软-应用学科
21	医药卫生方针政策与法律法规研究	1575	1.1%	软-应用学科
22	音乐舞蹈	1511	1.1%	软-应用学科
23	数学	1500	1.1%	硬-纯学科
24	中医学	1315	0.9%	硬-应用学科
25	临床医学	1275	0.9%	硬-应用学科
26	贸易经济	1198	0.9%	软-应用学科

（续表）

引用排名	学科名称	引用频次	百分比	学科类别
27	行政法及地方法制	1168	0.8%	软-应用学科
28	成人教育与特殊教育	1122	0.8%	软-应用学科
29	职业教育	984	0.7%	软-应用学科
30	中国语言文字	951	0.7%	软-纯学科
31	服务业经济	950	0.7%	软-应用学科
32	内分泌腺及全身性疾病	938	0.7%	硬-应用学科
33	初等教育	899	0.6%	软-应用学科
34	行政学及国家行政管理	884	0.6%	软-应用学科

（七）2011—2015年

从象限图来看，这一时期供体学科的软度达到了峰值，而应用度有所降低。与上一时期相比，这一时期的软-应用学科比例有所下降，但依然是所有类别中占比最高的，达到53%，其次是硬-应用学科、软-纯学科、硬-纯学科，分别占比32%、11%、4%（表12）。这一时期软-应用学科占比不再一味升高，开始回调，硬-应用学科则有所上升，软-纯学科以及硬-纯学科的比例变动一直都不大，稳定在一定的区间内。这提示我们各种类别的学科流入体育学知识量比例相对稳定，体育学和外部学科的交叉关系相对稳固，这也是体育学科日趋成熟的表现。从学科的纯-应用维度来看，应用学科的比例占85%，纯学科的比例占15%。结合前几个时期的趋势来看，体育学30年来越来越倾向于和应用学科产生交叉，和纯学科的关系越来越疏远。尽管偏重实践决定了体育学科和应用学科关系更为密切，但是要引起我们反思的是，对于纯学科的忽视说明研究者学术价值观过于功利，较少学者会致力于难度大、耗时长、转化效益低的基本理论研究。从学科类别的软-硬维度来看，软学科占比64%，硬学科占比36%。结合前几个阶段来看，软学科的比例由最初的22%逐渐增加至64%，体育学30年来和软学科的关系越来越密切。造成这种现象的主要原因就是体育学和软度较高的人文社会科学交叉融合日益深入，使得体育人文社会科学快速地发展壮大。体育人文社会科学的勃兴既是我国体育运动实践的需要，也是当代科学发展的规律所致。从体育运动实践来看，中华人民共和国成立以来体育事业的高速发展，体育的政治、经济、文化功能价值不断凸显，以往从医学、生物学、教育学视角进行研究已经无法完全关照多元化的体育运动实践。为了更好地对体育现象进行描述、解释、预测，通过和软度较高的人文社会科学发生交叉，体育学获得学术思想上的启迪，不仅取得了许多原创性的学术成果，还创造了许多新的体育学科，如体育哲学、体育人类学、体育社会学、体育管理学等。随着国家经济增长、社会进步，国家以经济建设为中心的战略调整，体育的政治功能被逐渐淡化。特别是在2008年北京奥运会后，我国从体育大国向体育强国迈进，体育的人本主义价值观得到进一步体现，从主要为政治服务，转到为满足人类全面发展需求的轨道上来[①]。另外，从当代科学发展的趋势来看，高度分化和高度综合并行是当代科学发展的主要趋势，学科交叉、融合成为了寻获新的科学生长点、新的科学前沿的主要手段[②]。在学科内部需求和外部环境变化的双重作用下，体育学作为一门以问题为导向的学科，自然科学和人文社会科学都可以在体

---

① 胡小明. 新世纪——中国体育的理论创新［J］. 体育文化导刊，2002（1）：4-7.
② 蔡兵，马跃. 交叉学科研究的动力机制分析［J］. 西南交通大学学报：社会科学版，2008（1）：75-80.

育领域内寻找到知识的逻辑生长点，这使得自然科学和人文社会科学融入体育学成为了不可避免的趋势。

表12　2011—2015年供体学科

引用排名	学科名称	引用频次	百分比	学科类别
1	教育理论与教育管理	18522	7.0%	软-应用学科
2	高等教育	14651	5.5%	软-应用学科
3	中等教育	14296	5.4%	软-应用学科
4	特种医学	10881	4.1%	硬-应用学科
5	心理学	10466	3.9%	软-纯学科
6	旅游	9469	3.6%	软-应用学科
7	社会学及统计学	6709	2.5%	软-应用学科
8	中药学	6610	2.5%	硬-应用学科
9	文化	5604	2.1%	软-纯学科
10	内分泌腺及全身性疾病	5550	2.1%	硬-应用学科
11	心血管系统疾病	5294	2.0%	硬-应用学科
12	宏观经济管理与可持续发展	5152	1.9%	软-应用学科
13	生物学	5081	1.9%	硬-纯学科
14	外科学	4974	1.9%	硬-应用学科
15	预防医学与卫生学	4720	1.8%	硬-应用学科
16	计算机软件及计算机应用	4626	1.7%	硬-应用学科
17	企业经济	4535	1.7%	软-应用学科
18	新闻与传媒	4317	1.6%	软-应用学科
19	哲学	4087	1.5%	软-纯学科
20	基础医学	3907	1.5%	硬-应用学科
21	中国政治与国际政治	3739	1.4%	软-应用学科
22	中医学	3670	1.4%	硬-应用学科

(续表)

引用排名	学科名称	引用频次	百分比	学科类别
23	临床医学	3602	1.4%	硬-应用学科
24	数学	3098	1.2%	硬-纯学科
25	医药卫生方针政策与法律法规研究	2967	1.1%	软-应用学科
26	神经病学	2959	1.1%	硬-应用学科
27	职业教育	2794	1.0%	软-应用学科
28	音乐舞蹈	2760	1.0%	软-应用学科
29	行政学及国家行政管理	2543	1.0%	软-应用学科
30	市场研究与信息	2510	0.9%	软-应用学科
31	建筑科学与工程	2460	0.9%	硬-应用学科
32	行政法及地方法制	2447	0.9%	软-应用学科
33	精神病学	2297	0.9%	硬-应用学科
34	经济体制改革	2201	0.8%	软-应用学科

三、知识流出视角下我国体育学亲缘学科演化

和知识供体学科类别分析一样，为了更加直观地呈现不同时期体育学知识受体学科的类别演化，绘制知识受体学科类别象限图。计算出表13中知识受体学科的分类占比，并将硬学科平均值54%和应用学科平均值79%作为坐标的交点，做出7个阶段体育学知识受体学科不同类别占比的象限分布图（图35）。结合象限图和不同时期知识受体学科的分类占比情况，分阶段对体育学知识受体学科的变化趋势进行探讨。

表13　不同类型受体学科占比

时间段	软-纯学科	软-应用学科	硬-纯学科	硬-应用学科
1981—1985年	0%	0%	35%	65%
1986—1990年	16%	22%	25%	37%
1991—1995年	8%	29%	18%	45%
1996—2000年	14%	38%	11%	37%
2001—2005年	4%	57%	3%	36%
2006—2010年	4%	69%	0%	27%
2011—2015年	3%	60%	4%	33%

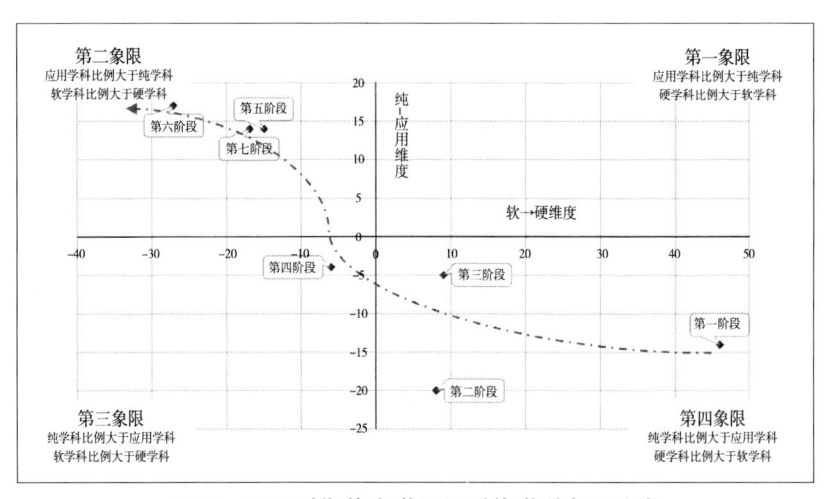

图35　不同时期体育学知识受体学科象限分布

（一）1981—1985年

从知识受体学科象限图来看，前三个阶段体育学知识受体学科都处于第四象限。从体育学知识流出的学科类别来看（表14），这一阶段体育学只和硬-应用学科（65%）和硬-纯学科（35%）发生联系。造成这种现象的原因一是由于当时的体育学主要还是偏向于硬度较高的自然科学，和医学、生物学等学科联系更为密切，二是由于体育社会学作为社会学的分支领域，其建立和发展是紧跟着社会学的重建而进行的。在改革开放初期，母学科社会学自身都处于重建时期，体育社会学研究基本是空白，不可能反哺母学科。而体育人文学科在这一时期主要是探讨自身领域内的理论问题，如体育的本质、概念、体育学学科性质、体系等问题，对于其他学科而言，能够借鉴的地方较少。总而言之，20世纪80年代体育科学处于初创阶段，学科的发展落后于国外，也落后于体育运动实践的需要，在与外部学科的互动过程中较为被动，只能对外部学科的理论亦步亦趋，而本学科的理论解释力不足，得不到认可，大部分受体学科吸收体育学知识的主要目的是将体育作为一个变量来进行分析。

表14　1981—1985年体育科学的受体学科

引用排名	受体学科	引用频次	百分比	学科类别
1	特种医学	18	30.0%	硬-应用学科
2	生物学	8	13.3%	硬-纯学科
3	心血管系统疾病	6	10.0%	硬-应用学科
4	数学	5	8.3%	硬-纯学科

（二）1986—1990年

如图35所示，这一时期供体学科所处的位置依然在第四象限，但学科的硬度变低，应用度有所下降。从知识流出学科类别来看，硬-应用学科的比例最高，其次是硬-纯学科，软-应用学科，软-纯学科（表15）。从学科的纯-应用维度来看，应用学科比例占到59%，纯学科比例占到41%。体育是实践性较强的学科，学科性质和一些纯学科的差距较大，学科性质相近致使应用学科会更容易吸纳体育学的知识。相对于应用学科，纯学科较少吸收外部学科的知识。因为纯学科一般都是理论性较强的学科，作为基础学科，此类学科大部分时候都是作为知识供体学科向其他学科输出知识。从学科的软-硬维度来看，硬学科的比例占62%，而软学科的比例占38%。吸收体育学知识的硬学科主要还是和人体运动相关的医学部类的学科和生物学科，而软学科中主要还是教育学和心理学。体育学在发展壮大的过程中，体育学科理论知识反哺的对象大部分都是一些传统的母学科。母学科对于体育学知识的认可度更高，因为体育学科领域内的知识很大一部分都是源于母学科，是在吸纳母学科知识的基础上进行研究所形成的理论和知识，这在一定程度上更容易得到这些母学科的认可。

表15　1986—1990年体育科学的受体学科

引用排名	受体学科	引用频次	百分比	学科类别
1	特种医学	33	13.8%	硬-应用学科
2	数学	24	10.0%	硬-纯学科
3	心理学	22	9.2%	软-纯学科
4	高等教育	17	7.1%	软-应用学科
5	中等教育	14	5.8%	软-应用学科
6	生物学	12	5.0%	硬-纯学科
7	预防医学与卫生学	10	4.2%	硬-应用学科
8	轻工业手工业	9	3.8%	硬-应用学科

（三）1991—1995年

这一时期体育学知识受体学科依然处于第四象限，和上一时期相比，学科硬度变化不大，而应用度增幅明显。如表16所示，从受体学科的类别来看，硬-应用学科的占比最多，为45%，然后依次是软-应用学科、硬-纯学科、软-纯学科，分别占比29%、18%、8%。在硬-应用学科中，和前两个时期一样，医学部类的学科占绝大多数，不同的是在知识受体学科中出现了属于信息科技部类的图书情报与数字图书馆和自动化技术两个学科。这表明随着计算机科学的发展，信息科技也把触角伸入体育领域。体育运动实践的多样性和鲜活性为信息科技研究提供了一个理想的研究对象，在对体育运动和体育现象进行研究的过程中，必然要结合体育学科的相关知识才能更加清晰、深入地认识研究对象。从软-应用学科的构成来看，3个学科都属于教育学部类，这表明了教育学不仅作为母学科能够为体育学输出知识，而且体育作为教育的重要组成部分，也是教育学学术探讨的重点，在这一过程中，体育学科的理论和知识能够反哺教育学，帮助教育学完善自身的理论体系。和其他类别相比，硬-纯学科和软-纯学科占比相对较少，但从所包含的学科来看也产生了一定的变化。生物学、数学、心理学一直都是和体育学关系比较密切的学科，从前两个阶段的分析来看，这3个学科都一直不断地吸收体育学科知识。力学则是在这一阶段出现的新学科，这表明我国运动生物力学通过多年的发展，研究水平得到了较大幅度的提升，形成了自身特色的理论体系。特别是20世纪80年代中后期在国家体育总局科教司的组织下，形成了一支高水平的研究队伍，对我国运动生物力学研究起到了极大的推进作用[①]。20世纪90年代初也是运动生物力学学科建设大发展时期，1990年出版了第一本教材，1993年上海体育学院获得运动生物力学博士授予权，许多学者前往美国、德国、日本等国进行学术交流，扩大了我国运动生物力学的影响力，相关研究成果也得到了母学科的认同和引用。

表16 1991—1995年体育科学的受体学科

引用排名	受体学科	引用频次	百分比	学科类别
1	特种医学	121	17.5%	硬-应用学科
2	中等教育	78	11.3%	软-应用学科
3	生物学	62	9.0%	硬-纯学科
4	心理学	42	6.1%	软-纯学科
5	高等教育	39	5.7%	软-应用学科
6	教育理论与教育管理	33	4.8%	软-应用学科
7	预防医学与卫生学	23	3.3%	硬-应用学科
8	基础医学	22	3.2%	硬-应用学科
9	中医学	18	2.6%	硬-应用学科
10	数学	16	2.3%	硬-纯学科
11	自动化技术	13	1.9%	硬-应用学科
12	图书情报与数字图书馆	12	1.7%	硬-应用学科
13	力学	11	1.6%	硬-纯学科
14	临床医学	10	1.4%	硬-应用学科
15	外科学	10	1.4%	硬-应用学科

①罗建新，杨庆辞，刘子东.运动生物力学［M］.北京：北京师范大学出版社，2010.

（四）1996—2000年

从象限图可以看到，这一时期的受体学科类别已经移至第三象限，受体学科的应用度、软度继续增大。从表17中可以看到，在这一时期体育学科的受体学科中，硬-应用学科占比最大，占总量的44%，其次是软-应用学科、硬-纯学科、软-纯学科，分别占比37%、13%、6%。从学科类别的软-硬维度来看，硬学科占比57%，软学科占比43%，软学科的比例增幅较大。这一时期软学科新增了旅游、军事、市场研究与信息、医药卫生方针政策与法律法规研究等学科，硬学科所包含的学科变化不大，主要还是和医学、生物学、信息科学等部类的学科产生交叉。随着学术水平的不断提高，知识体量不断增加，体育学知识不仅能反哺传统的母学科，还能对一些新学科产生广泛的影响。尤其是体育人文社会科学的发展壮大，使得体育学的反哺对象不仅限于自然科学，对于人文社会科学也产生了一定的影响。从学科类别的纯-应用维度来看，这一时期纯学科的比例为21%，应用学科占比79%。和上一时期相比，应用学科的占比继续增加。从涉及学科的数量来看，应用学科的数量达到了19个，包含了医学、教育学、经济学、信息科学等学科，而纯学科的数量只有2个，分别是心理学和生物学。表明体育学对于实用性学科影响较大，这种影响力的提升不仅表现在知识输出量的增加，还体现在知识输出覆盖面的扩大。而对于理论性较强的学科，虽然知识流量在不断增加，但是影响范围较小，仅限一些传统的亲缘学科。

表17　1996—2000年体育科学的受体学科

引用排名	受体学科	引用频次	百分比	学科类别
1	特种医学	574	20.2%	硬-应用学科
2	中等教育	328	11.5%	软-应用学科
3	生物学	327	11.5%	硬-纯学科
4	高等教育	196	6.9%	软-应用学科
5	教育理论与教育管理	175	6.1%	软-应用学科
6	心理学	146	5.1%	软-纯学科
7	基础医学	113	4.0%	硬-应用学科
8	中医学	79	2.8%	硬-应用学科
9	预防医学与卫生学	75	2.6%	硬-应用学科
10	市场研究与信息	61	2.1%	软-应用学科
11	临床医学	48	1.7%	硬-应用学科
12	中药学	44	1.5%	硬-应用学科
13	旅游	43	1.5%	软-应用学科
14	军事	29	1.0%	软-应用学科
15	医药卫生方针政策与法律法规研究	27	0.9%	软-应用学科
16	轻工业手工业	26	0.9%	硬-应用学科
17	外科学	24	0.8%	硬-应用学科
18	军事医学与卫生	24	0.8%	硬-应用学科
19	生物医学工程	24	0.8%	硬-应用学科
20	初等教育	23	0.8%	软-应用学科
21	计算机软件及计算机应用	22	0.8%	硬-应用学科

（五）2001—2005年

如图35所示，从这一阶段开始，知识受体学科的位置开始稳定在第二象限，表明体育学知识受体学科中软学科、应用学科的比例更大，体育学和这些学科的联系更为密切。从学科类别的纯-应用维度来看，应用学科占比93%，纯学科占比7%。应用学科占绝大多数说明体育学和应用学科交叉越来越密切，而和纯学科的关系越来越疏远。造成这种现象的原因和体育学偏重于实践的学科特征有关，体育学最终的目的就是为了服务体育运动实践，这种应用性的学术导向使得体育学影响范围也偏向于应用学科。对于一些纯学科，体育学往往都是以知识受体的姿态吸收知识，会吸收体育学知识的纯学科往往都是一些传统的体育学亲缘学科，如心理学、生物学。从学科类别的软-硬维度来看，软学科的比例占61%，硬学科比例为39%。与上一时期相比，软学科比例大幅增加，由43%增加至61%，软学科比例首次超过了硬学科。体育学对于软学科的影响力首次超过了硬学科，说明体育学更加倾向于和较"软"的学科发生交叉。这一变化趋势和1996—2000年体育学知识流入的学科类别变化趋势一致，这再一次验证了前面的判断，即体育学学科知识受体的变化趋势和知识供体变化趋势一致。如表18所示，从受体学科的类别来看，知识流量占比最多的是软-应用学科，为57%，其次是硬-应用学科，软-纯学科，硬-纯学科。这一时期软-应用学科的比例首次超过硬-应用学科，成为了占比最高的学科，表明体育学对于软-应用学科的知识输出量是最多的。通过横向和体育学知识输入量比较发现，体育学知识受体学科变化特征和体育学供体学科分布变化特征具有相似性，知识流出的变化趋势是随着知识流入变化而改变的。以体育学和经济学的学科交叉为例,1996—2000年体育学开始大幅度地吸收经济学的知识,而到了2001—2005年体育学则开始逐渐向经济学输出知识。表明学科交叉往往都是双向知识流动,体育学知识供体学科和受体学科的变化趋势是一致的,只是受体学科变化要晚于供体学科。

表18　2001—2005年体育科学的受体学科

引用排名	受体学科	引用频次	百分比	学科类别
1	教育理论与教育管理	7212	14.9%	软-应用学科
2	特种医学	4043	8.4%	硬-应用学科
3	中等教育	2785	5.8%	软-应用学科
4	心理学	2774	5.7%	软-纯学科
5	生物学	2382	4.9%	硬-纯学科
6	高等教育	2325	4.8%	软-应用学科
7	基础医学	1962	4.1%	硬-应用学科
8	社会学及统计学	1534	3.2%	软-应用学科
9	预防医学与卫生学	1511	3.1%	硬-应用学科
10	哲学	865	1.8%	软-纯学科
11	经济理论及经济思想史	796	1.6%	软-纯学科
12	医药卫生方针政策与法律法规研究	776	1.6%	软-应用学科
13	旅游	758	1.6%	软-应用学科
14	经济体制改革	725	1.5%	软-应用学科
15	数学	688	1.4%	硬-纯学科
16	计算机软件及计算机应用	635	1.3%	硬-应用学科
17	临床医学	633	1.3%	硬-应用学科
18	中国政治与国际政治	623	1.3%	软-应用学科
19	企业经济	586	1.2%	软-应用学科
20	文化	547	1.1%	软-纯学科

(续表)

引用排名	受体学科	引用频次	百分比	学科类别
21	宏观经济管理与可持续发展	534	1.1%	软-应用学科
22	贸易经济	505	1.0%	软-应用学科
23	中医学	431	0.9%	硬-应用学科
24	中药学	424	0.9%	硬-应用学科
25	内分泌腺及全身性疾病	410	0.8%	硬-应用学科
26	心血管系统疾病	390	0.8%	硬-应用学科
27	科学研究管理	375	0.8%	软-应用学科
28	新闻与传媒	348	0.7%	软-应用学科
29	外科学	340	0.7%	硬-应用学科
30	成人教育与特殊教育	318	0.7%	软-应用学科
31	美学	289	0.6%	软-纯学科
32	图书情报与数字图书馆	266	0.6%	硬-应用学科
33	市场研究与信息	258	0.5%	软-应用学科

（六）2006—2010年

从图35中可以看到，这一时期受体学科的软度、应用度继续增加。如表19所示，这一时期软-应用学科成为了占比最大的学科类别，达到了57%，硬-应用学科比例为36%，软-纯学科为4%，硬-纯学科为0。从供体学科分类的软-硬维度来看，软学科占比63%，硬学科占比37%。这一维度尽管比例有所变化，但是总体来看，变化的幅度并不大。表明体育学不仅能够从自然科学和人文社会科学中辐集知识，在学科发展到一定阶段后，还能反哺这些母学科。从纯-应用维度来看，纯学科比例为4%，应用学科比例为96%，应用学科比例继续增加，纯学科比例继续减少。

造成这种现象的原因主要是由于软-应用学科的比例从1981—1985年开始，一直都在高速增长，逐渐发展成为受体育学影响最大的学科群。软-应用学科是教育学、经济学等社会科学关注的领域，软-应用学科的特点是实用性，其成果的有效性主要是以使用和功利主义的标准来判断[①]。在体育人文社会科学勃兴的大趋势下，体育学影响力逐步提高，在和其他学科的交叉互动过程中，不仅仅是以知识受体学科的形式而存在，很多时候体育学还能利用本学科的知识反哺母学科。特别是经济学、教育学，由于体育学具有综合学科的性质，这些学科的研究领域能够和体育学很好的契合，理论知识在学科之间的流通更加容易。相比之下，硬-纯学科、软-纯学科的比例则是逐步下降，特别是硬-纯学科，这一时期由于硬-纯学科知识流量过小没被划入亲缘学科，硬-纯学科的比例为0，使得纯学科的比例降到了最低点。通过分析发现，体育学知识受体学科硬-纯学科主要有生物学、数学、力学，进入20世纪90年代中后期以后，只有生物学一门学科还会固定地从体育学领域辐集知识。与上一时期相比，生物学辐集体育学知识的增幅仅为3%，而整个体育学知识输出量是上一时期的5.6倍。在学科知识流量迅猛增长的背景下，体育学向纯学科输出的知识量增幅却非常小，这使得纯学科所占比例进一步下降。

表19 2006—2010年体育科学的供体学科

引用排名	受体学科	引用频次	百分比	学科类别
1	中等教育	10918	17.8%	软-应用学科
2	特种医学	6603	10.7%	硬-应用学科
3	高等教育	3831	6.2%	软-应用学科

[①]蒋洪池.托尼·比彻的学科分类观及其价值探析［J］.高等教育研究，2008（5）：93-98.

(续表)

引用排名	受体学科	引用频次	百分比	学科类别
4	市场研究与信息	3327	5.4%	软-应用学科
5	旅游	2911	4.7%	软-应用学科
6	教育理论与教育管理	2244	3.7%	软-应用学科
7	服务业经济	1507	2.5%	软-应用学科
8	心理学	1411	2.3%	软-纯学科
9	预防医学与卫生学	1210	2.0%	硬-应用学科
10	新闻与传媒	1099	1.8%	软-应用学科
11	初等教育	1059	1.7%	软-应用学科
12	医药卫生方针政策与法律法规研究	881	1.4%	软-应用学科
13	中医学	846	1.4%	硬-应用学科
14	计算机软件及计算机应用	835	1.4%	硬-应用学科
15	轻工业手工业	831	1.4%	硬-应用学科
16	行政法及地方法制	830	1.4%	软-应用学科
17	内分泌腺及全身性疾病	818	1.3%	硬-应用学科
18	音乐舞蹈	803	1.3%	软-应用学科
19	中药学	770	1.3%	硬-应用学科
20	企业经济	755	1.2%	软-应用学科
21	公安	732	1.2%	软-应用学科
22	投资	689	1.1%	软-应用学科
23	工业经济	653	1.1%	软-应用学科
24	临床医学	614	1.0%	硬-应用学科
25	文化	614	1.0%	软-纯学科
26	宏观经济管理与可持续发展	602	1.0%	软-应用学科
27	职业教育	579	0.9%	软-应用学科

(续表)

引用排名	受体学科	引用频次	百分比	学科类别
28	经济体制改革	570	0.9%	软-应用学科
29	贸易经济	521	0.8%	软-应用学科
30	医学教育与医学边缘学科	490	0.8%	软-应用学科
31	图书情报与数字图书馆	483	0.8%	硬-应用学科
32	基础医学	465	0.8%	硬-应用学科

（七）2011—2015年

如图35所示，这一时期受体学科还处于第二象限，只是和上一时期相比位置更靠下方。从这一时期受体学科类别来看，软-应用学科比例有所下降，但是还是所有类别中占比最高的，达到60%，其次是硬-应用学科，硬-纯学科、软-纯学科，分别占比33%、4%、3%（表20）。从学科类别的软-硬维度来看，这一时期软学科比例为63%，硬学科比例为37%，硬学科比例和同期相比有所增加。从所增加的学科来看，全部都是偏向自然科学的硬学科，不但包括了传统的医学、生物学部类的学科，一些新的学科如建筑科学与工程在这一时期也被纳入体育学的亲缘学科之中。表明体育学的研究范围和影响力都在不断扩大，体育学综合学科的属性得到进一步凸显。从学科类别的纯-应用维度来看，应用学科占比93%，纯学科占比7%。和上一时期一样，体育学主要还是向应用学科输出知识，这一时期应用学科的比例有所下降，体育学知识流出学科比例的变化进入了一个相对稳定期，各种学科类别吸收体育学知识的比例相对固定，这是体育学科日趋成熟的一种表现。

第四章　知识流动维度下我国体育学学科交叉知识的演化

表20　2011—2015年体育科学的受体学科

引用排名	受体学科	引用频次	百分比	学科类别
1	中等教育	40922	21.6%	软-应用学科
2	特种医学	10082	5.3%	硬-应用学科
3	高等教育	8661	4.6%	软-应用学科
4	初等教育	6904	3.7%	软-应用学科
5	教育理论与教育管理	5907	3.1%	软-应用学科
6	旅游	5512	2.9%	软-应用学科
7	生物学	5506	2.9%	硬-纯学科
8	音乐舞蹈	5149	2.7%	软-应用学科
9	外科学	3574	1.9%	硬-应用学科
10	临床医学	3524	1.9%	硬-应用学科
11	心理学	3373	1.8%	软-纯学科
12	内分泌腺及全身性疾病	3032	1.6%	硬-应用学科
13	心血管系统疾病	2822	1.5%	硬-应用学科
14	企业经济	2815	1.5%	软-应用学科
15	新闻与传媒	2794	1.5%	软-应用学科
16	中医学	2788	1.5%	硬-应用学科
17	轻工业手工业	2298	1.2%	硬-应用学科
18	预防医学与卫生学	2290	1.2%	硬-应用学科
19	神经病学	2263	1.2%	硬-应用学科
20	计算机软件及计算机应用	2257	1.2%	硬-应用学科
21	肿瘤学	1962	1.0%	硬-应用学科
22	职业教育	1941	1.0%	软-应用学科
23	基础医学	1853	1.0%	硬-应用学科
24	中药学	1837	1.0%	硬-应用学科
25	文化	1777	0.9%	软-纯学科

（续表）

引用排名	受体学科	引用频次	百分比	学科类别
26	医药卫生方针政策与法律法规研究	1656	0.9%	软-应用学科
27	宏观经济管理与可持续发展	1566	0.8%	软-应用学科
28	建筑科学与工程	1518	0.8%	硬-应用学科
29	工业经济	1394	0.7%	软-应用学科
30	畜牧与动物医学	1380	0.7%	硬-应用学科
31	环境科学与资源利用	1343	0.7%	硬-应用学科
32	自动化技术	1292	0.7%	硬-应用学科
33	行政法及地方法制	1285	0.7%	软-应用学科
34	图书情报与数字图书馆	1270	0.7%	硬-应用学科

四、对体育学学科性质的探讨

从以往我们对体育学学科性质的探讨来看，存在有"人文社会科学说""应用科学说""自然科学说""人学说""综合科学说""教育科学说"等诸多观点。造成分歧的主要原因一方面是由于不同的学者由于研究背景的差异导致了看问题的视角不同；另一方面，体育学学科性质的复杂性也加深了这种分歧。体育学本身包含了4个一级学科，4个一级学科之间学科性质也存在很大的差异，甚至一级学科内部的学科性质也有不同。而更为重要的一点则在于，从认识论角度来看关于学科性质的探讨实际上是建立在一定的学科分类标准的基础之上。如将体育学划入"人文社会科学"，这一观点提出的前提是将整个人类科学体系划分为自然科学和人文社会科学。从不同的角度认识整个科学体系会产生不同的划分标准，而不同的划分标准则会影响人们对于体育学学科性质的认识。也就是说，对于体育学学科性质的探讨实质上就是探讨体育学科应当归入哪一个学科类别。

知识转移理论认为，拥有相似或相容的知识结构、文化背景，知识更容易转移，知识的相容性影响着知识转移的效果[1]。反过来，两个主体之间的知识交流越密切则意味着主体之间的相似性可能会更高。具体到学科层面，两个学科之间的引文量越大则意味着两个学科的相似性可能会更高，这就为我们探讨体育学学科性质提供了新的思路。以往对于体育学学科性质的探讨都是采用思辨的方式，主观认定体育学应当属于哪种类型，具有何种性质。而从实证出发，通过学科之间的"关系"来把握体育学的学科性质，在科学性和客观性上都要优于传统的规范研究。托尼·比彻的学科分类理论通过增加了一个分类维度，改变了传统单向度的学科分类方式，使学科分类更加准确、细致，这也为我们对体育学学科性质的探讨提供了一个新的视角。从象限图的分析来看，无论是知识供体学科还是知识受体学科，学科类别都从第四象限逐渐转移至第二象限，说明和体育学产生知识流动的主要学科的类型并不是一成不变的。体育学和应用学科、软学科的关系越来越密切，而和纯学科、硬学科的关系越来越疏远，这也提示我们体育学学科性质并不是一成不变的。改革开放30年来，我们体育学学科软度越来越高，纯度越来越低，体育学整体向着"软性化""实用化"的方向发展。需要指出的是，体育学学科性质的流变性是一种非常正常的现象，有关学科性质的探讨只能是一种趋势性的分析，我们并无意对体育学学科性质下一个定论。因为从纵向上来看，体育学本身就是一个开放的知识体系，

---

[1] Dixon N M. Common knowledge: How companies thrive by sharing what they know [M]. Boston: Harvard Business School Press, 2000.

通过和外部学科的不断交叉融合，其自身的知识体系也处于不断的动态变化当中；而从横向上来看，不同的国家、不同的地域，由于对于体育的认识、学科制度、学科文化等方面的差异，其学科性质也会存在很大的差异。

第七节　本章小结

本章研究的关注点是改革开放之后我国体育学知识演化，在时间上和上章的内容相衔接，使得对我国体育学知识演化的分析形成了一条完整的时间链。主要对改革开放30年来我国体育学知识体量、知识流量、自引率、被引率进行分析，结合学科发展史，对我国体育学的学科成熟度、学科地位、学科开放性、学科体系、学科性质等问题进行探讨，并为后续的学科交叉热点的分析建立逻辑出发点。在理论分析的基础上，将学科发展历程以5年为单位分为7个阶段，利用学科交叉测度指标体系、社会网络分析法，结合托尼·比彻的学科分类理论，对每一个阶段体育学学科交叉知识进行考察。力图通过历时性的分析，梳理出改革开放以后我国体育学学科交叉的大致脉络。总体来看，对于我国体育学学科交叉的分析呈现出体育学发展过程中的一些规律和特点。

（1）改革开放30年来我国体育学知识体量和知识流量都实现了跨越式的增长，但两者的变化趋势并不一致。知识体量的变化是非线性的、波动的，经历了复苏期（1980—1993年）、指数增长期（1994—2008年）、逻辑增长期（2009至今）3个阶段。知识流量的增长是线性的，从改革开放初期开始一直呈现出增长的态势。知识体量和知识流量的增长彰显了体育学学科内部知识体系的成熟以及体育学和外部学科的联系增强,从宏观层面暗示了体育学和外部学科联系越来越紧密,学科之间的交叉融合向着更加频繁、深化的趋势发展。从体育学知识输入输出比来看,体育学总体上属于"知识输入型"学科,知识输入量大于知识输出量,知识势能较低,在学科交叉融合过程中往往是扮演知识受体的角色。但从变化趋势来看,这一现象在逐渐改变。

(2)从对我国体育学自引率分析的结果来看,我国体育学发展逐渐成熟,学科内部知识的积累是推动学科发展的主要动力。但学科成熟带来的效应是双面的,一方面,学科稳定的知识积累能够使得学科理论日益丰富,学科体系也得到进一步完善;另一方面,学科领域的过度分化以及知识负载量过大等因素导致学者们跨学科获取知识的意愿降低,研究视野逐渐变得狭窄,学科开放性逐渐降低。作为一门新兴的综合性交叉学科,在学科核心理论体系还未建立、独特研究方法缺失的情况下,吸收借鉴其他成熟学科的理论、方法以及研究范式来帮助建立体育学独立的理论体系和学术规范是非常有必要的,用学科成熟作为借口而变得固步自封显然是不明智的。从被引率分析的结果来看,我国体育学在整个学科体系中的地位非常低。虽然体育学受其他学科的知识馈赠较多,但是并没有形成具有较大影响力的知识回馈。由于绝大部分体育理论都属于"中层理论"甚至是"底层理论",仅在自身学科领域内适用,理论适用范围和解释力有限,认可度不高,导致外部学科对于体育学理论习惯性漠视,体育学对其他学科的影响力明显偏低。在和其他学科交叉融合的过程中,体育学都是充当一种辅助性、融合性、负面性的角色,无法展示其原创性、主体性和主导性的学术思想[①]。体育学指数

[①] 路云亭. 体育的贫困——关于体育学的成长性问题[J]. 体育与科学,2013,34(6):28-31,16.

增长期的繁荣可能只是一种表象，学科知识体量的增长大部分都是知识"自繁衍"的结果。但从近年体育学自引率和被引率的变化来看，体育学跨学科知识交流越来越频繁，特别是2008年北京奥运会之后，学科开放性在逐渐增加，学科地位也逐渐提升。这标志着体育科学由"外延式发展"转向"内涵式发展模式"，这是我国由体育大国迈向体育强国战略导向下体育科学发展的必然趋势。

（3）构建了学科交叉测度指标体系。指标体系涵盖学科交叉的多样性（Diversity）和聚合性（Cohesion）两个维度，分别指向学科交叉的分化和综合两个方面的特征。多样性维度包括学科交叉的平衡度、丰富度、差异度3个方面特征，分别由信息熵（SE）、知识流动广度（KFB）、网络距离（NPL）3个指标表示；聚合性维度包括学科交叉的紧密度、分派度、强度3个方面特征，分别由网络密度（ND）、E-I指数、知识流动强度（KFI）表示。通过对指标进行标准化处理并结合EXCEL 2013雷达图进行展示，使得指标体系能够以图谱的方式呈现，能够更加全面、直观地展示学科交叉发展的态势。

（4）我国体育学和外部学科交叉呈现出两大趋势。一是从学科交叉的多样性来看，和体育学交叉融合的学科数量越来越多，学科交叉的跨度越来越大，体育学和外部学科交叉所形成的知识流量的分配由混乱向着有序化方向发展，学科之间的交叉关系逐渐稳固；二是从学科交叉的聚合性来看，体育学和外部学科交叉融合的强度越来越大，学科交叉网络密度越来越高。体育学这种和外部学科交叉融合的趋势主要受三种因素的驱动，首先是体育运动实践的多元化促使了体育学学科交叉的深化。改革开放以后，体育已经涉及教育、社会、经济、文化、生物等多个方面，研究领域的广泛性和研究问题的复杂性使得体育科学逐步由过去单学科发展成为多学科的知识体系[①]，多学科交叉综合研究成为体育学主要的研究范式。其次是体育学自身发展的需要。从学科包容的理论与方法来看，体育学具有交叉科学、综合科学性质[②]，这决定了体育学是一个开放的知识体系，大部分学科的理论和方法都可以在体育领域找到学科交叉的"接触点"。同时体育学本身又是一门非常年轻的学科，借助其他学科成熟的理论、方法以及研究范式来研究体育问题是学科初创时期的主要特征之一。最后，现代科学的快速发展和新学科的不断涌现，打破学科之间的壁垒，使之交叉融合已经成为当代科学发展的必然趋势[③]。在这种大背景下，作为整个科学体系的一员，和其他学科交叉融合成为体育学的必然选择。

（5）体育学知识流出和知识流出两个视角下学科交叉都呈现出趋同化的发展趋势。造成这种现象的主要原因有两个：一是从整个科学体系来看，学科交叉作为人类由来已久的探索、解决学术问题的方式，在"大科学"发展趋势下作用尤为凸显，几乎每个学科都或多或少地参与其中，学科之间的知识流动和以往相比，涉及面更广、体量更大、速度更快。这使得体育学学科交叉向着交叉范围更广、交叉强度更大的方向发展，无论从知识流出视角还是流入视角，其发展方向都是一致的。二是从学科之间的交叉关系来看，决定学科间知识流动特征的决定性因素是学科之间的可通约性。可通约性是指不同学科在学科性质、研究范式、研究方法、理论一体化程度等方面的相似度，相似度越高，学科

---

① 唐东辉，覃立.体育科学跨学科研究简论［J］.西安体育学院学报，2010，27（1）：19-22.
② 张岩.体育学的性质论［J］.体育与科学，2005（6）：11-15.
③ 吴丹青，张菊，赵杭丽，等.学科交叉模式及发展条件［J］.科研管理，2005（5）：157-160.

之间的可通约性就越高。在这种学科可通约性的规制下，学科知识输出和输入必然呈现出相似的发展趋势。只是作为知识势能较低的学科，往往都是体育学吸收其他学科知识在先，输出知识在后，导致知识输出学科交叉结构、特征随着知识输入学科交叉结构、特征变化而变化。

（6）从体育学和外部学科交叉关系的演化来看，"苏联模式"对我国体育学早期知识体系的影响非常明显。无论是从知识流入视角还是流出视角看，在20世纪90年代之前，我国体育学主要是和医学、生物学学科群、教育学、心理学学科群发生交叉，在苏联体育理论指导下，当时体育学的知识体系明显偏向于自然科学和教育学。随着社会需求的转变和体育运动实践向着多元化发展，服务于体育实践的体育科学也随之发生改变，体育学逐渐和人文社会科学的关系越来越密切，经济学、社会学、政治学等人文社会科学部类的学科也成为了体育学主要的交叉对象，进入21世纪以后，经济学学科群也和体育学形成了较为稳定的交叉关系。结合知识流入和知识流出两个视角来看，医学、生物学学科群、教育学、心理学学科群、经济学学科群是和体育学关系最为稳定的3个交叉学科群。除此之外，体育学学科交叉网络中也出现过社会学、政治学、法学学科群、人文类学科群、信息科技学科群，但这些学科群和体育学的关系并不稳定。从整个学科交叉网络的发展趋势来看，人文社会科学部类的学科之间、自然科学部类的学科之间，都产生了广泛的联系，使得不同学科群之间的联系越来越密切，这可能导致最后体育学学科交叉网络形成两个聚类：一个是自然学科聚类，主要以医学、生物学为核心；另一个是人文社会学科聚类，以教育学、经济学为核心。

（7）基于知识流动对体育学知识演化的考察发现，改革开放30年来我国体育学经历了"科学革命",体育人文社会学科的勃兴是"科学革命"产生的主要原因。"科学革命"最明显的表征就是学科交叉平衡度的知识流动熵值在很长一段时期内处于较低水平,学科知识流动分布长时间处于混乱状态,而学科交叉网络结构的大幅度变化也提示"科学革命"的发生。从知识流动熵值的变化来看,我国体育学"科学革命"从20世纪80年代初期开始,进入21世纪之后逐渐结束,平衡度逐渐趋于稳定,标志着体育学进入新的"常规科学"阶段。从体育学"科学革命"的内容来看,和库恩严格意义上的"范式转换"不同,体育学的科学革命更像是一种"范式融合"。"科学革命"的实质乃是某一研究领域内占主导地位的科学观念发生了重大更替[1]。这种新的科学观念的转变和新的研究范式的融合标志着"苏联模式"主导下的体育学"常规科学"时期的结束,"科学革命"的到来。传统的自然科学的研究范式依然有效,新的范式并不是对原有范式的否定,新旧范式之间并不是"不可通约的",实际上新的范式是将旧的范式包含在内,融合了自然科学、人文科学、社会科学研究范式的一种复合多元的研究范式。

(8)依据体育学和外部学科的交叉关系构建了体育学学科体系,并对体育学学科性质进行了探讨。体育学学科体系分为7个学科群组,其中医学、生物学学科群组的稳定性最高,其次是教育学、心理学学科群组、经济学学科群组、人文类学科群组、法学、政治学、管理学学科群组、信息科技学科群组、其他学科群组。在确定交叉学科群组的基础上,将不同的分支学科或者是研究领域则根据相应的母学科纳入不同的学科群组群,形成了相

---

[1] 诸大建.科学革命研究的十个问题[J].科学技术与辩证法,1997(6):1-6.

应的二级学科学科。从体育学知识流动亲缘学科的类别变化来看，无论是知识流入视角还是知识流出视角，体育学和应用学科、软学科的关系越来越密切，和纯学科、硬学科的关系越来越疏远。体育学的学科性质是流变的，从现阶段的发展趋势来看，体育学整体向着"软性化""实用化"的方向发展。

第五章 研究内容维度下我国体育学学科交叉知识的演化

第一节 数据来源与研究方法

前面两章，我们从历史维度、知识流动两个维度对体育学学科交叉知识的演化进行了考察，在本章则通过共词分析和聚类分析的方式，从更微观的研究内容维度对体育学学科交叉知识的演化特征进行探析。基于文献聚类分析进行学科交叉研究的过程一般分三个步骤，一是要从两个学科文献数据中发现具有学科交叉性质的文献；二是通过对交叉文献的聚类分析来挖掘学科交叉知识，三是能利用可视化技术对交叉知识进行直观展示[1]。本章对于体育学学科交叉的分析也是基于共词分析和聚类分析而展开，因此，从研究技术路线上分为三个步骤，一是文献的检索；二是交叉热点的挖掘；三是交叉知识的展示。

一、文献检索策略

中国知网（CNKI）是目前国内论文收录最为全面的数据库，提供了丰富的文献检索与分析功能，下属的中国学术期刊网络出版总库（CAJD）收录了约96%的核心期刊，内容涵盖了

---

[1]魏建香.学科交叉知识发现及其可视化研究［D］.南京：南京大学，2010.

所有学科，为学科情报研究提供了一个较为便捷的渠道[①]。本文对于学科交叉文献的发掘以中国知网的CAJD为基础，对于学科交叉文献主要是利用中国知网中对于论文设定的中图分类号来界定并检索。CAJD对数据库中收录的所有文献都依据中图分类号进行了归类，并且对于具有学科交叉性质的论文设定了2个或者更多的中图分类号，这为本研究确定学科交叉文献提供一个便捷有效的方案。由于和专著、研究报告相比，期刊论文对于学科前沿和热点的把握更为连续、敏锐和直接[②]。因此，本章对于体育学学科交叉的研究主要是以期刊论文为研究对象。具体的检索策略为：在中国知网高级检索首页中选取"期刊"，在检索条件中设置"中图分类号为G8且不含G89"，检索范围设置为"全部期刊"（图36）。由于中国知网对于学科专题最早标注时间为1990年，虽然我们没有设置时间起始年限，但实际检索的文献都是1990年以后发表的。检索结束后，在分组浏览中选择学科，从中国知网的检索结果来看，一共有37个学科和体育学产生过联系，依次点击各个学科，下载学科的题录信息（Refworks格式），共计下载14254篇论文的题录信息。需要说明的是，本研究统计对象是所有期刊而不是核心期刊，主要考虑到两点，一是核心期刊的目录一直处于动态变化的过程，且国内核心期刊最早是在1992年选定的，而本文数据跨度则是从1990年开始，仅分析核心期刊会影响研究数据的完整性和稳定性；二是从检索的结果来看，所有期刊的检索论文数量共计

[①] 王晴. 我国MOOCs研究的网络结构与主题聚类——基于CiteSpace Ⅲ的知识图谱分析［J］. 中国远程教育（综合版），2015（5）：18-23，79.
[②] 潘黎，王素. 近十年来教育研究的热点领域和前沿主题——基于八种教育学期刊2000—2009年刊载文献关键词共现知识图谱的计量分析［J］. 教育研究，2011，32（2）：47-53.

398209篇，而核心期刊的数量仅为75389，仅分析核心期刊，分析数据的系统性和可信性都会大打折扣。此外，由于中图分类号中，学科划分的较为细致，许多学科可以归到更大的类别进行分析，如教育理论与教育管理、中等教育、高等教育等学科可以归到教育学部。结合上一章对于体育学学科知识流动的聚类分析结果，将体育学学科交叉的目标学科分为6个学科群，包括医学、生物学学科群、教育学、心理学学科群、经济学学科群、信息科技学科群、人文类学科群、法学、政治学、管理学学科群。具体的分类见表21，本章对于学科交叉研究热点和前沿的分析就是以这6个学科群为单位展开。

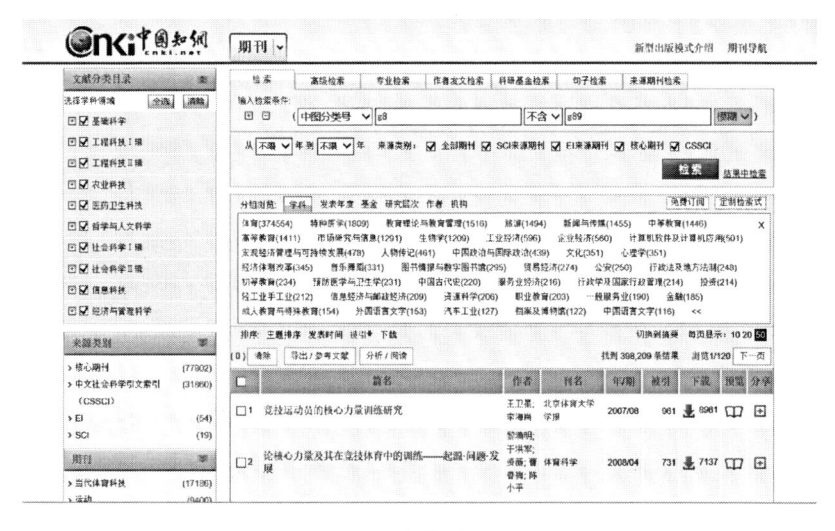

图36 检索策略示意图

表21 学科群划分一览

医学、生物学学科群	教育学、心理学学科群	经济学学科群	法学、政治学管理学学科群	信息科技学科群	人文类学科群
特种医学	教育理论与教育管理	旅游	中国政治与国际政治	新闻与传媒	人物传记
生物学	中等教育	市场研究与信息	行政法及地方法	计算机软件及计算机应用	文化
预防医学与卫生学	高等教育	工业经济	公安	图书情报与数字图书馆	中国古代史
	心理学	企业经济	行政学及国家行政管理	档案及博物馆	外国语言
	初等教育	宏观经济管理与可持续发展			中国语言
	职业教育	经济体制改革			
	成人教育与特殊教育	贸易经济			
		信息经济与邮政经济			
		投资			
		轻工业手工业			
		一般服务业			
		服务业经济			
		金融			

中国知网学科专题

二、学科交叉知识的挖掘

共词分析方法最早在20世纪70年代中后期由法国科学家M.Callon和A.Rip提出。共词分析方法属于内容分析方法的一种，它主要是通过统计一组词组在同一篇文章中共同出现的次数，并以此为基础利用统计学的方法进行聚类分析，从而反映出词组之间的联系，分析词与词之间的亲疏关系，了解词组所代表的学科和主题的结构变化[1]。共词分析的前提假设主要包括几个方面：术语都是作者认真选择的；当同一篇文章中使用了不同的术语，说明这些术语之间有着一定的联系；如果足够多的作者认同术语之间的联系，那么这种联系在所关注的研究领域中就具有一定的意义；经过了20多年的发展，共词分析法已经广泛应用于许多领域。共词分析法是利用文献中词汇共同出现的情况，来确定文献集所代表学科主题之间的联系，一般来说两个词出现的次数越多，则这两个词之间的关系也就越密切。通过统计词汇间的共现频率，可以绘制出基于词汇共现的共词网络，结合数理统计、社会网络分析等方法，将词汇之间错综复杂的关系简化为数值、图形等方式直观地表达出来[2]。关键词是表达文献主题概念的自然语言词汇，一个学术研究领域较长时域内大量学术研究成果的关键词的集合，可以揭示研究成果的总体内容特征、研究内容之间的内在联系、学术研究的发展脉络与发展方向

---

[1] 冯璐，冷伏海.共词分析方法理论进展［J］.中国图书馆学报，2006（2）：88-92.
[2] 钟伟金，李佳.共词分析法研究（一）——共词分析的过程与方式［J］.情报杂志，2008（5）：70-72.

等[1]。通过对某一学科领域的关键词进行分析,能够了解该学科的研究领域、热点、前沿,有助于我们了解学科的发展态势和范式特征[2]。在本研究中,对于学科交叉知识主要是采用关键词共词分析法来进行确定,主要从两个方面来分析体育学学科交叉知识,一是研究热点,二是研究前沿。研究热点是指在某一段时间内,某个领域中学者共同关注的一个或者多个专题,一个专业领域的研究热点保持的时间可能有长有短。在共词分析中,通过对共词网络进行聚类分析,生成共词簇群,通过分析这些簇群的产生时间、结构来探索学科研究热点的变化趋势及特点[3]。研究前沿最早是由普莱斯(D. Price,1965)提出的,用来描述一个过渡性研究领域的概念[4]。研究前沿是一个具有很强时间特征的概念,且范围的圈定不仅与被引(共现)频次有关,还和被引(共现)时间的变化率相关。因此,研究前沿可以看作是某一段时间内,以突现文献(Burst Article)为知识基础的一组文献探讨的科学专题。在本研究中,研究前沿则是指在某一段时间内以突现词(Bust Term)为知识基础的一组文献所探讨的科学问题或者专题[5]。在确定研究前沿和研究热点的基础上,结合关键词的频数、关键词出现的时间以及文献二次探查的结果,对体育学学科

---

[1] 李文兰,杨祖国. 中国情报学期刊论文关键词词频分析[J]. 情报科学,2005(1): 68-70,143.

[2] 郭文斌,方俊明,陈秋珠. 基于关键词共词分析的我国自闭症热点研究[J]. 西北师大学报(社会科学版),2012,49(1): 128-132.

[3] 杨海燕. 我国高等教育研究的热点领域及前沿——基于CSSCI数据库2004—2014年收录文献关键词共现的计量和可视化分析[J]. 复旦教育论坛,2015,13(4): 46-56.

[4] 侯剑华. 工商管理学科演进与前沿热点的可视化分析[D]. 大连:大连理工大学,2009.

[5] 潘黎,王素. 近十年来教育研究的热点领域和前沿主题——基于八种教育学期刊2000-2009年刊载文献关键词共现知识图谱的计量分析[J]. 教育研究,2011,32(2): 47-53.

交叉知识的研究热点和研究前沿进行探讨。

三、学科交叉知识的展示

为了探索繁杂的抽象信息之间的复杂关系，经常需要对大量的信息进行分析、归纳，并从中发现隐藏在其中的本质的特征和规律。计算机科学与技术、人机交互技术、数据挖掘技术、图像技术、图形学和认知科学等诸多学科理论和方法相结合产生了适应信息技术飞速发展需要的可视化技术[①]。科学知识图谱（Mapping Science）属于信息可视化技术中的一种，通过对特定时间某一学科领域内发表论文的作者、机构、国家、题名、关键词等信息进行共引（共现）分析，对分析结果采用频数分析、聚类分析、主成分分析等方式，并将分析结果以图谱的形式展示，相似节点在图谱上聚成一类，直观地展示某一时间段某一学科领域的发展态势。进入21世纪以来，面对着海量知识，利用科学知识图谱可视化技术深度挖掘数据逐渐兴起。其中最具有代表性的是美国德雷塞尔大学计算机与情报学教授陈超美开发的Citespace软件。该软件基于库恩的科学发展模式理论、普赖斯的科学前沿理论、社会网络分析的结构洞理论、学科传播的信息觅食理论、知识单元离散与重组理论，通过可视化的手段呈现出科学知识的结构、规律和分布情况。Citespace最初专门针对文献的共引进行分析，并挖掘引文空间的知识聚类和分布。随着软件的不断更新，其不仅能够提供引文空间的挖掘，且还能提供其他知识单元之间的共现分析功能，如关键词、主题词、作者、机构等。由于早期的Citespace只能分析国

[①] 侯剑华. 工商管理学科演进与前沿热点的可视化分析［D］. 大连：大连理工大学，2009.

外的数据库，利用Citespace对体育学学科进行的研究主要是基于WOS数据库，大部分研究都是针对国外体育学学科发展情况的分析，针对我国体育学学科进行分析的研究非常少。在新版的Citespace Ⅲ中，已经实现了对于CNKI数据库的兼容，通过格式转化，能够对CNKI中的数据进行关键词、作者、机构等单元的共现分析。

在本研究中，对于研究热点的展示主要是通过Citespace Ⅲ的聚类（Cluster）功能来实现，通过Citespace Ⅲ中的关键词共现功能，时间切片选择3年，设定阈值为出现频次前20%的关键词，每个时间切片最大关键词数量为100。在图形展示界面选择Clustering进行快速聚类，聚类标签名称选择对数似然算法（Log Like Ratio，LLR），从关键词中提取。为了直观地展示每个聚类的时间和内容，点击Timeline的布局模式来展示图谱。在Timeline视图中，相同聚类的文献被放置在同一水平线上。文献的时间置于视图的最上方，越向右时间越近。在Timeline视图中可以清晰地看到各个聚类中的关键词数量情况和时间跨度，进一步反映聚类所关注的时间特征[1]。结合聚类所包含的关键词，能够帮助我们对某一学科交叉领域研究热点的演化进行分析。对于研究前沿的分析和展示主要是通过Citespace Ⅲ的突发词（Burst Term）检测来实现。在Citespace Ⅲ网络可视化界面中，选择Citation/Frequency Burst，在View窗口中选择Citation burst history来查看突发词。在可视化界面中选择Citation burst history，分别得到每个关键词出现次数的年度分布。依据研究前沿关键词出现的年度分布情况，将其分为强突型和弱突型两种类型，结合文献二次探查的结果，对不同学科交叉的研究前沿进行

---

[1] 李杰，陈超美. Cite Space：科技文本挖掘及可视化［M］. 北京：首都经济贸易大学出版社，2016：168.

探讨。此外，为了更加清楚地看到体育学与不同学科群交叉知识的演化进程，按照每个学科群聚类形成平均时间的先后次序安排每一小节的顺序，依次为医学、生物学学科群、教育学、心理学学科群、经济学学科群、信息科技学科群、人文类学科群、法学、政治学、管理学学科群。而对于每一个学科群内部具体研究热点的梳理，则按照代表研究热点的聚类出现的先后顺序来进行安排。通过这样的章节安排，更加清晰地展现出体育学和不同学科群交叉演化的轨迹以及各个学科交叉领域研究热点的演化轨迹。在此基础上，采用文献二次探查的方式，分别对与体育学产生交叉的六个学科群中的每一个研究热点进行简单的综述，由此更加深入地了解体育学每一个学科交叉领域知识演化特征、轨迹、趋势。

第二节　体育学与医学、生物学学科群交叉研究热点演化

从聚类形成的平均时间来看，医学、生物学学科群是最早和体育学产生交叉的学科群。在中国知网中，按照学科专题分类代码检索出体育学与医学、生物学学科交叉文献共计3404篇，如图37所示，这一学科交叉领域主要形成了9个聚类，代表了9个不同的研究领域。由于CitespaceⅢ的中文标注结果并不理想，结合标注词、聚类所包含的关键词重新对每个聚类进了命名，最终确定体育学与医学、生物学学科群交叉研究热点共有6个。

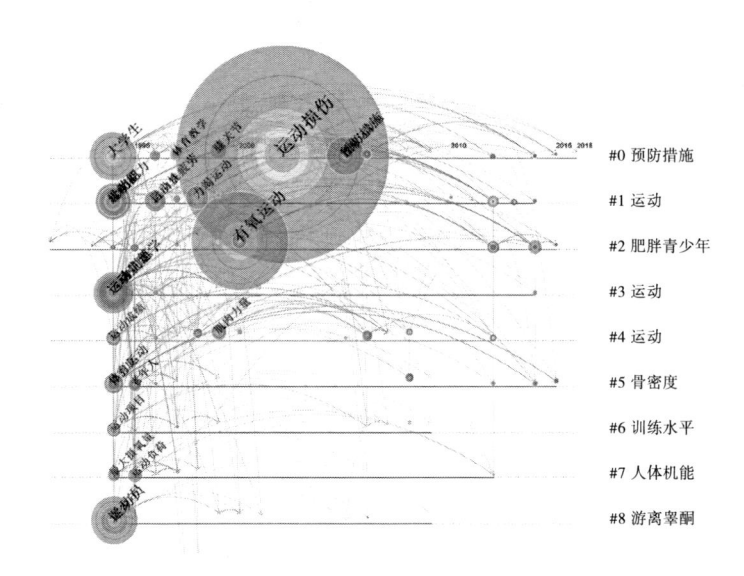

图37 体育学与医学、生物学学科群学科交叉研究热点Timeline图谱

一、身体素质训练

聚类#3包含45个关键词，Silhouette值为0.751；聚类#4包含42个关键词，Silhouette值为0.78。从标注词和图谱来看，这两个聚类都指向身体素质训练的相关研究（图37、表22）。两个聚类相加的规模超过了80，说明这一领域的研究内容非常丰富，主要围绕在运动过程中人体各细胞、器官、系统技能的变化和它们的协同工作能力和机理等方面展开研究，为科学地开展运动训练、体育教学和运动健身提供理论依据。结合文献二次探查可以看出，这一交叉领域主要包括耐力训练、力量训练、运动营养3个方面，总体来看这一领域偏重实践。

表22 医学、生物学学科群关键词共现聚类及标识

年份	关键词（LLR）	主要领域
1997	耐力运动；铁代谢；红细胞数量；长跑运动员；血清铁蛋白；血红蛋白含量；缺铁（17.9，1.0E-4）	身体素质训练
1998	锻炼行为；大学生体育锻炼；体质指标；独立危险因子；体育理论课；肺活量指数；体育动机；中国学生体质（51.86，1.0E-4）	学生体质健康研究
1999	太极拳锻炼；人体机能；生理教研室；呼吸周期；ecg；emg；resp；负荷强度；简化太极拳（21.49，1.0E-4）	运动对身体机能影响
2001	情绪冷淡；运动项目；饮酒者；心理紧张；意志品质；饮酒过度；器官和系统；干扰抑制；训练水平（27.71，1.0E-4）	运动损伤
2002	骨质疏松；骨密度；太极拳；老人；骨密度；血清钙磷（10.74，0.005）	老年人锻炼
2003	抗氧化；运动；线粒体；氧化应激；活性氧基团；骨骼肌（15.38，1.0E-4）	疲劳
2003	营养补充；文化课学习；特长班；运动成绩；专业运动员；运动营养品；膳食营养；总热能；肌肉爆发力；肌肉力量（14.75，0.001）	身体素质训练
2004	肥胖青少年；体成分；血脂；胰岛素抵抗；超敏c反应蛋白；运动干预（12.32，0.001）	肥胖
2005	体育教育；损伤成因；学生；羽毛球运动；踝关节损伤；预防措施（14.84，0.001）	运动损伤

注：篇幅所限，仅列出部分关键词，下同。

二、运动对身体机能、身体素质的影响

从聚类#7高频关键词来看，这一聚类中包含了大量的和身体机能、身体素质、有氧、无氧工作能力的相关的专业词汇。从对文献的二次探查来看，大部分研究都是探讨运动干预对于身体不同器官系统、不同机能的影响，并没有出现专门的运动项目相关词汇，表明这一聚类属于基础理论研究，并不关注具体的运动形式，探讨机体在不同运动负荷状态下技能变化的机制和规律。聚类#8所代表的研究领域也是探讨运动和身体机能的相互关系，和聚类#7不同的是这一聚类更加偏重运动实践，高频关键词都和运动项目紧密相关，说明这一聚类主要关注具体的运动项目、运动员身体机能特征。从整体来看，该领域的理论研究较为薄弱，研究的议题主要还是集中在整体、器官的宏观水平上，与发达国家有关运动与基因、体育生物工程等研究相比还有相当的差距。

三、运动损伤

聚类#0、#6中大部分关键词都和运动损伤有关，如"运动损伤""预防措施""医务监督"等。从图37中可以看到，这一聚类的时间线比较长，文献二次探查显示，早在1959年就有文献探讨过运动损伤问题。可以看出这一领域的研究已经比较成熟，且不断有新的研究前沿涌现出来。关键词"运动损伤"突现率达到22.9%，呈现出强突趋势，说明对于运动损伤的关注度在持续增加。研究主要包括运动损伤预防、运动损伤治疗、运动损伤特征及成因3个方面。大部分研究普遍停留在"现状-对策"

层面，能够应用多学科先进测量手段来对运动损伤成因进行探讨的研究还不多见，对于损伤机理的探讨也仅停留在骨骼、肌肉层面，从细胞分子层面对运动损伤成因的探讨较少。

四、老年人体育

从表22中聚类#5的标注词命名结果和高频关键词来看，这一交叉领域主要是指向老年体育研究。从图37中可以看到，这一领域近年来逐渐升温，实验法逐渐成为主流。研究主要包括体育运动对老年人平衡能力的影响，体育运动对老年人运动素质、身体机能、慢性疾病、认知功能的影响，老年人运动损伤，老年人运动处方等方面。从文献二次探查的结果来看，每个专题的研究成果并不多，研究主题较为模糊、分散。尤其是体育运动对老年人疾病的防治方面的研究较少，如对糖尿病、中风、骨质疏松、心血管疾病、肥胖等慢性病的运动干预研究，说明这一研究领域还并不成熟，且缺乏持续深入的研究。

五、运动性疲劳

如表22所示，聚类#1运动性疲劳研究相关，聚类一共包含51个关键词，平均年份为2003年，说明该聚类成果比较丰富，研究领域形成的比较早。从聚类中的高频关键词可以看到，"自由基""血乳酸""肌酸激酶""血红蛋白"等生物化学名词出现的频率非常高，说明在细胞分子水平上研究运动性疲劳已经成为主流。从文献二次探查来看，研究主要包括疲劳产生机制及影响、运动性疲劳恢复与抗疲劳、运动性疲劳诊断3个方面。总体来看，国内研究以验证国外学者理论居多，能够提出具有影响力的理论较少。

六、肥胖

如表22所示,聚类#2中的关键词都和肥胖研究密切相关。从表23中聚类关键词的突现率来看,"有氧运动"的突现率为16.58,呈现出逐渐增加的趋势,表明研究者对于有氧运动减肥的关注度越来越高。通过文献二次探查发现,这一交叉领域的文献大部分都是实证研究。从研究对象来看,以肥胖青少年为研究对象的居多,但也有针对女性、老年人、儿童等特殊群体的专门研究;从研究内容来看,对于肥胖机制的探讨较少,大部分涉及肥胖的研究都属于应用研究,主要包括运动与肥胖的相关性、肥胖人群调查、肥胖评价方法与肥胖机制3个方面。

表23 医学、生物学学科群高突现率关键词

频率	突现率	关键词	年份	编号
358	22.94	运动损伤	2002	0
162	16.58	有氧运动	2000	2
26	6.02	运动干预	2014	2
32	5.49	运动成绩	1994	4
23	5.24	动物实验	2012	2
16	4.82	踝关节	2005	0
13	4.79	安静状态	1996	3
10	4.69	生理学	1999	2
80	4.57	运动训练	1994	3
24	4.4	运动营养	2006	4

注:篇幅所限,仅列出部分突现词,下同。

第三节　体育学与教育学、心理学学科群交叉研究热点演化

教育学和心理学都曾经包含在哲学的研究领域，彼此之间本身就存在着千丝万缕的联系。在我国早在清末的《奏定初级师范学堂章程》中规定的"教育学"课程中，"心理学大要"就被安排在"教育原理"中教授[1]。教育学和心理学历来被视为学科交叉度较高的两个学科，特别是教育学实证化的研究倾向使其和心理学的关系越发紧密。从学术史的梳理来看，体育教育学是体育学的前身，也是体育学形成、壮大的"本体学科"，大部分的体育学分支学科都是在体育教育学和其他学科交叉中形成的。可以说体育学作为一门学科最初就是从教育学中分化而来。心理学作为一门学科虽然只有100年左右的历史，但是和体育学的渊源也颇深，19世纪末就有涉及运动心理学的研究出现。体育学和教育学、心理学之间的联系是非常密切的。从聚类形成的平均时间来看，体育学和教育学、心理学学科群学科交叉研究热点形成时间也比较早，仅次于医学生物学学科群。从中国知网检索的文献数量来看，体育学和教育学、心理学学科群交叉的文献共计5281篇，是所有交叉领域文献数量最多的。提取这些文献的题录信息，利用Citespace Ⅲ软件进行共词分析、聚类分析。为了更清楚地看到网络中聚类形成的时间和聚类内容，利用Timeline视图

---

[1] 雷江华. 我国教育学与心理学关系的历史考察 [J]. 河北师范大学学报（教育科学版），2009, 11（3）：73—77.

对图谱进行布局，将标签名称显示阈值设定为50，以便直观地看到聚类的内容（图38）。从图中可以看到，软件的聚类功能将整个网络分成了11个聚类，并依据关键词自动生成了聚类名称（LLR算法）。为了更加准确地对研究热点进行分析，将聚类的具体情况在后台导出，通过分析聚类的关键词簇群，对聚类名称和结构进行了调整（表24）。为了进一步分析聚类结构，导出高突现率的关键词，统计出现频次、中心性、最早出现时间（表25）。通过对聚类的调整，最终发现体育学和教育学心理学学科交叉领域主要形成了6个聚类，代表了学科交叉领域的研究热点。按照聚类出现的顺序分别为竞技运动心理学（#0）；体育教育心理学研究（#2、#10）；体育教学研究（#1、#4、#8、#9）；基础教育阶段学生体育研究（#3、#5）；农村体育研究（#7）；体育专业教育研究（#6）。

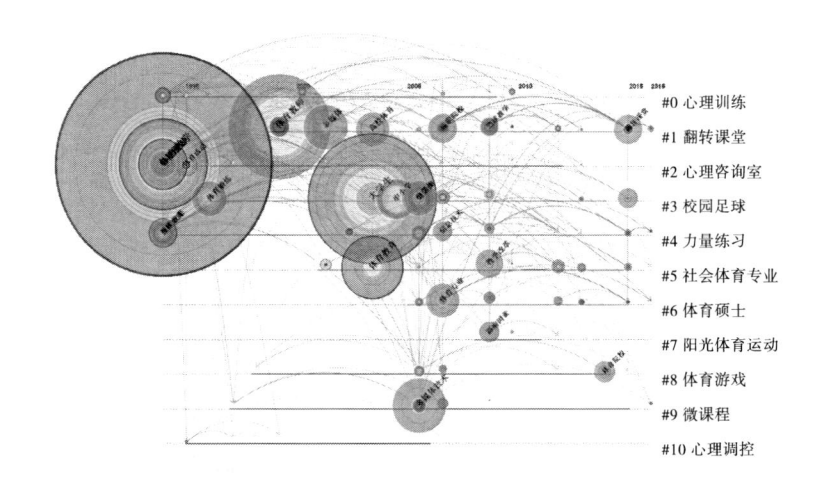

图38 体育学与教育学、心理学学科群交叉研究热点Timeline图谱

第五章 研究内容维度下我国体育学学科交叉知识的演化

表24 教育学、心理学学科群关键词共现聚类及标识

年份	关键词（LLR）	主要领域
1996	性格特征；运动项目；运动心理学家；运动训练；特质焦虑；集体项目；运动成绩（21.29，1.0E-4）	竞技运动心理学
1997	健身运动处方；心理健康；scl-90；心理效应（14，0.001）	锻炼心理学
1998	心理健康；体育教学；社会强化；恋爱问题；心理咨询室；心理素质；体育活动；心理障碍；人格特点；个性因素（47.49，1.0E-4）	体育心理健康
2004	多媒体技术；体育教学；课堂教学质量；常规媒体；教学设备；多媒体课件；体育理论课；多媒体辅助教学；计算机辅助教学；多媒体计算机（10.03，0.005）	多媒体教学
2006	高中生；身心健康；终身体育；体育意识（10.82，0.005）	学生体质健康研究
2007	《体育与健康》；足球运球；动作要领；触球；传接球；撑脚；现代体育教学；运动技术；教学情境；立定跳远（14.71，0.001）	教学方法
2007	体育教学；体育游戏；教师素质（7.01，0.01）	体育教学效果
2008	体育教学；新课程标准；学生体育学习；世界各国教育；身体素质；教育活动（10.39，0.005）	体育课程研究
2008	农村中小学；场地器材；因陋就简；就地取材（11.29，0.001）	农村体育教育研究

(续表)

年份	关键词（LLR）	主要领域
2009	体育课堂；教学质量；体育观念；运动能力 mooc；翻转课堂（6.95，0.01）	教学模式
2009	硕士学位授予权；联合培养；研究生教育；运动生物力学；运动生理学；专业学位研究生；体育硕士；体育专业（20.34，1.0E-4）	体育专业教育研究

表25　教育学、心理学学科群高突现率关键词

频率	突现率	关键词	年份	编号
267	20.08	大学生	2003	3
192	19.89	心理健康	1994	2
116	17.63	多媒体技术	2005	9
218	14.05	体育教师	1999	1
69	13.77	中学生	2005	3
88	13.7	中小学	2004	3
25	12.37	心理训练	1994	0
43	10.91	体育消费	2006	3
51	9.91	体育院校	2013	8
27	8.58	体育舞蹈	2008	3

一、竞技运动心理学（#0）

图38显示，竞技运动心理学聚类是所有聚类中最大的，从表24中可以看到，这一聚类中包括了60个关键词，聚类的平均年份为1996。说明这个聚类覆盖面较广，聚类形成时间较早，研究较为成熟。这一聚类主要是侧重对于高水平运动员和学生

运动员训练与竞赛过程中心理问题的研究，理论研究较少。这一聚类形成的时间段来看，大部分的关键词都出现在2008年之前，这一领域明显受到竞技体育"举国体制"的影响，有针对性地对北京奥运会进攻科技攻关，产生了大量的具有较高应用价值的研究成果。结合对关键词组群的分析结果来看，这一交叉领域可以进一步细分为心理训练、运动员心理特征、竞赛心理3个专题。早期选题和研究的思路受心理学影响较大，随着越来越多竞技体育领域内特有的问题被提出，更多课题呈现出体育学科的特色，如心理耗竭、心理倦怠、最佳竞技心理状态、竞技心理能力诊断、比赛心理准备等。这些问题都源于竞技运动实践，不是简单的心理学在竞技比赛中的运用，而是对竞技比赛中特有的心理现象进行的探究。

二、体育教学

从文献的梳理来看，对于体育教学的研究大部分限于学校体育，对于竞技运动和社会体育的教学研究涉及较少。从聚类的结果来看，有4个聚类是属于体育教学研究领域，分别是#1、#4、#8、#9，分别指向翻转课堂与慕课、教学内容、教学方法与手段、多媒体教学。从各个聚类的持续时间来看，除了聚类#4，其他聚类都出现比较晚，说明了体育教学研究具有非常强的生命力，特别是计算机、多媒体技术的普及，不断地为这一交叉领域的研究提供新的素材。4个聚类的关键词数量多、研究面广，主要包括具体运动项目教学的探讨、体育教学信息化、体育游戏3个方面。整体来看，这一领域虽然数量繁多、内容庞杂，但是高质量的研究成果并不多，从知网检索的结果来看，大部分研究成果都刊载在一般期刊上，近年来核心期刊收录这一研究领域的文章数量较少。

三、体育教育心理学

从关键词聚类分析的结果来看，聚类#2、#10属于体育教育心理学研究领域，代表性的关键词有"心理健康""体育教学""心理素质""人格特点""scl-90""心理效应"等，聚类形成的平均时间略晚于竞技运动心理学聚类，是一个较为成熟的研究领域。通过对聚类进行分析，这一研究领域主要包括体育教育与学生心理健康、学生体育学习心理障碍、学生学习动机3个方面。总体来看，这一领域偏重应用，理论研究较少。

四、基础教育阶段体育教育

从表24可以看到，聚类#3的研究主题较为分散，但是"高中生""中学生"这两个词出现的频次较高，聚类#5中"小学生"出现的频次较高。结合TFIDF聚类命名的结果来看，"中小学"也出现在聚类描述的关键词中，表明这些分散的研究主题指向基础教育阶段学生体育教育研究。从聚类中的关键词来看，主要包括校园足球、终身体育、学生体质健康、体育课程4个分支领域。

五、农村学校体育

和其他聚类相比，这一聚类的规模较小，主要关注我国农村学校的开展。从关键词中"现状""对策"出现的频次较高也可以看出，这一聚类偏重于应用研究，主要是对农村学校体育开展的现状和存在的问题进行研究。"阳光体育""农村学校体育开展"等研究主题都是学者们关注的热点。也有研究采用文献法、逻辑分析、比较法等方式对农村体育教学资源开发、师资培养、教育理念等问题进行探讨。从总体上来看，对于农村学校体育的研究规模还是比较小，存在着研究视角缺乏新意、研究方法单一、研究脱离实际等问题。和教育学领域的农村教育研究相比，在理论深度、视角多元化、研究范式构建等方面都存在着较大差距。

六、体育专业研究生教育

从图38中可以看到，围绕着体育专业研究生教育形成了一个聚类，其中"体育专业"关键词的频次最高，"研究生""硕士研究生""培养模式"也是聚类中的核心高频词。这一研究领域经过20世纪初的高速发展，已经进入稳定发展阶段。早期学者主要采用文献资料研究、逻辑分析的方式对我国体育专业研究的发展进行了探索，内容涉及体育专业人才培养的发展历程、培养模式、培养目标、课程体系、培养评价体系等多个方面。随着研究的逐步深入，研究的主题也越来越细化。部分学者也将目标聚焦于研究生的科研能力，对研究生论文的选题、研究方法、研究内容等方面进行了分析。也有学者采用比较研究的方法对比分析不同国家、不同时间体育专业研究生教育的特点。这一领域的研究也逐渐体现出实证主义倾向，注重在实证研究的基础上提炼出相应的理论和对策。

第四节　体育学与经济学学科群交叉研究热点演化

我国对于体育经济学的研究是在20世纪80年代才开始，在此之前我国体育部门是计划体制下的事业单位，实行的是统收统支的财政政策，基本上没有体育经济问题，对于体育经济的研究也基本上处于空白状态。在党的十一届三中全会以后，在经济体制改革的战略方针指引下，体育部门也步入改革的行列，出现了大量的经济问题需要解答与研究，研究者开始关注体育部门改革中出现的各种经济问题。体育学和经济学经过多年的不断交融和协同发展，已经建立了完善的学科体系，出现了大批的研究成果，体育经济学也逐渐进入了体育院校的教学计划[1]。可以说，经济学是人文社会科学中和体育学关系最为密切的学科之一。从中国知网的检索结果也可以看到，利用文献的学科专题分类代码检索出体育学和经济学学科交叉文献共计4332篇，文献数量仅次于体育学和教育学心理学学科群交叉文献数量。为了进一步分析体育学和经济学学科交叉的研究热点，将文献的题录信息导入Citespace Ⅲ进行共词分析。在软件的参数功能设置区设置时间跨度为1990—2016年，时间切片为3年，选取出现频次前20%的关键词，每个时间切片关键词上限为100。从Citespace Ⅲ共词分析的结果来看，图谱中一共有286个节点，853条连线。采用Timezone视图展示聚类的结果，显示共现频次超过50次以上的节点名称（图39）。从聚类的结果来看，体育学与经济学学科交叉领域形成了9个聚类。为了更加准确地对研究热点进行分析，将

---
[1] 钟天朗.体育经济学概论［M］.上海：复旦大学出版社，2010：5.

聚类的具体情况在后台导出，通过分析聚类的关键词簇群，对聚类名称和结构进行了调整（表26）。由于通过软件计算所形成的聚类内容有所重合，通过对聚类的调整，最终发现体育学和经济学学科交叉领域主要形成了4个研究热点，按照形成时间的先后顺序分别为各分支产业的相关研究（聚类#7、#8）、体育市场化、产业化（聚类#2、#4、#5）、体育营销（聚类#0）、体育旅游（聚类#1、#3、#6）。

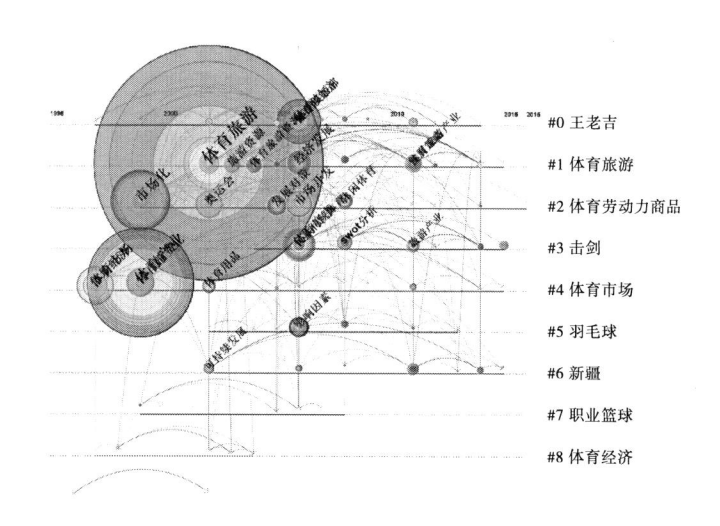

图39 体育学与经济学学科群交叉研究热点Timeline 图谱

表26 经济学学科群关键词共现聚类及标识

年份	关键词（LLR）	主要领域
2000	体育经济；体育人口；健身计划；健身运动；群众体育；彩票业；家庭体育；健身消费；体育竞赛（15.02，0.001）	分支产业
2004	职业篮球；nba；cba；篮球俱乐部；市场开发（14.21，0.001）	分支产业

269

(续表)

年份	关键词（LLR）	主要领域
2005	体育市场；体育消费；体育产业；投资（13.63，0.001）	体育市场、体育产业
2006	伦敦奥运会；顶级赞助商；奥运圣火；奥运会赞助商；广告宣传；广州亚运会；加多宝；事件营销；企业样本；营销效果；广告学院（10.67，0.005）	体育市场营销
2006	体育劳动力商品；体育劳动力市场；商品化；市场化（17.63，1.0E-4）	体育市场、体育产业
2007	羽毛球；经济效益；市场前景；再就业；市场发展；流通（9.89，0.005）	体育市场、体育产业
2009	体育旅游；国际旅游岛；旅游服务；旅游者需求；综合性产业；汽车宿营地；配套服务设施；海洋旅游；旅游管理部门（9.18，0.005）	体育旅游
2010	新疆；冰雪旅游；京津冀一体化；体育服务业；冰雪运动（10.23，0.005）	体育旅游
2011	击剑；产业化；体育文化产业；旅游业；swot分析；行业周期分析（7.8，0.01）	体育旅游

一、体育产业与体育市场化

从图39中可以看到，聚类#2、#4的时间线都比较长，说明这一研究领域形成时间较早。我国对于体育市场化和产业化的研究始于20世纪90年代，研究成果非常丰富，早期研究主要采用理论思辨的方式对相关议题进行探讨，随着不同学科的理论和方法的渗透，越来越多的学者从不同的视角、采用不同的方法对体育市场化和体育产业化进行了研究，多学科理论融合不断深化。从整体上来看，定性研究还是主流，宏观研究主要是结合国家经济政策对体育市场进行分析，定量研究主要集中在对某一领域体育市场开发现状和存在问题进行探讨。表27中关键词突现率偏低，表明研究者对于这一领域的研究热度在逐渐降低。这一领域研究主要包括奥运经济与奥运会市场开发、休闲体育与竞技体育市场开发、体育场馆市场化、体育消费4个方面。整体来看，受我国

表27 经济学学科群高突现率关键词

频率	突现率	关键词	年份	编号
469	45.3	体育旅游	2002	1
96	16.21	体育市场	1997	4
127	13.09	市场化	1999	2
24	12.19	伦敦奥运会	2011	0
69	11.35	奥运会	2002	2
41	11.27	体育旅游产业	2011	1
35	9.48	旅游产业	2011	3
67	8.99	市场经济	1997	4
33	7.95	冰雪旅游	2011	6
43	7.84	健身俱乐部	2006	0

注重竞技体育的学术传统影响,对于竞技体育产业化、市场化的研究成果要远多于休闲体育。

二、体育营销

从学科交叉的角度来看,体育营销学是体育学和营销学学科交叉形成的研究领域,虽然体育营销行为已经有很长的历史,但是作为一门学科,体育营销学是随着体育产业的发展而兴起的。从图39中可以看到,聚类#0的时间跨度较长,形成时间较早,表27中相关关键词较高的突现率也提示我们这一领域一直保持着非常活跃的状态。结合聚类关键词内容和文献二次探查结果发现,这一领域主要是采用市场营销学的理论来研究体育产业中的营销问题,研究体现出明显的实用主义倾向,大部分属于应用性、制度性、政策性研究,理论研究数量较少,主要包括体育赛事营销、体育用品营销、体育服务产品营销、体育赞助4个方面。研究偏重实践,但大部分研究的立论基础并不是基于实证,而是采用规范研究的方式通过逻辑法、理论思辨等方法得出研究结论,这使得研究成果的实践指导作用大打折扣。此外研究者对于体育营销的探讨完全是借用市场营销学的理论来分析体育问题,学科交叉研究存在体育学理论缺位的现象。

三、各分支产业的相关研究

聚类#7、#8指向体育的各个分支产业,这一领域的研究较为分散,缺乏能够引起学术界持续关注的热点。图39中也可以看到,这两个聚类的时间线都偏向左边,关键词频次在逐渐减少,反映这一研究领域在逐渐衰退。从文献二次检索来看,研究主要围绕着体育用品业、健身娱乐业、竞技表演业、体育彩票业这4

个主要体育产业开展。对于体育用品业的研究主要集中在体育用品业比较优势、产业集群、产业竞争力、影响因素、自主创新、发展策略等方面；对于竞技表演业的研究主要集中在竞技体育市场营销、职业体育发展现状、后备人才培养、退役运动员再就业、职业体育的市场特征、职业体育的经营方式、职业体育的市场推广、职业体育改革、职业体育相关法律法规等方面；对于健身娱乐业的研究主要集中在市场供需分析、服务项目特征、行业治理等方面，但制度性、政策性研究过多，研究内容同质化现象较为严重，缺乏有深度的研究；从体育彩票业相关文献的梳理来看，这一专题研究主要集中在彩票发行、相关法律法规探讨、市场营销、社会效应、消费市场等方面，研究内容较为丰富，实证研究较多，学者们注重利用多学科理论和方法来研究体育彩票的相关问题，也有部分学者采用定性研究的方式，对体育彩票的管理体制、销售模式等方面进行了探讨。总体来说，这一研究领域偏重于实证，定量研究方法的应用较为普遍，这在一定程度上提高了研究成果的客观性和科学性。

四、体育旅游

我国旅游业本身的发展也只有三十多年的时间，体育旅游产业发展的时间则更短。随着北京奥运会的举办、国家经济实力和人民生活水平的提升，体育旅游作为一种全新的休闲娱乐方式成为了新的消费热点。与之相呼应的是学术界对于体育旅游的研究也相应增多，体育旅游逐渐成为了学术界研究的热点。图39中3个聚类时间线都偏向于右边，这也验证了体育旅游属于较为新兴的研究领域。从文献二次探查和聚类关键词内容分析的结果来看，大部分研究属于应用性研究，主要包括体育旅游资源开发与体育旅游发展对策、民俗体育旅游、冰雪旅游3个方面。总体来看,由于旅游学本身的理论深度不够,这一研究专题大部分属于描述新研究和策略探讨,缺乏对旅游资源开发机制、规划理论方面的研究,而有关体育旅游发展的"问题-对策"型的研究过多,大多是低水平的重复研究,研究结论缺乏理论支持。

第五节 体育学和信息科技学科群交叉研究热点演化

信息科学技术是研究信息运动规律和应用方法的科学,其本质是能够扩展人的信息器官功能的一类科学技术,是由信息论、控制论、计算机理论、人工智能理论和系统论相互渗透、相互结合形成的一门新兴综合性科学。21世纪是信息化的世纪,信息科技作为一门学科,包含了计算机科学、互联网、新闻传媒、图书情报、档案学等多门以信息为核心的学科,是人类学科体系中一门非常重要的学科[1]。随着信息化时代的到来,人类社会已经离不开信息科技,对于体育而言,信息科技已近渗透到体育的方方面面。无论是竞技体育、学校体育还是群众体育,信息科技对体育运动产生了重要而深远的影响。从科学研究的角度来看,作为一门学科,由于本身所具有的独特的方法学意义和综合性学科的属性,决定了信息科技能够和绝大部分学科进行交叉。信息科技的发展不仅为体育学研究提供许多新的研究领域,其不断更新的方法和理论还能够不断地为体育学现有的研究领域注入新的活力,因此,信息科技也是和体育学联系非常紧密的学科群之一。从文献检索的结果来看,体育学和信息科技学科群交叉的

---

[1] 李国杰. 信息科学技术的长期发展趋势和我国的战略取向 [J]. 中国教育网络, 2010(2): 27-30.

文献数量为2143篇。如图40所示，通过Citespace Ⅲ提取文献的关键词并选择频次前20%的关键词进行共词分析，所得到的共词网络中一共有297个节点，706条连线，网络密度为0.0161。这一共词网络规模虽然小于教育学心理学、医学生物学、经济学，但是网络密度更大。和其他图谱相比，体育学和信息科技学科交叉Timeline图谱更加偏向右边，说明这一领域中各个研究热点和专题之间的联系比较紧密，研究热点都是比较新兴的领域。从网络聚类的结果来看（表28），一共形成了10个大的聚类，通过对聚类关键词和标注词进行分析，梳理出了6个不同的研究领域，依次为体育计算机辅助教学（聚类#1）、体育传播（聚类#0、#3、#5）、体育媒介事件（聚类#7、#8）、体育新闻（聚类#2）、训练和比赛信息化（聚类#4）、体育文献计量（聚类#6、#9）。由于整个网络密度偏大，不同的研究领域之间可能会有所重合。

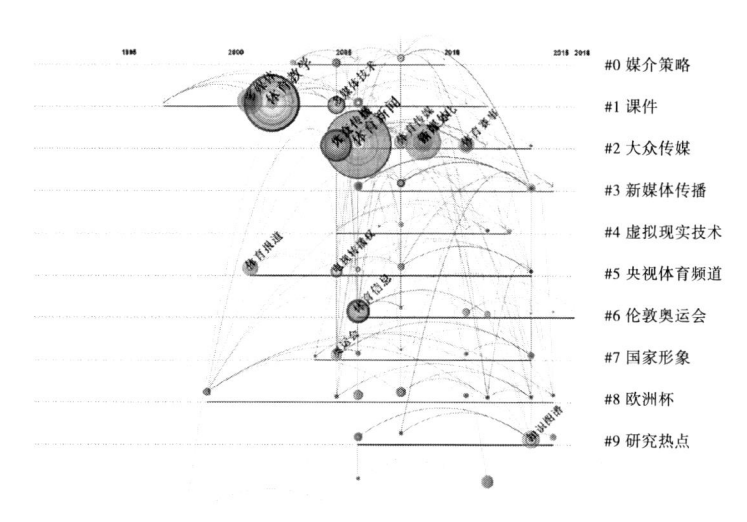

图40　体育学与信息科技学科群交叉研究热点Timeline图谱

表28　信息科技学科群关键词共现聚类及标识

年份	关键词（LLR）	主要领域
2005	体育教学；网络课件；internet；CAI；多媒体（15.04，0.001）	体育教学信息化
2007	网络电视台；中国国家队；全程直播；德国世界杯；营销战；优酷；专题节目；媒介策略；传播效应；国际足联（21.73，1.0E-4）	体育传播媒介
2007	职业体育；电视转播权；体育组织；收入保障；美式橄榄球；媒体平台；宣传渠道；媒体转播；广播电视；央视体育频道（16.54，1.0E-4）	体育传播媒介
2008	女运动员；媒介呈现；媒介形象；国家形象；电视转播；nba；品牌推广（10.64，0.005）	体育媒介事件
2009	体育新闻；社会体育；群众性体育活动；学校体育；群众体育；新闻竞争；全民健身意识；舆论引导作用；大众传媒；中国体育（11.09，0.001）	体育新闻传播
2009	明星效应；传播现状；传播模式；门户网；文字内容；传播机制；媒介素养；媒介特性；运营策略；网络实名制（10.54，0.005）	计算机在体育赛事、训练中的应用研究
2010	奥运传播；互联网门户；新媒体传播；自媒体；赛事直播；社交媒体；体育大国；传媒界；宣传部门；真人秀节目（16，1.0E-4）	体育传播媒介
2010	体育文化交流；体育信息；办公自动化；体管；信息传播方式；伦敦奥运会；体育学者；门户网；体育知识（15.74，1.0E-4）	文献计量
2010	欧洲杯；足球运动；十年；集体运动；经营方式；运营机制（11.72，0.001）	体育媒介事件
2012	知识图谱；研究热点；研究前沿（9.66，0.005）	文献计量

一、体育计算机辅助教学

从聚类#1标注的命名结果和所包含的关键词来看，这一聚类和体育计算机辅助教学相关。图40中的时间线显示这一聚类形成的时间比较早，早在20世纪90年代初期就有学者探讨过多媒体技术在体育教学中的应用。从关键词的突现率来看（表29），"计算机辅助教学"（CAI）突现率较高，出现的平均时间为1997年，说明CAI曾经引起了学者们的广泛关注，但是该关键词属于弱突趋势关键词，研究缺乏可持续性。从对文献的梳理来看，大部分研究偏重于课件研制、课程资源开发，体育教学和计算机技术的结合仅仅停留在表浅层面，对于一些前沿领域，如虚拟现实（VR）、人工智能（AI）等技术缺乏必要的关注。此外，体育学界对于这些前沿技术的研究仅停留在可行性探讨的层面，关键性核心技术的研发工作都是由其他学科完成，能够指导实践的应用性研究较少。

表29　信息科技学科群高突现率关键词

频率	突现率	关键词	年份	编号
23	7.66	北京奥运会	2005	7
12	5.43	伦敦奥运会	2012	6
14	5.33	CAI	1997	1
47	4.95	多媒体	2001	1
14	4.73	奥运新闻	2008	0
29	4.67	体育传媒	2008	2
11	4.59	奥运精神	2008	4
48	4.53	大众传媒	2005	2
18	4.4	体育活动	2008	3
14	4.26	广州亚运会	2008	4

二、体育传播

在中国知网中新闻与传媒被划入信息科技这一学科门类，因此在研究中我们也将体育传播划入信息科技这一学科群中。从体育学的角度来看，体育传播学主要是采用传播学的理论和方法来研究有关体育的信息传播规律与特点。体育传播学的实践可以涉及所有的体育行为，但就体育传播学的发展和社会价值来看，其更多的注重媒介对体育赛事的报道、体育广告、体育赛事及明星包装等。对于典型性的体育实践形式的传播活动，如体育教学、民族体育推广、群众体育推广的研究成果偏少。此外，图40显示这两个聚类的时间线都偏向右边，说明我国对于体育传播的研究起步较晚，还属新兴领域。通过对文献的梳理，这一领域主要包括体育赛事电视转播、新媒体、体育赛事传播3个专题。随着多学科理论、方法的渗透融合，许多新的理论、方法被用于体育传播研究。自媒体、"互联网+"、融媒体、新媒体等新的传播理念的出现，也给传统的媒介传播模式带来新的挑战，也使这一专题的学术研究论域在不断扩宽，不断地焕发出新的生命力。但由于体育学自身理论研究的匮乏，使得大部分研究都呈现出一种"新而浅"的状态。

三、体育媒介事件

媒介事件是一种特殊的直播事件，是指那些"对电视的节日性收看，即关于那些令国人乃至世人屏息驻足的电视直播的历史事件"。聚类#7和#8都是从新闻传播学的视角来研究大型体育赛事，从本质上来看都属于体育媒介事件研究，我们将这一类研究视为一个研究专题。文献梳理的结果显示，这一领域的研究主题非常丰富。以奥运会为例，学者们围绕着奥运会从不同层面、不同角度展开了探讨，如对奥运会与国家形象传播、奥运会与大众传媒关系、奥运会文化传播功能、北京奥运会互联网传播、奥运会比赛解说等方面问题的探索。但由于媒介事件相关的理论在我国还属于较为前沿的研究领域，其理论研究还处于引介、初创阶段，将媒介事件的相关理论运用于具体的大型体育赛事的应用性研究比较少。

四、体育新闻

如表28所示，聚类#2的标注词命名显示这一聚类名为体育新闻，和其他大部分聚类相比，聚类#2的时间线偏向右边，聚类形成的平均时间为2009年，说明这一领域不断有新的热点涌现。文献二次探查显示早期对于体育新闻的研究主要是采用社会科学的研究范式去探讨体育新闻相关问题。而北京奥运会的举办极大地促进了体育新闻相关研究的发展，体育新闻传播研究研究范围也不断扩大，出现了一批高质量的学术成果。个案研究、内容分析、实验法、调查法、统计法等多学科方法的渗透也不断地丰富了体育新闻传播研究的方法体系。进入21世纪以后，体育新闻传播研究无论是在方法论上还是在具体研究方法上都取得了重大的突破，随着对其他学科尤其是传播学理论、方法的吸收、融合，研究成果的质量也得到明显提高。

五、训练、比赛信息化

体育信息化是利用信息技术对体育信息源进行广度和深度的开发利用，从而实现对体育有效的管理和监控。如表28所示，从聚类#4所包含的关键词来看，"计算机""体育训练""运动员""信息化""信息系统""虚拟现实技术"等都是出现频次较高的关键词,表明这一聚类和计算机技术在训练、比赛中运用密切相关。从文献二次探查来看,大部分研究都属于应用研究,探讨将计算机科技、信息科技、互联网技术运用于运动训练和比赛的可行性或者是模式安排、策略分析等方面的问题。研究主要涉及虚拟现实技术辅助训练、人体运动学分析、训练计划制订、训练效果评定、比赛结果分析、比赛预测、比赛管理、体育器材改进等多方面。可以预见,随着计算机硬件、软件技术的不断成熟和发展,运动训练、体育竞赛和信息科技的融合将会进一步深化。

六、体育文献计量

从聚类#6、#9所包含的关键词和标注词来看,这两个聚类和体育文献计量研究相关。从图40时间线来看,这两个聚类形成的时间较晚,是一个较为前沿的研究领域。研究主要集中在以下几个方面,一是对体育学科或者是体育学某一研究领域研究热点的分析,一般有两种研究进路,一种是对论文进行分析,另一种是对课题进行分析;二是体育学术史的研究,通过对科研文献进行梳理,从内史的角度对学科知识进行梳理;三是对学术影响力的研究,主要采用相应的计量指标从学者、机构、期刊、地区、国家等层面对体育学术影响力进行分析。值得一提的是,近年来随着信息可视化技术的发展,基于社会网络分析的知识图谱软件被广泛用于文献计量研究,如Ucinet、Netdraw、Pajek、Citespace、Sati等软件,以其各自特有的优势备受学者们的青睐。从对文献内容的梳理来看,这一领域的研究绝大部分都是应用性研究,大多照搬其他学科的研究模式,只是将研究对象换成体育学科的相关文本，高水平的研究成果并不多。研究者偏重对数据的描述而忽视对数据解释，使得研究本身的意义和价值无法凸显。

第六节　体育学与人文类学科群交叉研究热点演化

从第二章中基于知识流动对体育学学科交叉分析的结果来看，体育学和哲学、文化、中国语言文学、音乐舞蹈等人文科学的学科产生过紧密的联系，这些学科本身之间的知识流动也非常频繁。和其他学科相比，和体育学产生交叉的人文学科文献数量相对较少，如果将每个学科专题孤立起来分析会忽视整个人文学科之间的联系，影响聚类效果。本研究将体育学中具有文学、史学、哲学、艺术学等人文学科性质的文献整合在一起，通过对这一组文献进行共词分析，研究体育学和整个人文类学科群学科交叉的热点。

人文学科（Humanities）是20世纪对那些被排拒在自然科学和社会科学之外的学科的总称。现代哲学是由科学形成时清除出来的东西界定的，其他现代人文学科则首先以古典语文学的形式出现，而后衍生出历史、现代语言甚至艺术史。人文学科的主干可以用人们常说的"文史哲"来指称，或者再加上艺术。较广义的"人文学科"还可以包括诸如现代语言和古典语言、语言学、考古学，乃至含有人道主义内容并运用人道主义的方法进行研究的社会科学[①]。从学科功能的视角来看，人文科学

[①] 编者. 人文学科：百度百科[EB/OL].（2013-05-06）. https：//baike.baidu.com/item/%E4%BA% BA%E6%96%87%E5%AD%A6%E7%A7%91/3705296?fr=Aladdin.

所具有的方法体系、价值体系以及精神世界构建的功能是自然科学和社会科学无力承担的。从这个意义上来说，人文科学能够对整个科学研究在方法论、价值观等方面起到指导作用。从学科交叉的角度来看，尽管人文学科的思辨性、非实用性特征和体育学的实践性、应用性特征似乎存在着对立，正是这种远缘学科之间的大跨度交叉才能够激发新的学术兴奋点。体育学科发展历程也可以佐证这一观点，一些曾经引起学界热议的话题，如对体育本质的哲学探讨、对体育美学的研究，这都是学科之间大跨度交叉的结果。因此，有必要对体育学和人文类学科群学科交叉知识给予足够的关注。从中国知网检索的结果来看，具有体育学和人文类学科双重学科分类标注的文献一共1277篇，涉及人物传记、文化、音乐舞蹈、中国古代史、外国语言文字、中国语言文字等学科专题。利用Citespace Ⅲ软件提取文献关键词，选择出现频次前20%的关键词进行共词分析并生成可视化图谱。共词网络图显示网络中共有314个节点，546条连线，网络密度为0.0111。利用软件中自动聚类功能，对网络关键词进行聚类分析。采用Timeline视图展示聚类的结果，在后台导出聚类标注词和每个聚类所包含的关键词，并对聚类中标注词（LLR算法）和高突现率关键词进行统计汇总（图41、表30、表31）。从图41中可以看到，体育学和人文类学科群交叉领域关键词主要形成了8个大的聚类，通过对聚类的关键词和标注词进行分析，梳理出了6个主要的研究领域，依次为奥林匹克文化（聚类#3）、体育史（聚类#4、#5）、体育文化产业（聚类#6）、民族传统体育文化（聚类 #0）、体育翻译与体育英语教学（聚类#2、#7）、体育与艺术（#1）。

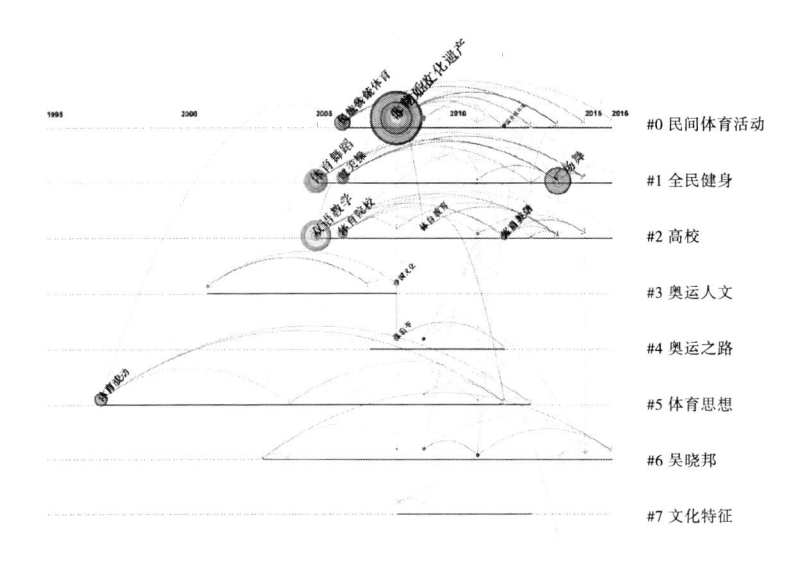

第五章　研究内容维度下我国体育学学科交叉知识的演化

图41　体育学与人文类学科群交叉研究热点Timeline图谱

表30　人文类学科群关键词共现聚类及标识

年份	关键词（LLR）	主要领域
2006	奥运人文；人文精神；文化教育活动；古代奥运会；伊利斯；宙斯神坛；夏季奥运会；伤残人奥运会；人文奥运理念；和谐发展（14.3，0.001）	奥林匹克研究
2008	奥运之路；宋君复；荣高棠；华北运动会；世界运动会；王正廷；体育教育工作；优秀体育人才；体育代表团；吴传玉；《体育之研究》（24.89，1.0E-4）	体育人物传记研究
2008	吴晓邦；丹尼丝；格莱姆；宋末；朱载育；东方文化；中国古典舞；众妙之门；玛莎；肖恩（21.57，1.0E-4）	体育文化传播与体育文化产业研究

(续表)

年份	关键词（LLR）	主要领域
2009	体育思想；体育教育；文化熏陶；教育方法；近代体育；女子体育；中国近代历史；体育协会；西方文化；教育实践（14.77，0.001）	体育史研究
2011	民间体育活动；民俗体育；民俗活动；百索；西方文化；社会生活；松江府志；民间大众；封建社会末期（12.06，0.001）	民俗体育文化研究
2011	高校；体育；双语教学；体育院校；对外汉语；教学模式（8.48，0.005）	体育翻译与体育英语教学研究
2012	全民健身；广场舞；大学生；形体美；体育舞蹈（7.89，0.005）	体育与艺术研究

一、奥林匹克文化

从聚类#3的关键词和标注结果来看，这一聚类和奥林匹克文化研究密切相关。从表31中可以看到"奥运文化""北京奥运会"都是高突现率的关键词，这也表明了奥林匹克研究曾经是研究者们关注的热点，但从关键词频次时间变化来看，学者们对于奥林匹克关注度在2009年后逐渐降低。结合聚类高频关键词和文献二次探查的结果来看，研究主要包括奥林匹克文化读解、"人文奥运"、奥林匹克文化与中国传统体育文化融合、奥林匹克史、奥林匹克文化遗产5个方面。从文献的梳理来看，研究成果非常丰富，虽然是典型的人文研究，但是也有学者从多学科的视角出发对奥林匹克文化进行解读。这一领域从最初的翻译、介绍国外文本，逐渐发展为跳出单一学科边界对奥林匹克文化进行多学科研究，不断有新的观点涌现。

表31 人文类学科群高突现率关键词

频率	突现率	关键词	年份	编号
11	5.03	北京奥运会	2007	14
22	4.75	体育史	1997	5
48	4.08	双语教学	2005	2
44	3.55	体育舞蹈	2005	1
9	3.44	奥运文化	2001	3

二、体育史

受国外体育史研究的影响，我国体育史研究开展的较早，近年来呈现出多学科融合的发展趋势，和其他国家相比，我国体育史研究更为注重传统体育项目和传统体育思想文化的考察，从表30中聚类#4、#5的关键词和标注词来看也体现出这一特点。聚类#4偏向于体育人物传记研究，研究者不仅关注这些代表人物的人生轨迹，更加注重从社会、历史等角度考察这些代表人物体育思想的成因、特征以及对后世的影响。聚类#5涵盖的范围更广，主要涉及对古代体育史、近代体育史等方面的考察，这一聚类形成的时间是所有聚类中最早的，说明这是一个非常成熟的研究领域。从文献二次探查的结果来看，古代体育史研究主要集中在对民族传统项目的考察上，对于近代体育史的研究内容上主要有对重大体育事件和活动的考辨、体育教育史、体育思想史等方面的研究，也有部分研究者关注近代女子体育、民族体育、体育传播等方面的史学考察。古代史的研究主要偏重对我国不同时期传统体育项目的研究，过于重视对研究对象的实际状态的描述，而对其文化内涵的探讨则非常少。相比之下，对于近代史内容研究更为丰富，研究方法也更加多元，哲学、社会学、比较学等学科的研究方法被广泛运用，但是也存在微观层面研究不够深入、横向比较多纵向比较少、与社会史研究结合不紧密等问题。

三、体育文化产业

从表30中聚类#6所包含的关键词和标注命名的结果来看，这一聚类和体育文化产业密切相关，图41中这一聚类的时间线整体偏向右边也说明了这一领域是近年来研究者关注的热点。从研究内容来看，早期对于体育文化产业主要是从宏观层面出发，对体育文化产业的内涵、背景、发展策略等方面的探讨；也有研究者从微观层面着手，分析某一区域体育文化产业的发展现状和策略。随着研究的深入，体育文化产业研究也呈现出进一步分化的趋势。理论研究逐渐减少，研究者更加关注应用性研究，对不同区域、不同种类、不同项目体育文化产业进行了考察。从研究方法来看，多学科方法的融合已经成为这一领域研究的趋势，管理学、社会学、经济学、文化学等学科理论和方法被广泛运用于这一领域，拓展了研究视野。整体而言，这一研究专题对体育文化产业内涵的挖掘还不够深入，有必要从哲学、文化学等视角来深入挖掘其内涵和本质，其他学科理论和方法的运用还停留在表浅层面，研究有待进一步深化。

四、民族传统体育文化

中国是一个多民族的国家，不同的民族有着形态各异、千姿百态的民族体育，这些风格迥异的民族体育文化也备受学者们的青睐。如表30所示，聚类#0正是指向这一研究领域，一共包含了34个关键词，是所有聚类中规模最大的，聚类形成的平均时间为2011年。说明这一领域成果数量较多，近年来不断涌现出新的前沿，显示出良好的发展势头。研究主要包括传统体育文化宏观探讨、传统体育文化微观考察、少数民族传统体育文化、地域性民族传统体育文化4个方面。总体来看，这一领域研究在近年来引起了广泛的关注，但部分研究存在研究逻辑上重描述轻解释、研究方法上过于注重社会学方法而较少运用人类学方法、研究内容上发展性研究过多而规律性研究较少、研究视域上缺乏跨文化和多学科交叉研究等方面的问题。

五、体育翻译与体育英语教学

从聚类#2、#7的关键词和标注词来看，这两个聚类和体育翻译与体育英语教学相关，主要是体育学和"外语语言文字""中国语言文字"两个学科专题交叉形成的。从文献二次探查的结果来看，研究主要集中在几个方面。首先，对体育专业术语英语翻译方面的研究，早期研究集中在专业术语翻译上。近年来随着研究的深化，一些翻译理论如ESP被学者们采用，提高了研究的学理性，此外一些中国体育传统项目的英语翻译策略近年来也引起了学者们的兴趣。其次，除了英语翻译以外，对于体育英语教学也是研究者关注的重点，包括两个方面，一是对体育专业学生和运动员英语教学的探讨；二是对体育英语这一门课程教学的探讨。最后，与体育英语人才培养相关的文献也占到了一定的比例。研究者围绕着对于体育英语人才培养模式、培养对策等方面展开了探讨。但从文献梳理的结果来看，针对体育英语人才培养的研究都流于对策探讨，学术性不强，高水平的研究成果并不多见。

六、体育与艺术

体育与艺术均为以技艺见长的项目，在历史长河的萌芽状态中同源，后来被文明的力量分为不同的支流。在国家大力推行全民健身的背景下，人们对体育的需求越来越多元化。体育和艺术之间特有的同源性使得两者呈现出互融发展的趋势，因此，对于体育与音乐、舞蹈等艺术形式的相关研究也备受学者们的青睐。如表30所示，聚类#1的命名结果和所包含的关键词主要指向体育和音乐、舞蹈这两种艺术形式的相关研究。从聚类的各项参数来看，这一研究领域的聚类效果较好，研究成果比较丰富，许多研究的热点都是近年才涌现出来。文献二次探查结果显示这一领域主要偏重于实践应用，理论研究相对较少，主要包括体育舞蹈、健美操、艺术体操、广场舞、民族舞蹈、体育与音乐等方面。这一主题的研究成果数量本身偏少，有影响力的成果并不多，只有融合如社会心理学、文化学、人类学等多学科视角才能充分挖掘体育与艺术之间的文化价值。

第七节 体育学与法学、政治学、管理学学科群交叉研究热点演化

体育功能的多元性和层次性赋予了体育多元化的价值，其中以健康价值为核心，教育价值、竞争价值、休闲娱乐价值为主体，政治价值、经济价值、文化价值为延伸，构成了体育的多元价值体系[①]。体育所具有的多元化的价值决定了以体育为研究对

---

① 陈琦，鲁长芬. 新时期体育价值观转变与体育本质、功能和目的［J］. 体育学刊，2006（2）：1-4.

象的体育学是一门综合性的交叉学科，体育科学研究中的体育与健康、体育与社会、体育与政治、体育与经济等复杂问题的研究往往需要多学科交叉融合才能得到较好的解答[①]。除了传统的教育学、生物学、医学、经济学、信息科学，近年来，体育学还和政治学、法学、管理学等学科也产生了广泛的联系。从中国知网检索的结果来看，和传统的学科相比，体育学和这些学科交叉研究属于新兴领域，文献数量相对较少，仅有877篇。我们将政治学、法学、管理学整合在一起视为一个学科群，研究体育学和这一学科群学科交叉研究的热点和前沿，文献涉及"中国政治与国际政治""公安""行政法及地方法""行政学及国家行政管理"等学科专题。从共词分析的结果来看，共词网络中一共有278个节点，523条连线，网络密度为0.0136（图42）。尽管从参数来看，网络规模并不小，但是从表征关键词的网络节点来看，节点的中心性明显偏小。从表33可以看出，这一交叉领域的高突现率关键词仅有4个，和其他学科交叉领域相比，无论是突现词的数量还是突现强度都显得差强人意。表明虽然这一学科交叉领域涉及的范围比较广，但是能够引起研究者关注的研究热点却不多。此外，高突现率的关键词都和奥运会相关，说明北京奥运会的举办成功，不仅引起了体育学者的关注，其他学科的研究者也围绕着北京奥运会展开了广泛的研究，北京奥运会的举办对于体育学和其他学科交叉融合起到了极大的推动作用。如图42所示，从文献聚类的结果来看，网络中形成10个主要聚类，通过分析每个聚类的标注词和关键词，梳理出5个主要的研究热点，依次为警察体育、体育犯罪、赛事安保（聚类#7），体育志愿者服务（聚类#0），体育赛事管理（聚类#1），体育法学（聚类#2、#3、#4、#5、#8、#9），公共体育服务（聚类#6）。

[①] 李永宪，刘波，肖宇.体育科学跨学科研究初探［J］.体育学刊，2010，17（8）：11–16.

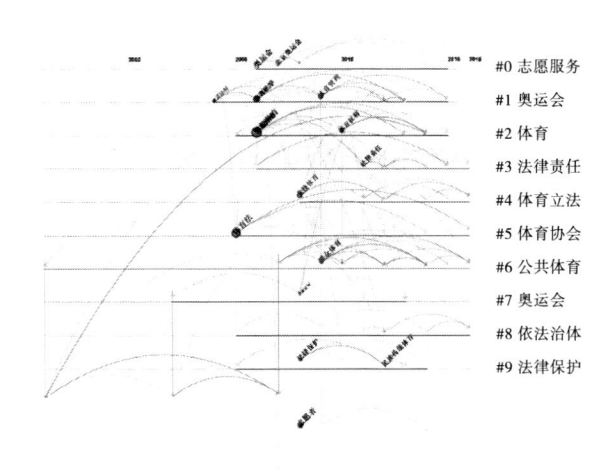

```
                                            #0 志愿服务
                                            #1 奥运会
                                            #2 体育
                                            #3 法律责任
                                            #4 体育立法
                                            #5 体育协会
                                            #6 公共体育
                                            #7 奥运会
                                            #8 依法治体
                                            #9 法律保护
```

图42 体育学与法学、政治学、管理学学科群学科交叉研究热点Timeline图谱

表32 法学、政治学、管理学学科群关键词共现聚类及标识

年份	关键词（LLR）	主要领域
2007	反恐怖活动；保卫工作；奥运会安全；警卫人员；汉城奥运会；爆炸物品；洛杉矶奥运会；犯罪分子；国际性活动；劫持人质（16.48，1.0E-4）	奥运安保、警察体育
2009	赛会志愿者；志愿活动；青年志愿者；社会主义价值观；奥运精神；工作对策；公民道德教育；校园氛围；人文精神；沟通渠道（8.36，0.005）	志愿者服务
2010	体育管理；体育软实力；体育话语权；伦敦奥运会；争议判罚（13.78，0.001）	体育管理

(续表)

年份	关键词（LLR）	主要领域
2010	体育权利；身体素质；新中国历史；体育管理体制；体育活动；全民健身体系；人民群众；群众体育工作；法律保障；全民健身工作（15.97，1.0E-4）	体育法规读解
2010	职业运动员；合同法律；体育产业市场；职业篮球联赛；现代体育运动；中国篮球协会；中国篮协；劳动合同；体育协会；训练竞赛（28.04，1.0E-4）	职业体育法律保护
2010	体育法学；知识产权；法律保护；体育竞赛表演权；法律保护民族传统体育；非物质文化遗产；传承人；法律地位（20.59，1.0E-4）	体育非物质文化遗产法律保护
2011	反不公平竞争行为；竞技体育；不正当竞争；限制竞争；垄断行为；保护主义（21.77，1.0E-4）	竞技体育反不正当竞争立法
2011	公共体育服务；体育服务体系；群众体育；体育社会；群众性体育活动；公共体育设施；社区体育；体育企业；社会参与（17.78，1.0E-4）	公共体育服务
2011	"十三五"；小康社会；法治建设；小康体育；体育改革发展；体育法治（17.54，1.0E-4）	依法治体
2012	体育教学；器材设备；民法；体育课教学；伤害事故；法律责任；法律责任（10.3，0.005）	体育伤害事故法律与退役运动员保障

表33　法学、政治学、管理学高突现率关键词

频率	突现率	关键词	年份	编号
15	4.29	奥运会	2006	0
18	3.58	志愿者	2008	11
10	3.51	北京奥运会	2007	0
7	3.41	赛会志愿者	2008	0

一、警察体育、体育犯罪、赛事安保

从知网文献检索的结果来看，体育学和公安学科交叉研究主要集中在警察体育、体育犯罪、赛事安保等方面。对于警察体育的研究主要集中在警察体育教学、警察体育课程设置、学科建设、历史溯源等方面；对于体育犯罪研究主要集中在体育伤害、体育贿赂、兴奋剂、赌球等方面，也有从犯罪学视角出发，探讨体育犯罪的基本理论问题，如对体育犯罪概念、类型、成因、哲学依据、历史溯源等问题的探讨；对于体育赛事安保的研究成果数量并不多，大部分都是围绕着北京奥运会安保问题而展开探讨，也有学者针对足球联赛安保、高校体育赛事安保等问题进行了研究。总体来看，高水平的研究成果并不多，大部分研究都属于政策性的探讨。

二、体育志愿者服务

如表32所示，聚类#0的关键词和标注词命名的结果显示这一聚类和体育志愿者研究相关。表33显示，"志愿者""赛会志愿者"都是高突现率的关键词，说明体育志愿者相关研究是这一交叉领域的研究前沿，曾经引起学界的广泛关注。从研究对象

来看，对于北京奥运会志愿者的研究是研究者们关注的重点，也有不少学者针对广州亚运会、南京青奥会、北京残奥会、中国网球公开赛等体育赛事志愿者展开研究。除了大型体育赛事以外，特奥志愿者、体育俱乐部志愿者、公共体育服务志愿者等也逐渐引起了学界的关注。从研究内容来看，对于体育志愿者的研究主要集中在志愿者管理、志愿者培养、志愿者心理、志愿者权利法律保障、志愿者与公共体育服务等方面；从研究方法来看，早期针对体育志愿者的研究以规范分析为主，研究者围绕着志愿者的形成背景、历史演变、价值、特征、管理等理论问题展开了广泛的探讨。随着北京奥运会结束，对于体育志愿者的研究进一步深入，不同学科的理论和方法开始逐渐渗透这一领域，实证研究逐渐增多。整体来看，我国体育志愿者研究主要是为北京奥运会服务，北京奥运会结束以后似乎学者们对于这一研究领域失去了热情，每年只有少量的高质量论文发表。体育志愿者作为一个新兴事物，不仅只是为竞技体育服务，在社区体育、学校体育中体育志愿者也能起到很好的促进作用。此外，移动互联网技术的发展也为体育志愿者研究提供了新的议题，如微博、微信、APP开发等新兴的互联网技术与体育志愿者服务的结合也有着非常广阔的研究前景。应当进一步开拓研究思路，丰富研究领域的内容，体育志愿者研究领域依然有很大的发展空间。

三、体育赛事管理

从聚类#1的关键词和标注词来看，这一聚类主要和体育赛事管理相关。从聚类形成的平均时间和知识图谱的时间线来看，对于体育赛事管理的研究属于新兴的研究领域，大部分文献都是在2005年以后发表的。文献梳理的结果显示这一领域主要以应用性研究为主，研究主要集中在两个方面，一是对体育赛事组织方面研究，主要围绕举办大型体育赛事的资源配置、政府职能、市场效应等问题进行探讨。这一领域的研究以规范分析居多，并直接指向赛事管理实践，具有较强的实践意义。二是对体育赛事运行方面的研究，和体育赛事组织相比，这一领域的研究成果数量较多，研究内容也比较丰富，主要集中在场馆管理、人力资源管理、财务管理、风险管理、电视转播、赛事赞助、软件开发、志愿者管理等方面。也有学者从理论层面探讨了有关体育赛事运行风险管理方面的问题，如对风险管理内涵、要素、模式等。从文献二次探查的结果来看，研究者们围绕着体育赛事管理做出了许多有益的研究，近年来也有不少学者采用跨学科的视角来考察体育管理问题，通过多学科理论和方法的融合，深入挖掘体育赛事管理的内涵，丰富了这一领域的研究内容。但从总体来看也存在着一些不足，首先是低水平重复性研究较多，研究成果都是零散的、孤立的，研究缺乏系统性；其次是理论研究成果不多，实践性研究由于缺乏在具体操作层面的探讨，使得针对体育赛事管理的研究普遍缺乏理论深度和可操作性；最后是实证研究偏少，规范性分析的研究结论大部分都是建立在二手文献的基础上，缺乏具有原创性的研究。

四、体育法学

体育法学是以体育法及其实践为研究对象的一门新兴法学分科。我国体育法学研究始于20世纪80年代中期，经过30多年的发展，无论是在理论层面还是在实践层面，我国体育法学研究都取得了丰硕的成果。随着社会的进步和经济水平的提高，我国体育事业呈现出多元化发展的态势，特别是十八届四中全会确定了我国全面依法治国的发展格局，"依法治体"成为我国体育事业发展的新方向、新趋势，也是实现我国建设体育强国这一目标的唯一途径。在这一历史背景下，我国体育法学研究被赋予了新的历史使命，开启了研究的新篇章。从我国体育法学发展的脉络来看，早期研究主要对出台的体育法注释性研究较多，随着北京申奥成功和中国加入WTO，纯思辨性的理论研究逐渐减少，对体育实践中法律问题的探讨增多，整个体育法学研究范式呈现出由法解释学向法社会学转变的趋势。从聚类分析的结果来看，研究主要包括体育法律法规、体育意外伤害、竞技体育法治、依法治体、体育知识产权5个专题，主要关注"文本中的体育法"而忽略了"行动中的体育法"，过于注重理论化构想而忽略法律实践经验的总结，窄化了研究者的视域也制约了研究方法和手段的创新，使得这一领域体现出过度追求制度性研究的局限性。随着学科交叉融合的深入，案例分析、观察、访谈等社会科学研究方法也被普遍应用于这一领域，研究者更加注重采用思辨与实证相结合的研究方法来提高研究的客观性和科学性，使得研究结论更具说服力。

五、公共体育服务

从聚类#6的关键词和标注命名的结果来看，这一聚类和公共体育服务研究密切相关。公共体育服务是指公共组织为满足公共体育需要而提供的公共物品或者混合物品。自2002年公共体育服务被纳入我国政府的职能体系，对于公共体育服务的研究逐渐引起了研究者的关注，研究成果数量逐年增长。研究主要包括以下5个方面，一是对于公共体育服务的基本理论研究。主要是对公共体育服务概念、体系、机制、产品属性等问题的探讨。二是对公共体育服务供给的研究。这一议题的研究也偏重理论分析，主要从供给主体、供给内容、供给方式三个维度围绕着公共体育服务的供给模式展开研究。三是对公共体育服务均等化的研究。

围绕着如何实现公共体育服务均等化这一目标，学者们从政府职能、决策机制、财政预算、支付制度、城乡统筹等角度出发进行了许多有益的研究。四是对社区公共体育服务的研究。研究者从服务效果、构成要素、服务供给、影响因素、存在的问题和对策等方面对社区公共体育服务展开了研究，大部分成果属于应用研究，基础研究较少。五是对公共体育服务现状及对策的研究。这一类型的研究以实证分析居多，学者们通过调研对公共体育服务开展现状、取得的成绩、影响因素、存在的问题进行分析并提出相应的改进对策。也有学者对比不同的行政区域或者是将农村和城市进行比较，在比较视域下探讨公共体育服务建设的现状。整体来看，对于公共体育服务研究成果非常丰硕，目前这一领域也是学界关注的热点，不断涌现出新的议题。但是对于公共体育服务研究还存在4个问题，一是从方法论层面来看，对于公共体育服务整体、宏观、定性的研究较多，从微观视角出发的定量研究和个案研究成果偏少；二是从研究视域来看，大部分都是利用管理学理论来指导研究，而行政学、社会学、经济学等学科的理论吸收的较少，研究视域过于狭窄；三是从研究视角来看，大部分研究都是从政府供给视角出发展开研究，忽视了公共需求；四是从研究内容来看，理论性、政策性的研究过多而实证研究偏少，使得研究成果理论脱离实际，缺乏可操作性。

第八节 本章小结

和上一章知识流动的分析相比，本章研究的关注点更加微观，深入到文本内容层面对改革开放后我国体育学学科交叉知识的演化进行分析。主要通过共词分析、聚类分析对体育学和教育学、心理学学科群，医学、生物学学科群，经济学学科群，信息科技学科群，人文类学科群，法学、政治学、管理学学科群六大学科群学科交叉热点进行分析。结合分析结果和我国特定的社会文化背景，梳理出我国体育学学科交叉知识的规律和特点。

（1）体育学和部分学科形成稳定的交叉关系。和体育学交叉文献数量最多的是教育学、心理学学科群，其次是经济学学科群、医学、生物学学科群、信息科技学科群、人文类学科群、法学、政治学管理学学科群。从学科群聚类形成的平均时间来看，最早的是医学、生物学学科群，其次是教育学、心理学学科群、经济学学科群、信息科技学科群、人文类学科群、法学、政治学管理学学科群。从各个学科群包含的文献数量以及学科群聚类形成的平均时间来看，进一步验证了第二章对于体育学和外部学科知识流动的分析结果，在我国的学科体系中，体育学和医学、生物学学科群、教育学、心理学学科群、经济学学科群形成了稳定的交叉关系。

（2）体育学和教育学、心理学学科群学科交叉形成了6个主要的研究领域，分别为竞技运动心理、体育教学、体育教育心理、基础教育阶段体育教育、农村学校体育、体育专业研究生教育；体育学和经济学学科群学科交叉形成了4个主要的研究领域，分别为体育市场化与产业化、体育营销、各分支产业、体育旅游；体育学与医学、生物学学科群学科交叉形成了6个主要的研究领域，分别集中在身体素质训练、运动损伤、老年体育、运动性疲劳、肥胖、运动对身体机能、身体素质的影响等领域；体育学与信息科技学科群学科交叉形成了6个主要的研究领域，分别为体育传播、体育计算机辅助教学、体育新闻、训练和比赛信息化、体育文献计量、体育媒介事件；体育学与人文类学科群学科交叉形成了6个主要的研究领域，分别为民族传统体育文化、体育与艺术、体育翻译与体育英语教学、奥林匹克文化、体育史、体育文化产业；体育学与法学、政治学、管理学学科群学科交叉形成了5个主要的研究领域,分别为体育志愿者,体育赛事管理,警察体育、体育犯罪、赛事安保,体育法学,公共体育服务。

(3)北京奥运会对体育学科的交叉融合起到了极大的推动作用。无论是高频关键词、高突现率关键词还是聚类标注词,奥运会都是出现最为频繁的词汇,几乎每一个学科群的交叉领域都有涉及奥运会的研究。一方面,在"科技奥运"理念的引领下,为了保障北京奥运会的顺利举行以及我国健儿在奥运会上取得优异的成绩,体育学者广泛辐集其他学科的理论和方法围绕着奥运会这一主题展开了许多有益的研究;另一方面,北京奥运会作为我国首次举办的国际性大型赛事,其所承载的意义已经远远超出体育的范畴,其他学科的研究者也从本学科的视角出发对北京奥运会给予了足够多的关注。奥运会作为一种特殊的体育实践活动,不仅能够促进与运动人体科学相关的科技发展,还能对于奥运会相关的政治、经济、文化等方面的研究起到促进作用。在北京奥运会的影响下,学科内部的扩张力和学科外部的渗透力不断增强,使得我国体育学和外部学科的交叉融合进一步深化。

(4)体育学和外部学科交叉存在明显的"学科边缘效应"。从体育学和不同学科群交叉的文献数量和研究热点数量来看,两者并不成正比。传统的学科交叉领域知识产出量较多,但是大部分研究还是集中在一些传统的研究领域,而一些新兴的学科交叉领域尽管知识产出量并不多,但是涌现出的研究热点数量和传统学科交叉领域相差无几,存在明显的"边缘效应"。体育学在科学化进程中最早就是向医学、生物学、教育学寻求知识支撑,可以说体育学知识萌芽于这些传统近缘学科,体育教育学、运动生理学也被认为是体育学最为中心的知识领域。相比之下,经济学、信息科技、行政学、法学、文化学等学科是体育学的远缘学科,和教育学、医学、生物学等学科相比,这些学科本身确立的时间就比较晚，这些学科和体育学学科交叉研究领域处于更加"边缘"的位置。根据"边缘效应"理论，生态群落交错区内的物种和个体的数目比单一群落内要多，物种的多样性要更丰富，物种的活动强度和生产力也更强[1]。和自然生态系统一样，不同学科领域交叉的边缘地带也存在多种应力交叉作用，作为知识创新基础的信息丰富性和异质性通常是由中心向边缘依次增加的。在学科交叉的边缘地带展开研究，往往能够取得更多创新性的研究成果，这使得这些学科交叉领域尽管研究成果数量不多，但是研究成果的丰富度、异质度更高，研究热点的相对数量也更多。体育学研究领域的拓展必然是从学科交叉的边缘地带开始，转移原有的"中心"，并围绕着新的"中心"形成新的知识结构。

（5）理论研究薄弱是体育学学科地位低下的根本原因。从各个聚类研究热点的梳理来看，体育学和其他学科交叉研究热点大部分都属于应用性研究和制度性研究。规范分析多用其他学科的理论和方法来探讨体育实践中的问题，而实证研究也往往流于现状调研和问题对策分析，忽视了理论的提炼。一些纯理论研究也都是采用解释学、现象学的方法来帮助理解体育现象或者是体育文化内涵，研究成果解释力非常有限，仅能在体育实践领域或者是在特定的体育文化背景中适用。大部分的学科交叉都是从其他学科的理论和方法单向渗透至体育学领域，体育学无法贡献出具有影响力的理论。根据社会交换理论，任何人际关系，其本质上都是交换关系。只有这种人与人之间精神和物质的交换过程达到互惠平衡时，人际关系才能和谐，而且只有在互惠平衡的条件下，人际关系才能维持[2]。在学科系统中，研究者个体是学科

---

[1] 陈中，郭丽君. 论教育科学发展的"边缘效应"[J]. 教育理论与实践（学科版），2016（4）：6-8.
[2] 章志光. 社会心理学[M]. 北京：人民教育出版社，2008.

知识创新的实践者，学科之间的知识流动本质上是个体之间的知识共享。从社会交换理论视角来看，这种学科之间的交叉融合也是由研究者个体之间的交换行为所形成的。当双方的交换能给各自带来好处时，交换就为双方带来了共同利益，当交换一方无法履行其回报义务的时候，让渡其对自身行为的支配权成为通常的替代行为，进而出现了交换双方权利的差异，一方拥有了强制另一方按照自己意识行为的权利[1]。社会交换理论揭示了为什么体育学和其他学科相比存在着学科认同度不高、话语权缺失、学科地位低下等问题，究其原因在于体育学缺乏有影响力的理论和方法。在"大科学"背景下，学科之间的交叉融合是人类科学发展的必然趋势。学科交叉本质上就是隶属于特定学科之间的知识交换过程，其中学科特有的理论和方法就是这种知识交换的主要内容。理论贫乏和方法的缺失使得体育学在和其他学科进行知识交换时总是扮演知识受馈者的角色，无法形成有效的知识回馈，为此付出的代价就是让渡学科的话语权，造成的后果就是体育学和其他学科在交叉融合的过程中始终处于被动地位。

---

[1] 冯小东. 柔性制造背景下组织支持与员工绩效关系研究 [D]. 长春：吉林大学，2014.

第六章 结论与展望

一、研究的主要结论

本文从学科交叉视角出发,从历史、知识流动、研究内容3个维度对我国体育学知识演化进行了研究。提出了体育学知识演进路径模型,构建了学科交叉测度指标体系,在实证研究的基础上对体育学基本理论问题进行了探讨,主要得出如下结论。

(1)体育学的演化经历了"问题研究形态""研究领域形态""学科范畴形态"3个阶段,学科交叉是体育学形成和壮大的主要途径。体育学最原始的知识形态是以运动技术或运动技能为表现形态的实践性知识,为了满足科学化需求,和医学、教育学、社会学、心理学等学科进行交叉,逐渐演化为一个包含众多分支学科的综合性知识体系。

(2)我国体育学经历了清末效仿德日、民国学习欧美、中华人民共和国成立初期全面学苏、改革开放以后全面发展四个阶段。和西方相比,我国体育学的发展是非线性、碎片化的,但在学科起源、学科演进动力、学科结构演化等方面都存在相似之处。改革开放以后的我国体育学逐渐形成了中国特色的体育理论体系,在知识体系日渐完善的同时逐渐彰显出更多的学术性。

(3)改革开放30年来我国体育学知识体量和知识流量都

实现了跨越式的增长，知识体量的变化是非线性的、波动的，经历了复苏期、指数增长期、逻辑增长期3个阶段；知识流量的增长是线性的，呈现出持续增长的态势。和其他学科相比，体育学在整个学科体系中的地位较低，学科开放性也不高，学科知识体量的增长大部分都是学科"自繁衍"的结果。北京奥运会后，这些现象在逐渐改观，学科开放性在逐渐增加，体育学由"外延式发展"逐渐转向"内涵式发展"。

（4）我国体育学和外部学科交叉呈现出两大趋势。一是从学科交叉的多样性来看，和体育学交叉融合的学科数量越来越多，学科交叉的跨度越来越大，体育学和外部学科交叉所形成的知识流量的分配由混乱向着有序化方向发展，学科之间的交叉关系逐渐稳固。二是从学科交叉的聚合性来看，体育学和外部学科交叉融合的强度越来越大，学科交叉网络密度越来越高，学科之间的联系越来越密切。

（5）苏联模式对我国体育学知识体系的影响非常明显。随着体育人文社会学科的勃兴，从20世纪80年代开始，体育学开始了"科学革命"，进入21世纪后"科学革命"逐渐结束，体育学进入"常规科学"阶段，通过"范式融合"我国体育学由偏向自然科学、教育学的知识体系演化成为综合性的知识体系。

（6）在现代科学聚合性发展趋势推动和学科之间可通约性的规制下，我国体育学知识流出和知识流入两个视角下学科交叉呈现出趋同化的发展趋势。体育学和应用学科、软学科的关系越来越密切，和纯学科、硬学科的关系越来越疏远，体育学学科性质向着"软性化""实用化"的方向发展。医学、生物学学科群、教育学、心理学学科群、经济学学科群成为了与体育学关系最为稳定的3个交叉学科群。

（7）体育学交叉文献数量最多的是教育学心理学学科

群，其次是经济学学科群、医学、生物学学科群、信息科技学科群、人文类学科群、法学、政治学、管理学学科群。体育学和不同学科群交叉形成的研究热点存在"边缘效应"，体育学和远缘学科交叉尽管研究成果数量不多，但是研究成果的丰富度、异质度更高，研究热点的数量也相对更多。

（8）北京奥运会对体育学和外部学科的交叉融合起到了极大的推动作用。无论是高频关键词、高突现率关键词还是聚类标注词，奥运会都是出现最为频繁的词汇，几乎每一个学科交叉领域都有涉及奥运会的研究。在北京奥运会的影响下，体育学学科内部的扩张力和学科外部的渗透力不断增强，使得我国体育学和外部学科的交叉融合进一步深化。

（9）理论研究薄弱是体育学学科地位低下的根本原因。大部分的学科交叉都是从其他学科的理论和方法单向渗透至体育学领域，体育学无法贡献出具有影响力的理论。理论贫乏和方法的缺失使得体育学在和其他学科进行知识交换时总是扮演知识受馈者的角色，无法形成有效的知识回馈，为此付出的代价就是让渡学科的话语权，造成的后果就是体育学和其他学科在交叉融合的过程中始终处于被动地位。

二、对体育学基本理论研究的展望

学科的复杂性和多样性决定了对于学科问题的研究很难做到面面俱到，体育学作为一门综合性的知识体系，对其学科基本理论问题进行探讨更是一个非常复杂的问题。和以往对基本理论问题研究"自上而下"的分析路径不同，本研究综合实证分析和文献调研，对体育学若干基本理论问题提出了一些粗浅的见解。

（1）学界对体育学基本理论问题的探讨大多属于规范研

究，以文献综述、理论思辨的研究方法为主，从宏观层面出发，对体育学的基本理论问题进行"俯瞰全局"式的考察。这种研究方式有助于理解体育学科相关问题的"应然状态"，但是在研究的精确性、可证伪性、科学性等方面都存在着一定的缺陷，容易造成理论脱离实际的现象。我们认为，体育学基本理论问题研究既要有理论探讨更要有实证分析。理论研究可以厘清学科的"应然状态"，实证研究可以帮助我们把握学科发展的"实然状态"，为提炼理论奠定坚实的基础，二者不可偏废。只有将两种研究进路结合起来才能够更好地把握体育学科的本质、结构、特征等基本理论问题，为引领体育学学科发展提供理论指导。

（2）对于学科的考察，学科史是一个不能忽视的研究维度。某一学科的基本理论研究也必须以学科史为基础，通过描述学术进程的连续性，能够了解某一门学科发展的脉络和走向。从体育学基本理论问题研究进展来看，近年来体育学学科史研究逐渐引起了学界的关注。大部分学者对于学科史的梳理都将研究视角置于学科"外史"，以社会、政治、经济、文化变迁以及整个科学史变迁为背景对体育学学科史进行考察，过多地考虑社会因素对于学科发展的影响，忽略了体育学学科发展的内部知识演化的逻辑。对于学科而言，作为学科"内史"表现形态的学科知识是学科第一性的存在，是学科演化内在逻辑的体现。应当将体育学学科史的研究起点设置在学科内部知识演化上，从学科"内史"出发，逐步将研究视域扩展至宏观层面，和社会背景以及整个科学史背景相结合，将学科"内史"和"外史"融合，这样才能对体育学发展历程进行合理诠释。

（3）从学科演化逻辑来看，体育学属于"应然学科"，演进的逻辑和经典学科不一样。在经典学科的发展历程中，科学研究活动的出现先于科学教育活动，其学科发展轨迹先遵循知识创新的逻辑，之后在知识创新和知识传承双重逻辑驱动下演化。体育学作为一门"应然学科"，其知识体系早期演化遵循的是知识传承逻辑，而不是知识创新逻辑。在知识传承逻辑的驱动下，体育学通过辐集其他学科中的理论和方法，满足体育教育实践科学化的需求。体育学知识体系在这一过程中由早期的体育教育学逐渐演化成为包含众多分支学科的综合性知识体系，与此相对应体育学也由单一的职业性学科转变为以问题为导向的学术性学科。而从学科动力学的角度来看，职业性学科发展的首要驱动力是社会需求，学术性学科发展的首要动力是认知主体求知欲。在对于知识无尽追求的推动下，知识传承逻辑对体育学的影响已经式微，体育学知识体系的演进更多地遵循知识创新逻辑。

（4）基于母学科的知识结构，我们对体育学学科体系进行了重构。依据体育学和外部学科的交叉关系将体育学学科体系分为7个群组，其中医学生物学学科群组的稳定性最高，其次是教育学心理学学科群组、经济学学科群组、人文类学科群组、法学政治学管理学学科群组、信息科技学科群组。此外，还在学科体系中设置了一个"其他学科组群"，稳定性排在所有学科组群之后，为新兴学科的设置留有空间。在确定交叉学科群组的基础上，不同的分支学科或者是研究领域则根据相应的母学科纳入不同的学科群组群，形成了体育学的不同分支学科。

（5）从认识论角度来看，对于学科性质的探讨实际上是建立在一定的学科分类标准的基础之上，托尼·比彻的学科分类理论通过增加一个分类维度，能够更准确地对某一学科在整个学科体系中的位置进行定位，也为学科性质的探讨提供了新的视角。通过研究我们发现，体育学学科性质具有流变性，有关体育学学科性质的探讨只能是一种趋势性的判断。因为从纵向上来看，体育学本身就是一个开放的知识体系，通过和外部学科不断地交叉融合进而完善自身的知识体系，知识体系处于不断的动态变化当中；而从横向上来看，不同的国家、不同的地域，由于对于体育的认识、学科制度、学科文化等方面的差异，学科性质也会存在很大的差异。